Sonia Choquette

ASCOLTA I TUOI SPIRITI GUIDA

Come mettersi in contatto con gli Angeli e gli Spiriti

MyLife

Published and distributed in the United States by Hay House, Inc.
Titolo originale: *Ask Your Guides - Connecting to your divine support system*
Sintonizzati con Hay House su:
www.hayhouseradio.com
Traduzione: Maria Luisa Sangalli

www.mylife.it

Ristampa: Agosto 2016

My Life srl - Via Garibaldi, 77 - 47853 Coriano di Rimini

FSC
MISTO
Carta
FSC® C113203

L'autrice di questo libro non dispensa consigli medici né prescrive l'uso di alcuna tecnica come forma di trattamento per problemi fisici e medici senza il parere di un medico, direttamente o indirettamente. L'intento è semplicemente quello di offrire informazioni di natura generale per aiutarvi nella vostra ricerca del benessere fisico, emotivo e spirituale. Nel caso in cui usaste le informazioni contenute in questo libro per voi stessi, che è un vostro diritto, l'autrice e l'editore non si assumono alcuna responsabilità delle vostre azioni.

Alle mie meravigliose guide:
Joachim, gli Emissari del Terzo Raggio,
Rose, Joseph, i Tre Cardinali, le Sorelle Pleiadi,
Dot, Charlie, il dottor Tully e a tutti gli altri aiutanti celesti. Alle mie amate guide sulla Terra, compresi mia mamma, mio papà e mia sorella Cuky; mio marito Patrick e le mie figlie Sonia e Sabrina.

Indice

Prefazione

Una giornata tipica

La scorsa settimana, dopo essere stata rinchiusa in casa e costretta a letto per cinque giorni a causa di un terribile raffreddore, mi sono sentita molto irrequieta. Ero stufa di stare in casa, ma visto che ero ancora estremamente debole, decisi che l'uscita più lunga che potevo sostenere era andare a prendere mia figlia dopo l'appuntamento con il suo insegnante privato.

Presi l'automobile e già a pochi isolati di distanza il cielo grigio si fece improvvisamente ancora più scuro e dopo poco esplose un temporale invernale, molto raro in questa zona. Nel bel mezzo di una strada trafficata, e senza alcun preavviso, l'automobile iniziò a sussultare e rantolare finché si spense per non riaccendersi più, lasciandomi in una cupa disperazione. Riuscii a uscire dalla colonna di automobili avvicinandomi al marciapiede e provai ancora a farla ripartire, ma nonostante i numerosi tentativi, il motore non diede più segni di vita. "Al diavolo!" ho urlato, irritata per la situazione frustrante in cui mi trovavo. Avevo ancora qualche linea di febbre che risucchiava le mie energie e rendeva tutto più difficile. Come se non bastasse, mia figlia mi stava aspettando e dovevo accompagnarla a casa in tempo per la lezione successiva.

Presi il cellulare e telefonai a Patrick, mio marito, per chiedergli di venire ad aiutarmi ma lui disse che non sarebbe riuscito a raggiungermi prima di un'ora perché, come me, era rimasto bloccato nel traffico dalla parte opposta della città. Ero nei guai. Riagganciai e, provando pena per me stessa (per non dire di quanto fossi preoccupata per mia figlia che mi aspettava sotto la pioggia) iniziai a pregare. Mi rivolsi ai miei spiriti soccorritori, alle mie guide, per chiedere loro se conoscevano un meccanico nel regno degli spiriti che potesse riparare subito la mia automobile. Rimasi seduta tranquilla, placando la frustrazione, mettendo da parte la paura e aprendo il mio cuore.

"So che potete aiutarmi e vi sarò eternamente grata se interverrete. Ditemi solo cosa devo fare" dissi fra me e me.

All'improvviso, sentii impulsivamente il bisogno di sfregare le mani, come per generare calore, e poi le appoggiai sul cruscotto. Udii telepaticamente una voce che mi diceva: "Trasmetti energia all'automobile. Non preoccuparti se ti senti esausta. Posa le mani sul cruscotto e lascia che il tuo cuore rianimi il motore."

Poiché mi fido ciecamente e accetto il consiglio delle mie guide senza mai dubitarne, ho fatto quanto la voce mi aveva suggerito e immaginai l'energia nascere dal mio cuore, attraversare il mio corpo e fluire nell'automobile.

Sentii una voce dire "Così è sufficiente" e percepii che era vero. Misi una mano sul volante, inspirai profondamente e provai ad accendere il motore girando la chiave con l'altra mano. Dal cofano giunse un brontolio e, voilà, il motore si accese! La macchina era resuscitata ed era di nuovo pronta per partire. Ridendo di cuore, ringraziai le mie guide con tutta me stessa. "Siete le migliori!" ho urlato. "Sapevo che mi avreste aiutata!".

Rimasi seduta qualche minuto ad ascoltare il suono del motore per accertarmi che fosse davvero tutto a posto poi, senza altri problemi, mi rimisi in strada.

Dopo cinque minuti cessò di piovere e accostai proprio di fronte alla casa dell'insegnante di mia figlia. Sabrina uscì dalla porta e, sedendosi sul sedile accanto al mio, disse: "Scusa se ti ho fatto aspettare. Abbiamo finito con qualche minuto di ritardo."

"Non ci sono problemi" le risposi sorridendo, "anche io sono appena arrivata."

Così siamo tornate a casa felici, salvate ancora una volta dagli spiriti che vengono in mio aiuto ogni volta che li chiamo. Questa è una giornata normale nella vita di un sensitivo: è piena di guide, angeli e aiutanti dell'altro mondo che sono sempre accanto a me per rendere più semplice la mia esistenza.

Introduzione

Cosa possiamo aspettarci

Sono cresciuta in una casa piena di spiriti guida di ogni tipo. La mia consapevolezza della loro presenza si è sviluppata gradualmente; li ho incontrati la prima volta quando ero ancora una bambina e mia madre, che dialogava sempre con le sue guide e con le mie, mi ha parlato di loro. È stata lei la prima a farmi capire che, in questo mondo, non ero mai sola e che ero accompagnata dalle guide che mi erano state assegnate per tutelarmi, aiutarmi, proteggermi e guidarmi per tutta la vita.

Lei dialogava con regolarità con i suoi spiriti e spesso erano loro, e non lei, a prendere le decisioni in casa nostra. Li chiamava i "miei spiriti" perché è proprio quello che erano: esseri spirituali privi di corpo materiale. La mamma si rivolgeva a loro per qualsiasi cosa: per scoprire dove era meglio cercare un parcheggio o cosa servire agli ospiti per cena, e aveva spiriti diversi per ogni genere di compito. Gli spiriti dello shopping la aiutavano a trovare gli affari migliori indispensabili per tirare avanti con una famiglia di sette figli che sopravviveva solo grazie allo stipendio di mio padre, commesso in un negozio. C'erano gli spiriti del cucito che la aiutavano a trovare i tessuti adatti e a creare i modelli e gli spiriti della guarigione che intervenivano quando noi bambini avevamo gli orecchioni. C'erano gli spiriti di gruppo e dei picnic che ci aiutavano a scegliere le mete più belle in montagna per la nostra gita domenicale; gli spiriti delle vendite che facevano aumentare il giro di affari del negozio di papà; gli spiriti della pittura, che chiamava quando si dedicava al suo passatempo preferito, la pittura a olio. C'erano anche gli spiriti romeni e francesi dei parenti deceduti che di tanto in tanto ci facevano visita.

Riservavamo alle nostre guide un posto a tavola e loro partecipavano alla nostra conversazione. Venivano consultate per ogni cosa, importante o insignificante che fosse, e quando avevamo qualche dubbio, spesso lasciavamo a loro l'ultima parola. Grazie a loro, la nostra casa non era mai vuota; vibrava sempre di energia, di idee e di possibilità; soprattutto era piena di amore e di una costante sensazione di sicurezza che nasceva dalla certezza di non essere mai soli.

Le mie guide mi hanno aiutata durante l'infanzia a superare le malattie, le liti in famiglia e i problemi scolastici; sono state con me in ogni istante, impreziosendo le mie giornate con miracoli che superavano le mie più sfrenate fantasie. Da che io ricordi, ho sempre saputo di poter fare affidamento sull'amorevole sostegno delle mie guide, ho percepito il loro sguardo protettivo su di me, sono stata assistita dalle loro soluzioni pratiche e mi sono sorpresa per i loro doni generosi.

Al di fuori della famiglia, anche nella scuola cattolica che frequentavo nella parte occidentale di Denver avevo spesso occasione di parlare del mondo dello spirito. Lì scoprii l'esistenza degli angeli e dei santi, uno per ogni giorno dell'anno, e che tutti hanno un santo personale che porta il suo stesso nome, a seconda delle lingue. E soprattutto, avevamo Maria, Gesù e lo spirito più grande di tutti, lo Spirito Santo.

Quando eravamo bambini, andavamo a messa ogni mattina, accendevamo le candele per attirare l'attenzione dei nostri spiriti guida e dialogavamo intensamente con loro pregandoli di intercedere per noi per ogni problema, anche per avere un piccolo aiuto durante le interrogazioni, trovare un buon posto a sedere nella mensa e, ovviamente, vincere le partite di pallavolo o di basket.

Per quanto mi riguarda, gli spiriti guida ascoltavano: prendevo davvero buoni voti nelle interrogazioni, ero particolarmente fortunata a pranzo e vincevo quasi tutte le partite di pallavolo. Perché non avrebbe dovuto accadere tutto questo? Non solo pregavo gli spiriti di aiutarmi e le guide di assistermi, ma credevo fermamente che loro mi avrebbero ascoltata e mi accorgevo del loro intervento e della loro presenza. Davo per scontato che tutti condividessero questa convinzione, almeno fino alla terza elementare quando la mia migliore amica, Susie, si lamentò perché sua madre le aveva proibito di rimanere a casa mia a dormire. Quando le consigliai di chiedere aiuto alle sue guide affinché inducessero sua madre a cambiare idea, mi disse che non capiva di cosa stessi parlando. Provai così a spiegarle cosa fossero, ma lei mi rispose che ero strana.

Mettendomi sulla difensiva, le chiesi perché andasse a messa ogni giorno per pregare se non credeva nell'esistenza di esseri soprannaturali che potessero aiutarla. Si giustificò dicendo che ci andava perché le suore la obbligavano, non perché credesse negli spiriti.

Frustrata, cercai di convincerla e le spiegai che, se fosse riuscita a calmarsi e avesse socchiuso le palpebre, senza però chiuderle completamente, avrebbe potuto persino vederli. "Non sempre assomigliano agli esseri umani" le spiegai, "a volte sono come scintille che danzano nell'aria. Altre volte sembrano esplosioni di luce bianca, come i flash di una macchina fotografica. In alcuni casi, invece, non li vedi ma li percepisci, come se l'aria diventasse più spessa in alcuni luoghi o come se spirasse una fresca brezza; oppure li senti solo nel cuore, ma sono presenti."

Susie alzò gli occhi al cielo, sbuffò e ribadì che le sembravo mezza matta perciò, ovviamente, non le parlai della mia guida favorita, Rose, che viveva sopra il mio armadio e assomigliava a Santa Teresa, né di Joseph l'esseno, che camminava dietro di me quando ero a scuola. Tacqui anche sulla guida che stava sempre in piedi nell'angolo della sua cameretta mentre dormiva, quella che assomigliava a una nativa americana molto anziana e consunta, avvolta in una ispida coperta rossa e bianca e che ci sorrideva quando eravamo a letto. Se pensava che ero matta solo perché le avevo accennato al fatto che credevo nelle guide, Dio solo sa cosa avrebbe detto se le avessi svelato tutti questi particolari! Poiché non volevo mettere a repentaglio la mia posizione sociale a scuola, che era già in bilico, risi per i suoi commenti e le proposi di dormire a casa sua anziché da me.

Da quel momento, iniziai a capire che il ricco mondo spirituale che mi dava sempre tanto conforto era virtualmente sconosciuto alla maggior parte delle persone. Mi intristiva sapere che il dialogo che intessevo con le mie guide per gli altri era quasi sempre un monologo senza risposte. Anche se non ero sicura del motivo per cui le persone si fossero allontanate così tanto dal mondo spirituale, ero assolutamente certa che la loro vita fosse peggiorata a causa di questo distacco.

Crescendo, ho capito che la distanza che ci separa dalla spiritualità è un disagio dell'anima tipico della mentalità occidentale. L'industrializzazione e l'intellettualismo hanno sradicato il centro della nostra consapevolezza dal cuore, il luogo in cui incontriamo lo spirito e siamo in comunione con esso, per insediarlo nella testa, dove l'ego regna sovrano, rischiando così di isolarci e di annichilirci. L'aspetto positivo è che, indipendentemente da ciò che ci ha indotto a prendere le distanze dal mondo delle guide, abbiamo la possibilità di riconnettere la nostra consapevolezza con il cuore, se lo desideriamo e se non permettiamo alla nostra mente di tenerci in ostaggio. Con un piccolo sforzo e un po' di collaborazione, i nostri spiriti guida saranno felici di mostrarci la strada.

Cosa possiamo aspettarci?

Per cominciare, è importante comprendere esattamente cosa puoi aspettarti quando incontri i tuoi spiriti guida. Infatti, nel mondo spirituale, esistono moltissimi livelli di guide, di esseri immateriali e di energie, ciascuno dei quali vibra secondo una propria frequenza, un po' come le diverse stazioni radio che inviano contemporaneamente i propri segnali. Non solo ogni guida ha la propria frequenza, ma anche ogni persona che vive su questo Pianeta è dotata di una vibrazione particolare.

Coloro che vivono seguendo il proprio cuore hanno una vibrazione *alta* che non è molto diversa dalle frequenze spirituali di coloro che risiedono in una dimensione puramente spirituale. Questo rende più facile la connessione con le guide. Coloro che hanno dimenticato la propria natura spirituale e si identificano solo con la mente e con il corpo, hanno una vibrazione più bassa che è molto diversa da quella degli spiriti guida, perciò per loro è molto più difficile stabilire una connessione. Questo spiega perché alcune persone sono più consapevoli della presenza di esseri ultraterreni rispetto ad altre.

Se ci pensi, tutto nell'universo è spirituale e vibra secondo una propria frequenza. Per esempio, sappiamo che le particelle subatomiche vibrano con frequenze specifiche, così come le onde luminose. Anche le onde dell'oceano hanno una certa frequenza e persino il nostro cuore ha un ritmo. Poiché tutto il creato è un mare di vibrazioni in movimento, è normale che noi, in quanto esseri spirituali, siamo in grado di sintonizzarci con quelle degli altri spiriti. Se riconosciamo la nostra natura divina, è più facile intuire la presenza degli abitanti del mondo ultraterreno.

Il mondo dello spirito è popolato come il nostro: miriadi di guide lavorano su diverse frequenze ininterrottamente. Di conseguenza, esistono numerose tipologie di guide con le quali possiamo connetterci: le guide che un tempo vivevano nel nostro mondo; i parenti che sono ormai morti e vivono nell'Aldilà; le guide con cui abbiamo condiviso una vita passata; le guide che si presentano come maestri spirituali e vigilano sul nostro cammino; i guaritori che ci assistono nella guarigione fisica ed emotiva; gli aiutanti che rendono più facile la nostra quotidianità; gli spiriti della natura e gli elementi che ci connettono con la Terra; gli animali guida che ci assistono lungo il cammino; persino le guide della gioia che ci rallegrano nei momenti duri e difficili della vita. Ci sono gli angeli, i santi, i deva, i maestri e Dio. Esistono persino guide, o aspiranti guide, che non hanno raggiunto un alto livello e dalle quali dobbiamo guardarci perché non fanno altro che provocare guai (ne parlerò dettagliatamente più avanti).

Purtroppo, ho capito anche che ciò che per me è del tutto naturale (essere consapevole della loro esistenza e collaborare) per altri, quasi per tutti, è una realtà ignota. Purtroppo ho conosciuto molte persone che ignorano l'esistenza di un piano spirituale e non sono connesse con le proprie guide, si arrovellano nella paura e nella disperazione, si sentono sole e abbandonate nella lotta per la vita, inconsapevoli di avere l'amorevole appoggio che è a disposizione di tutti noi in qualsiasi momento.

Poiché ho avuto la fortuna, sin dall'infanzia, di godere del loro sostegno, mi sono proposta, come scopo della mia vita, di aiutare gli altri a scoprire le loro guide. Così come io ho beneficiato del loro sostegno, voglio che tutti sappiano che possono essere aiutati. Non sono l'unica persona speciale a poter ricevere consigli dalle guide; nessuno lo è. Tutti noi siamo figli divini dell'universo e ciascuno di noi è sostenuto da un sistema di spiriti che lavorano per rendere la nostra permanenza sulla Terra più semplice e prolifica, dalla nascita fino al momento in cui lasciamo il corpo fisico per tornare al mondo ultraterreno. Se non ne siamo consapevoli, siamo gravemente limitati.

L'universo si prende cura di ogni sua creatura e la guida: gli uccelli hanno il radar, i pipistrelli hanno il sonar e noi abbiamo le guide. Quando risvegliamo il nostro sesto senso e impariamo come connetterci con le guide angeliche personali, le nostre vite diventano più facili, le anime si evolvono, raggiungiamo gli scopi dell'esistenza e rendiamo la permanenza in questa realtà infinitamente piacevole.

Questo libro descrive alcune semplici linee guida utili per connetterti con i tuoi spiriti guida affinché anche tu possa godere di tutto il benessere, il sostegno e la gioia che ti spettano.

Siamo tutti figli privilegiati della Madre Benevolente e di Dio Padre e abbiamo il diritto di aspettarci una vita magica e beata. Il segreto per ricevere questi doni, tuttavia, è accettare il fatto che non possiamo avere successo senza l'aiuto di qualcuno. Dobbiamo aprire il cuore e la mente al sostegno amorevole a disposizione di tutti noi. Se mi segui in questo viaggio, presto otterrai sostegno, successo e fortuna al di là di ogni immaginazione. Allora, partiamo!

Come usare questo libro

Questo libro si propone di insegnarti a comunicare direttamente con il tuo sistema di sostegno spirituale, connettendoti con i numerosi aiutanti celesti sempre a tua disposizione nel corso del viaggio. Ti spiegherò chi sono, da dove provengono, come possono aiutarti, i metodi per comunicare facilmente con loro e comprendere meglio le modalità con cui si rivolgono a te.

Scoprirai passo dopo passo il mondo dello spirito e, così facendo, affinerai la tua sensibilità verso il mondo degli spiriti in modo naturale e spontaneo. In ciascun capitolo descriverò le diverse guide, evidenzierò le loro peculiarità, racconterò alcune storie su come ciascuna tipologia di guida abbia aiutato me e altre persone e, infine, proporrò alcuni esercizi quotidiani che puoi svolgere tu stesso per rafforzare la connessione diretta con la tua guida in modo elementare e pratico.

Descriverò le diverse guide, una per volta, affinché tu possa farti un'idea di come percepire la loro energia e la loro influenza; poi dovrai agire in prima persona e provare le diverse tecniche intuitive che ti metteranno in contatto con gli spiriti. Questo approccio ti induce a pensare come una persona dotata di sesto senso, consapevole del proprio spirito; inoltre, permette ai tuoi spiriti guida di assisterti nella creazione di una vita libera dallo stress e dalla paura.

La struttura del libro

Questo libro è suddiviso in sei sezioni, o temi, dagli strumenti più semplici per sviluppare la sensibilità fino ad arrivare al mondo dello spirito. Quando sarai capace di gestirli con sicurezza, imparerai a predisporre il tuo corpo affinché si sintonizzi con l'energia sottile e poi sarai pronto per esplorare gradualmente regni più specifici, superiori e sottili, dell'assistenza spirituale. Ti spiegherò come connetterti con le tue guide, come lavorare con loro e, infine, ti insegnerò come vivere la tua vita lasciandoti guidare dagli spiriti.

Consideralo come un corso o un addestramento, come se seguissi una lezione per l'ascolto guidato della musica. All'inizio dovrai apprendere le note del regno dello spirito, poi le melodie dei consigli delle guide e, infine, la composizione e l'orchestrazione del vivere creativo seguendo il sesto senso, facendoti guidare dal Divino. Lasciandoti condurre dal Divino, ti immergerai nel flusso della vita e inizierai a godere della magia del nostro meraviglioso universo.

Affronta questo libro rispettando i tuoi tempi e lavora con le tue guide facendo un piccolo passo per volta. Leggi ciascun capitolo più volte se lo desideri, poi esegui gli esercizi proposti alla fine di ciascuna sezione per un paio di giorni e osserva cosa succede. Ciascun capitolo si struttura sui contenuti di quello precedente e ti fornisce solidi strumenti per imparare a fidarti con semplicità e agio delle tue guide in qualsiasi situazione.

Immagina che questo libro sia un viaggio del tuo spirito insieme a me e che io sia la tua guida esperta. Poiché ho lavorato con le guide per tutta la vita (e da più di trenta anni insegno ad altre persone come connettersi con loro), conosco perfettamente il mondo dello spirito e in esso mi sento a mio agio. Ora è il tuo turno di apprendere quello che so.

Quando decidi di collaborare con gli spiriti guida, cambi tutte le regole che governano la tua vita e questa diventerà più semplice. Attraverso gli esercizi che ti propongo, inizierai a sentire che l'intero universo è sempre disposto a intervenire in tuo favore. Anche se tutti noi, *potenzialmente*, possiamo essere guidati, non è sufficiente desiderarlo perché accada davvero. Così come per avere addominali di acciaio non è sufficiente guardare un dvd che illustra alcuni esercizi fisici, allo stesso modo sapere dell'esistenza delle guide, o desiderare che intervengano nella tua vita, non significa aprire completamente la porta. Se non le inviti esplicitamente ad aiutarti ogni giorno, finirai per impedire loro di guidarti.

All'inizio forse ti sembrerà strano concentrarti così intensamente sull'Altra Parte ma, se non ti arrendi, presto inizierai ad apprezzare il processo; dopo tutto, le guide sono divertenti e hanno un ottimo senso dell'umorismo. Non esitare a chiedere il loro aiuto quando ne hai bisogno perché saranno sempre disposte a dartelo.

Presta attenzione ai piccoli indizi che scopri e non aspettare di incontrare l'equivalente ultraterreno di Elvis, trascurando tutto il resto. La guida spirituale è sottile, perciò dipende da te aumentare la tua consapevolezza, tanto da riconoscere e accettare il suo aiuto quando te lo offre. Se ti eserciti regolarmente per connetterti con le diverse guide, presto avrai la certezza della loro presenza perché la tua vita diventerà una favola.

La cosa più difficile è imparare a farsi aiutare perché siamo abituati a lottare; la lotta, nella vita, l'abbiamo fatta diventare una cosa affascinante. Tuttavia, quando la vita è guidata da un essere superiore, le nostre battaglie diventano meno intense. Perciò, prima di iniziare, chiedi a te stesso: "Quanta felicità sarò in grado di sostenere?". Se sei una persona dotata di un acuto sesto senso che ama farsi guidare dagli spiriti, la risposta dovrebbe essere: "Tutta quella che mi viene donata." In questo modo non impiegherai molto tempo a godere dei benefici e del sostegno che ti meriti. Se il tuo approccio alle guide è sincero e aperto, sicuramente ti risponderanno. Infatti, in poco tempo, coloro che ti sono vicini inizieranno a chiederti qual è il tuo segreto per vivere in modo così magico!

In quanto esseri spirituali, il nostro creatore ci ama profondamente e ci sostiene. Non siamo mai soli e non siamo mai costretti ad affrontare qualcosa che non sappiamo gestire senza che qualcuno ci fornisca gli strumenti necessari per farcela. Desideriamo innalzarci al di sopra dei problemi terreni e vivere nel flusso della grazia perché intuitivamente sappiamo, in ogni nostra cellula, che possiamo farlo. È facile: basta smettere di opporre resistenza e iniziare ad aprirci all'amorevole sostegno che il mondo delle guide e degli spiriti ci offre ogni giorno. Sono felici di servirci e di aiutarci... lasciamoli fare.

Prima parte

Benvenuto nel mondo dello spirito

Primo capitolo

Prima di tutto riconosci il tuo spirito

Prima di iniziare a percepire la presenza delle guide, devi imparare a riconoscere la bellezza del tuo stesso spirito. Forse l'idea di vederti in questo modo, come un essere meraviglioso, è per te un concetto nuovo, ma è ciò che sei in realtà, ciò che tutti noi siamo.

Quando eravamo piccoli, mia madre spesso si riferiva a noi chiamandoci spiriti e noi facevamo lo stesso quando parlavamo con lei. Spesso, durante una normalissima conversazione, ci chiedeva: "Cosa vuole il tuo spirito?" oppure: "Cosa dice il tuo spirito?". Sapendo di essere una di loro, mi sembrava molto più facile connettermi con gli esseri che potevano aiutarmi, sia con quelli che vivevano su questo Pianeta sia con quelli che appartenevano ad altri piani. Sono cresciuta vedendo me stessa e gli altri in questo modo e non ho mai fatto fatica ad accettare questo principio, anche se il potere di questa verità si è manifestato in tutto il suo splendore solo quando è nata la mia prima figlia, Sonia.

Ricordo perfettamente quanto fosse calma e serena quando è venuta al mondo, quasi quanto un Budda. Appena nata era immobile e leggermente cianotica ma poi, con un potente slancio, ha inalato il suo primo respiro e, con una forza straordinaria, all'improvviso ha iniziato a vivere. Ha preso un bel colorito roseo e ha preso a urlare per far sapere a tutto il mondo che era arrivata. Proprio in quell'istante ho visto con i miei occhi la sua anima entrare nel suo corpo donandole la vita tramite quel primo respiro. Da allora non sono più stata capace di guardare gli altri esseri umani, me compresa, senza pensare che anche noi abbiamo vissuto un momento come quello. Riconoscere il fatto che sia il tuo spirito a donarti la vita ti permette di apprezzare la formidabile forza che tu stesso incarni.

Anche se noi tutti condividiamo il medesimo alito di vita eterno, questo prende forme diverse in ciascuno di noi. Il tuo spirito ha una propria presenza, una vibrazione unica che è completamente distinta dalla tua personalità (che, a grandi linee, è una sorta di scudo difensivo che protegge il tuo spirito). Il modo migliore per connetterti con il tuo spirito è iniziare a riconoscere ciò che ti rende vivo.

Inizia a scoprire com'è davvero il tuo spirito. Come descriveresti la forza eterna e fiera che si chiama "io"? È cortese, appassionata, imperiosa, esitante, creativa, timida o giocosa? In quali aspetti della vita ti senti più competente? Quali attività ti coinvolgono al punto da farti dimenticare te stesso? Quali cose donano conforto e ispirano la tua anima?

Poi, prendi in considerazione ciò che *nutre* il tuo spirito. Quali sono le esperienze, le attività e le energie che ti rendono forte, che ti donano stabilità e ti nutrono intimamente facendoti sentire soddisfatto, contento della vita e a tuo agio con te stesso? Cosa ti delizia e ti sorprende? Cosa ti induce a gettarti nella vita aiutandoti ad abbracciarla di petto? Cosa ti fa sentire in pace con te stesso?

Per esempio, io mi rigenero con la musica classica, ammirando la bellezza di alcuni tessuti e inalando profumi dal fascino esotico. Il mio spirito ama la natura, soprattutto le montagne e l'aroma dei pini, i viaggi in luoghi affascinanti e lontani, la lingua francese, i bazar egiziani e le corse in risciò attraverso New Delhi. Si esalta quando racconto le favole, quando insegno a qualcuno come trovare le proprie guide e, soprattutto, quando ballo. Tutte queste attività innalzano la percezione di me stessa e mi donano felicità, soddisfazione e stabilità.

Lo spirito di mio marito è molto diverso dal mio: a lui piace l'azione, il movimento ed essere indaffarato. Si vivifica quando fa una passeggiata in bicicletta, quando cammina in estate in un bosco o quando scende a massima velocità con gli sci lungo una pista innevata. Il suo spirito è molto sensuale, anche se è più organico rispetto al mio: i profumi e la vista del banchetto di verdure di un contadino al lato della strada, le bancarelle delle spezie nel quartiere indiano di Chicago, dove viviamo, o un secchio pieno di pesce fresco al mercato lo fanno andare in brodo di giuggiole.

Presta attenzione a ciò che ti rende più forte e nutre il *tuo* spirito unico al mondo, cercando soprattutto di capire quanto sei sensibile e consapevole nei suoi confronti. Ti impegni per stimolarlo con le attività di cui ha bisogno per rigenerarsi?

Mi viene in mente un episodio: una volta avevo tenuto una lettura per una donna, si chiamava Valerie, e soffriva di una grave forma di depressione, di spossatezza e, secondo me, anche di una profonda apatia spirituale. Di conseguenza, non riusciva mai ad arrivare a sera senza crollare a metà giornata per la stanchezza. Non riuscendo a capire quali fossero le cause di questa misteriosa perdita di energia, aveva consultato ogni tipo di medico, guaritore e medium che aveva trovato per avere una risposta; si era sottoposta a ogni sorta di esami per scoprire da quale malattia fosse affetta (ipotiroidismo, morbo di Lyme, avvelenamento da muffe o da metalli, virus di Epstein-Barr), ma nessun esame aveva dato esito positivo e nessun medico le aveva dato una risposta definitiva.

Disperata, si era rivolta a me. Compresi immediatamente il suo problema: era un caso grave di ciò che io definisco "anoressia psichica", o "fame dello spirito". Le sue guide mi mostrarono che lei era, in fondo, un'artista e una musicista, uno spirito che amava creare melodie meravigliose e giardini incantevoli. Era una persona contemplativa la cui anima sbocciava nei momenti di placida meditazione e preghiera. Il suo spirito era delicato e aveva bisogno della compagnia degli animali, della bellezza dei fiori e della calma di una semplice e regolare vita a contatto con la natura.

Valerie aveva avuto a disposizione tutto questo quando, anni prima, viveva in una piccola cittadina del Wisconsin. Poi però si era sposata con il suo fidanzato delle scuole superiori che lavorava come meccanico per una compagnia aerea ed era sempre alla ricerca di nuove possibilità per fare carriera. Da quando si erano sposati, si erano trasferiti sei volte in cinque anni, quasi sempre in grandi città dove vivevano in piccoli appartamenti condivisi con estranei perché non potevano permettersi di affittare una casa da soli. Lo spirito di suo marito adorava l'avventura ma il suo era traumatizzato e morente.

A causa della fedeltà al marito, la mia cliente aveva perso la connessione con se stessa e la sua energia si era completamente esaurita. Le sue guide mi dissero che aveva bisogno di tornare alla vita pacifica nella natura e di interrompere i continui cambiamenti ai quali si era assoggettata per seguire il marito; solo in questo modo avrebbe potuto rianimare il proprio spirito e guarire il corpo.

"Mi stai dicendo che dovrei divorziare?", mi chiese quando le spiegai il mio punto di vista. Poiché non era quello che desiderava fare, le spiegai: "Ciò che intendo dire è che dovresti essere più consapevole di quello che serve alla tua anima e fare quanto necessario per stare meglio."

Un aspetto particolare dello spirito è che, quando diventi più sensibile ai suoi moti e gli dedichi maggiore attenzione, diventi subito più calmo e lucido. Valerie mi diede retta, seguì i miei consigli e, per la prima volta dopo anni, iniziò ad ascoltare il suo spirito. Lasciò il marito in città per tornare a vivere in un luogo pacifico e immerso nella natura dove avrebbe potuto godere della compagnia degli animali e delle passeggiate nella natura, rilassarsi da sola ed esercitarsi a suonare il pianoforte. Non divorziarono ma cercarono un equilibrio: suo marito lavorava per dieci giorni consecutivi a New York e poi trascorreva quattro o cinque giorni con lei nel Wisconsin. Lentamente, Valerie ritrovò la forza e curò il proprio spirito, dimostrando che le guide avevano capito esattamente cosa le serviva per stare meglio.

Quando parlo con i miei clienti, molti ammettono che hanno pochissime occasioni per nutrire e coccolare lo spirito e che vivono seguendo esclusivamente il loro senso del dovere e di responsabilità. Pensano che la vita sia qualcosa a cui *resistere* più che un'esperienza da *vivere,* e dimenticano di godersela!

Se anche *tu* scopri di avere questa visione dell'esistenza, sappi che sei diventato duro e insensibile al tuo spirito e, di conseguenza, ti sei allontanato dal mondo dello spirito e da tutti i suoi doni.

Nella nostra cultura puritana, in cui le persone sono incoraggiate sin dall'infanzia a mettere gli altri prima di se stesse e imparano a definire "egoista" ogni desiderio di prendersi cura del proprio benessere, è facile capire come si possa arrivare a questo punto. Finché non cambi questo modo di pensare invalidante, il tuo spirito continuerà a soffrire e tu perderai la possibilità di farti guidare dal mondo dello spirito.

Sai come nutrire il tuo spirito? Prova a...

- Ascoltare musica rilassante.
- Cantare.
- Fare un lungo bagno caldo con sali profumati.
- Meditare.
- Decorare la tua casa con fiori freschi e piante.
- Non fare nulla.
- Fare una passeggiata.
- Riempire la tua stanza di candele e di morbidi cuscini.
- Leggere riviste che parlano di viaggi esotici.
- Fare esercizio fisico.
- Pregare.
- Fare tutto con più calma.
- Ridere.

Il tuo primo compito consiste nel nutrire e curare il tuo spirito. Se sei disconnesso e insensibile nei suoi confronti, è molto probabile che tu non sia in grado di cogliere i segnali delle tue guide. Inizia a prestare attenzione alla tua vita quotidiana per individuare quei momenti in cui ti senti pienamente coinvolto e serenamente impegnato. Quali sono le attività che svolgi quando provi queste sensazioni? Concentrati soprattutto su quelle che ti donano felicità e soddisfazione o, ancora meglio, che ti fanno ridere e sentire lieto e leggero. Ci sono istanti in cui la tua anima è ispirata; sono le esperienze che ti aiutano ad aprirti al grande mondo degli spiriti guida. Sii consapevole di cosa provi (e sii onesto a questo proposito) quando ascolti il tuo spirito, perché rispondendo e dandogli ciò che ti chiede riuscirai a provare pace e soddisfazione.

Chi sa già cosa serve al proprio spirito può darsi da fare subito e reagire in modo consono. Per esempio, se ami la natura, tutto ciò di cui hai bisogno per rasserenarlo è una passeggiata nel parco senza sensi di colpa, o trascorrere qualche ora alla settimana in giardino. La parola chiave, in questo contesto, è *senza sensi di colpa.* Se ami fare acquisti o esplorare luoghi esotici, trascorrere qualche ora in un quartiere visitando negozi in cui non sei mai entrato è l'attività perfetta per te. Non è necessario comprare qualcosa: pensa solo a goderti l'avventura senza cercare scuse o giustificazioni per aver deciso di dedicare un pomeriggio a te stesso. E non temere di provocare danni alla tua vita solo per il fatto che ti prendi cura del tuo spirito... quando si tratta di essere sensibili e attenti al proprio spirito, anche un piccolo gesto porta grandi vantaggi.

È in questo primo momento, quando rispondi al tuo spirito, che incontrerai per la prima volta le tue meravigliose guide e i tuoi compagni. Mia madre, per esempio, amava cucire e trascorreva moltissime ore serene riflettendo mentre lavorava nella stanza del cucito, dove spesso percepiva la connessione con le sue guide; talvolta intratteneva anche lunghe conversazioni telepatiche con loro.

Infatti, più nutriva il suo spirito e si rasserenava, più facile diventava per lei connettersi con le energie sottili delle sue guide.

Se sei così disconnesso dal tuo spirito da non sapere proprio da dove incominciare, non preoccuparti. Se sei sinceramente convinto di volerti riconnettere, una breve ricerca esplorativa sarà sufficiente per riuscirci. Il segreto per eseguire alla perfezione questi potenti esercizi che nutriranno la tua anima, è comprendere che non esiste un *unico* modo corretto per riconnettersi con il proprio spirito: devi solo mostrarti interessato, curioso, sensibile e, soprattutto, disponibile nei confronti di ciò che ti fa sentire intimamente meglio. Se ti prendi cura regolarmente del tuo spirito, scoprirai che è in ogni cosa e questa consapevolezza aprirà la porta alla connessione con gli spiriti guida e ti permetterà di ottenere il loro sostegno.

Tocca a te

Ritagliati del tempo libero, circa quindici o venti minuti ogni settimana, durante il quale ti dedicherai solo a te stesso. Trascorri questi momenti intrattenendoti con i passatempi che più ami, come suonare il piano, stare in giardino o semplicemente sognare a occhi aperti mentre sorseggi una tazza di tè, senza sentirti in colpa. Gradualmente, introduci altri momenti di libertà, passando da uno a due ogni settimana e aggiungendone sempre altri. Forse dovrai ricordare a te stesso che è tempo speso bene, soprattutto se non sei abituato a fare qualcosa per te o a prenderti qualche minuto per ascoltare il tuo spirito.

In alcuni casi è necessario spiegare chiaramente agli altri (ai familiari, per esempio, soprattutto ai bambini piccoli che, per abitudine, si aspettano che tu sia sempre pronto ad ascoltarli quando sei con loro) che questi momenti sono preziosi per te e che devono essere rispettati. So che potrebbe sembrare una richiesta eccessiva, ma se riesci a ritagliarti brevi periodi di un quarto d'ora nell'arco della giornata, tutti riusciranno ad accettare facilmente questa tua abitudine... persino tu.

Puoi anche provare a trovare qualche minuto al mattino, magari mentre fai la doccia o ti prepari per uscire di casa, per completare questa frase: "Se non avessi paura, io...".

Esempi

"Se non avessi paura, la domenica mi riposerei tutto il giorno."

"Se non avessi paura, indosserei scarpe più belle!".

"Se non avessi paura, chiamerei mia madre più spesso per dirle che le voglio bene."

Esegui questo esercizio a voce alta e permetti al cuore, sede del tuo spirito, di esprimersi liberamente e senza censure. Dopo alcune sessioni, sarà lui stesso a darti le indicazioni giuste per farti capire di cosa ha bisogno per sentirsi soddisfatto e realizzato.

Secondo capitolo

Entra nel vasto mondo dello spirito

Dopo aver risvegliato la consapevolezza del tuo spirito, il passo successivo nel processo di connessione con le tue guide consiste nel diventare consapevole dell'energia spirituale insita nelle persone e nelle creature viventi che ti sono vicine e sviluppare la tua sensibilità. Dopo tutto, la fisica quantistica ci dice che, al di là delle apparenze, tutto ciò che esiste nell'universo è composto di pura coscienza che vibra con frequenze diverse; gli oggetti materiali sono solidi e distinti solo in *apparenza* ma, in realtà, sono agglomerati di energia che si muove così rapidamente da creare una solidità *illusoria*.

Molti anni fa, quando ero ancora all'inizio del mio percorso di studio sulle arti della chiaroveggenza e della guarigione, il mio maestro e mentore, il dottor Trenton Tully, mi disse che gli elementi concreti sono le fonti di informazione meno affidabili e che dovremmo sempre integrarle con altri dati per arrivare a una conclusione o prendere una decisione. Il suo consiglio mi ha fatto aprire gli occhi e mi ha aiutata a capire cosa è vero e reale; ha contribuito a far cadere il velo tra il mondo materiale e quello sottile.

Il mondo dello spirito vibra a un livello completamente diverso rispetto a quello del mondo fisico; non possiamo registrarlo con la vista ma lo percepiamo e lo intuiamo con la mente quando iniziamo a esercitare la consapevolezza e ad acuire la nostra attenzione. Per riuscire a sintonizzarti con queste onde, inizia a prendere coscienza delle energie uniche che ti circondano. All'inizio, forse ti sentirai un po' strano ma, con un pizzico di immaginazione e di concentrazione, presto ti sembrerà un procedimento molto semplice. Inizia con le persone che ti sono più vicine, per esempio i tuoi familiari o i colleghi che incontri ogni giorno, cerca di percepire il loro spirito e di descriverlo; prendi nota di tutte le diverse caratteristiche che differenziano un individuo dall'altro.

Per riuscire a connetterti con l'energia di coloro che ti sono vicini, chiudi semplicemente gli occhi e sposta l'attenzione dalla mente al cuore. (Se sei naturalmente dotato di una grande empatia, di certo sai a cosa mi riferisco perché, con ogni probabilità, riesci a sintonizzarti spontaneamente con le onde della vita che ti circonda, anche se non le hai mai percepite completamente come uno spirito.) Poi, concentrati su un individuo specifico e impegnati a percepire la sue vibrazioni uniche, comprese quelle emanate dai suoi spiriti guida. Descrivi le tue sensazioni, meglio se ad alta voce perché, se ti esprimi verbalmente, la tua consapevolezza dell'evento sarà più precisa.

Per esempio, definirei lo spirito di mia figlia Sonia un essere gentile e sensibile. Può essere molto resistente al cambiamento e questa sua dote la rende determinata per natura, stabile e solida. La sua anima è forte, devota e serena, anche se sa diventare feroce quando le circostanze lo richiedono. Poiché conosco molto bene il suo spirito, riesco a riconoscere la sua vibrazione ovunque vada.

Una volta, mentre stavo girando per negozi in un centro commerciale, ho percepito che Sonia era vicina, anche se sapevo che stava trascorrendo il fine settimana con un'amica e non avevano progettato di andare a fare spese. Percepii la sua presenza in modo così acuto che mi voltai all'improvviso per vedere se era dietro di me. Poiché non la vidi, continuai il mio giro nel negozio finché, circa cinque minuti dopo, sentii la sua voce. Mi girai e la trovai: la madre della sua amica le aveva accompagnate al centro commerciale per vedere un film al cinema e, mentre aspettavano l'inizio dello spettacolo, avevano deciso di fare una passeggiata per ammazzare il tempo. Così come io avevo percepito la sua presenza, anche lei, grazie alla familiarità con il mio spirito, si era accorta che ero nello stesso posto.

La capacità di sentire lo spirito degli altri e la complessità del mondo che ci circonda ci permette di ambire a esperienze positive di livello più elevato. Una mia cliente, Harriet, per esempio, una volta mi disse che non aveva mai pensato di poter vedere se stessa come uno spirito; tuttavia, l'idea la intrigava perché le sembrava che questo avrebbe potuto portare luce e un po' di entusiasmo nella sua vita monotona. Anche se all'inizio era titubante, accettò il mio consiglio e iniziò a tentare di vedere più di quanto riuscisse a captare con lo sguardo.

Harriet aveva sessantasette anni e, da ormai più di trenta era single (a causa di un matrimonio finito male); lavorava part time come segretaria per un assicuratore. Si sentiva molto limitata ed emarginata, perciò desiderava scoprire quali fossero i cambiamenti necessari per rendere la sua vita più eccitante e soddisfacente. Quando iniziò a osservare lo spirito del suo capo, notò che era opaco e pesante e che la sua cupa energia contagiava anche lei. D'altro canto, si era accorta che lo spirito del suo vicino di casa era aperto, dal cuore buono e molto luminoso, caratteristiche che non aveva mai notato benché lo conoscesse da tre anni.

Harriet, sentendosi attratta dall'energia positiva del vicino, iniziò a stabilire una relazione amichevole con lui che si mostrò subito molto disponibile. Dopo aver trascorso insieme diverse felici occasioni (in una di queste Harriet aveva fatto notare al suo nuovo amico la bellezza del suo spirito) il vicino la invitò a prendere parte al club di bridge che due volte al mese si incontrava nel suo appartamento per giocare. Proprio in quel periodo incontrò un dentista che le propose di lavorare nel suo studio in centro come segretaria. Quando Harriet gli chiese perché avesse deciso di assumere proprio lei, lui le confessò che aveva apprezzato il suo spirito!

Imparando semplicemente a percepire le energie emanate dagli altri, Harriet aveva stretto nuove amicizie e trovato un lavoro migliore in soli due mesi. Grazie alla rinnovata consapevolezza del proprio spirito e di quello degli altri, si era spontaneamente avvicinata a situazioni meravigliose che avevano generato i cambiamenti che stava cercando.

Durante i miei corsi, a volte chiedo agli allievi di descrivere lo spirito di altre persone e di solito, all'inizio, si sentono inibiti nel farlo. È una reazione normale per chi si addentra per la prima volta nel "vasto mondo dello spirito", quindi cerca di rilassarti e di considerare questa esperienza come un'avventura meravigliosa e non una prova per valutare le tue competenze nel campo della metafisica. L'aspetto divertente è che, se anche la tua testa ti tradisce, con una piccola spinta, il tuo cuore (che, ti ricordo, è la sede dello spirito) si farà vivo e ti aiuterà a sentire l'energia e le vibrazioni che tu normalmente ignori.

Claire, una mia allieva che aveva provato a cimentarsi in questa prova, descrisse lo spirito di una collega più anziana, che lei definiva "molto conservatrice", come sorprendente e sensuale; alla fine scoprì che sotto l'abito inamidato della collega si nascondeva una donna che, da anni, ballava il flamenco ogni fine settimana.

"Chi poteva aspettarselo?" disse poi Claire ridendo. "Dal suo aspetto, non avrei mai potuto sospettarlo!". Connettendosi con lo spirito della collega, apparentemente calmo e umile, la mia allieva era riuscita a sfruttare uno dei risvolti più vantaggiosi del mondo dello spirito: aveva permesso al proprio spirito di entrare in contatto con altri affini che le erano vicini e avevano arricchito la sua vita, invitandola anche a ballare il flamenco di tanto in tanto!

Sai che...

...la parte migliore nell'imparare a vedere lo spirito in ogni cosa che ti circonda è che il tuo mondo prende vita e la tua immaginazione libera tutta la sua creatività? Se osservi il mondo da questo punto di vista, inizi anche a notare le connessioni nascoste, le opportunità e l'aiuto che sono sempre a tua disposizione. Se sviluppi questa sensibilità, la connessione con i piani immateriali e con i tuoi spiriti guida sarà a portata di mano!

Puoi affinare la tua percezione anche esercitandoti sulle energie dei tuoi animali domestici. Riesci a sentire e identificare lo spirito del tuo cane, del tuo gatto, o persino quello del tuo pesce? Io, per esempio, ho capito che lo spirito del mio barboncino, Miss T, è molto sensibile, ironico e anche piuttosto orgoglioso. Diventa triste quando è spettinata e ha bisogno di una tosata mentre, dopo uno shampoo e una spazzolata, ritrova il sorriso. Invece Emily, la cagnolina del mio vicino, ha uno spirito molto meno particolare: infatti, non le interessa affatto il suo aspetto, è avventurosa ed è sempre pronta a correre e a giocare. Il suo spirito è allegro, curioso e molto più sicuro di se stesso rispetto a quello della mia barboncina.

Da ormai venti anni chiedo alle persone di parlare dello spirito dei loro animali domestici e non ho mai incontrato nessuno che non fosse capace di descriverlo con una certa precisione; anzi, spesso le persone sono molto più precise quando si tratta dello spirito degli animali di quanto non siano con quello delle persone. Forse dipende dal fatto che gli animali sono così affettuosi e disponibili ad accettare la nostra anima che noi non possiamo evitare di entrare in contatto con la loro.

Adesso prova ad allargare ulteriormente il confine della tua consapevolezza cercando di percepire lo spirito dei vegetali che hai in casa e dei fiori in giardino. Noti qualche differenza tra lo spirito di una pianta rigogliosa e sana e quello di una che sta morendo, tra quello di un'orchidea e quello di un giglio, tra una pianta in vaso e una che affonda senza restrizioni le radici nella terra? La tua mente razionale potrebbe considerare stupidi questi tentativi, ma ti assicuro che non t'inventi nulla quando ti concentri sul livello spirituale di qualsiasi creatura.

Con un po' di esercizio e di dedizione, puoi addestrare i sensi affinché riescano ad accedere a tutti i livelli sottili di energia esistenti, e a godere di ogni aspetto della vita in modo completamente diverso. Ricordo, per esempio, il corso di musica che ho seguito al college grazie al quale, dopo poche settimane, sono diventata molto più consapevole. Ho sempre amato la musica ma non ero mai riuscita a distinguere i diversi strumenti il cui suono si fondeva in una massa solida di ritmo e melodia. Quando il corso ha spostato la mia attenzione sugli elementi più sottili del brano che veniva suonato, ho iniziato a identificare i singoli strumenti e i ritmi, ho quindi sviluppato la capacità di godere di un brano in modo più profondo e traendone un piacere ancora maggiore.

Ho vissuto un'esperienza analoga quando mi sono iscritta a un corso di cucina francese. Il cibo francese mi è sempre piaciuto ma, quando ancora nessuno mi aveva svelato i suoi segreti, non ero in grado di apprezzare le sfumature dei sapori delle spezie e dei diversi ingredienti che lo rendevano così straordinario. All'improvviso ho scoperto come assaporare gli aromi di un piatto e il mio amore per la cucina francese si è evoluto, diventando un'esperienza più completa e soddisfacente. La mia consapevolezza mi permette ora di gustare ciò che mangio e non divoro più ogni cosa senza prestare attenzione alle sue energie e vibrazioni.

Puoi ottenere un risultato simile se ti eserciti a identificare le energie che ti circondano e a percepire le vibrazioni con il cuore. Con impegno e dedizione, imparerai a *sentire* in modo diverso; riuscirai a percepire la delicata tenerezza di un bambino in tenera età anziché pensare solo al suo viso sporco; sentirai il vigoroso entusiasmo di un giovane pastore tedesco anziché provare fastidio perché ringhia in modo minaccioso; vedrai la solidità di una quercia anziché notare solamente la sua altezza incombente. All'inizio potresti avere l'impressione di esserti addentrato in un territorio sconosciuto ma, quando riuscirai a sintonizzarti con lo spirito del mondo che ti circonda, questa dote diventerà parte integrante della tua personalità. Come nel caso dei corsi di musica e di cucina francese che ho frequentato, anche tu imparerai a entrare in sintonia con la realtà sottile che pervade il tuo mondo.

Tocca a te

Inizia a notare lo spirito di tutte le persone e di tutti gli oggetti che ti sono vicini e cerca di descriverne l'energia.

Se, per tua natura, tendi a leggere la realtà in modo prettamente razionale e a disconnetterti dal tuo centro sensoriale, forse questo procedimento ti sembrerà poco familiare; ti consiglio quindi di iniziare a descrivere gli spiriti degli altri con termini semplici, come "leggero", "pesante", "svelto", "stabile", "luminoso" o "intorpidito". Lascia che sia il tuo cuore a esprimersi, mentre l'immaginazione ti guida in questa esperienza; non censurare le tue impressioni. Per riuscirci, dovrai aggirare l'ostacolo rappresentato dal cervello e permettere ai tuoi sentimenti di emergere dal cuore attraverso le parole, senza filtri di alcun tipo. Potresti anche pronunciare parole che non registri a livello cosciente.

Ora che conosci il mondo dello spirito, sei pronto per scoprire gli spiriti guida più semplici: gli angeli.

Seconda parte

Gli angeli:
i primi compagni spirituali

Terzo capitolo

Gli angeli custodi: le tue guardie del corpo

Una volta diventato consapevole della presenza dello spirito in ogni cosa, inizi a vedere l'universo in tutta la sua bellezza, come un luogo accogliente e meraviglioso in cui ogni creatura viene accudita e riceve amore... anche tu. Così come ogni essere vivente ha una schiera di spiriti che lo proteggono, anche tu hai un sistema di sostegno sovrannaturale che comprende numerose e diverse creature e forze spirituali. Il primo gruppo di compagni che sono stati inviati in tuo aiuto sono gli angeli e, in particolare, il tuo angelo custode personale.

Gli angeli custodi sono molto importanti per gli esseri umani perché sono gli unici spiriti che ci stanno accanto dall'inizio della vita fino al nostro ultimo momento sulla Terra. Vegliano su di noi, ci guidano e ci allevano, facendo in modo che la nostra mente, il corpo e l'anima rimangano integri fino al momento in cui saremo pronti per ritornare al mondo dello spirito; infine, ci accompagnano personalmente in cielo.

Esistono diverse teorie sul momento in cui il nostro angelo custode si connette con noi. Secondo alcuni, accade nell'istante in cui veniamo concepiti, secondo altri quando nasciamo o quando ridiamo per la prima volta. Non posso esprimere un punto di vista che valga universalmente ma, per quanto riguarda la mia professione di sensitiva, gli angeli custodi si sono sempre manifestati per annunciare l'arrivo di una nuova vita, quindi *io* credo che entrino in contatto con noi non appena veniamo concepiti (e spesso si fanno vivi una seconda volta nove mesi dopo!).

Ricordo perfettamente che, quando nacque la mia prima figlia, solo guardandola mi sentii così sopraffatta che, per alcuni minuti, non riuscii nemmeno a capire se era un maschio o una femmina. Poi, all'improvviso, ho sentito una voce sconosciuta che mi ha chiesto: "Allora, è una maschio o una femmina?". Quando ho alzato lo sguardo, dietro Patrick, mio marito, ho visto un volto meraviglioso circondato da un alone di luce che ci sorrideva con una tale intensità e una tale eccitazione che mi calmai immediatamente.

Allora guardai il fagottino che stringevo tra le braccia ed esclamai: "È una bambina!". Quando però mi sono voltata, la luce era già scomparsa. Pensando che il volto che avevo visto fosse quello di un'infermiera, mi guardai intorno per trovarla. Tuttavia, appena la mia bambina iniziò a piangere, io che ero esausta, euforica e sconvolta dalle emozioni scatenate dalla nascita della mia piccola, mi dimenticai completamente di quella presenza. Più tardi, dopo essermi ripresa un poco, raccontai ciò che avevo visto al medico e gli chiesi chi fosse quell'infermiera e dove potevo trovarla.

"Ah, sì! È piaciuta anche a me" mi rispose, "ma non l'ho mai vista prima; deve essere stata assunta da poco."

Il giorno successivo, quando il medico stava iniziando il suo turno poco prima che io tornassi a casa, mi disse: "Per inciso, ho cercato informazioni sull'infermiera di cui mi ha chiesto. Nessuno la conosce e, dai documenti, non risulta che fosse presente in sala parto mentre dava alla luce sua figlia."

Quando udii queste parole, sentii un brivido correre lungo la schiena e giuro che, proprio in quell'istante, vidi la piccola sorridere. In quel momento capii che il suo angelo custode era con noi. Mi sentii improvvisamente più serena e pronta per affrontare l'avventura, per me completamente nuova, della maternità. Guardai mio marito e gli dissi: "Andiamo a casa."

Sai che...

...tutte le religioni riconoscono l'esistenza degli angeli e, probabilmente, sono una delle poche caratteristiche universalmente comuni a tutte le fedi?

...secondo i cristiani esistono sette arcangeli principali, mentre l'islam ne riconosce quattro?

...nella religione ebraica Metatron è il più importante di tutti gli angeli?

...gli angeli sono citati più di trecento volte nella Bibbia?

Per stabilire un contatto con i tuoi angeli devi sospendere la resistenza opposta dalla ragione, accettare la loro presenza e comprendere che non devi convincere nessuno, oltre te stesso, di essere riuscito a comunicare con loro. Tuttavia, poiché gli angeli sono una tipologia di spiriti guida universalmente accettata, di solito non è difficile trovare qualcuno con cui parlare della tua esperienza che sia in grado di comprenderti. In realtà, se alla conversazione prendono parte più persone, avrai maggiori probabilità di trovare qualcuno altrettanto consapevole di avere un angelo custode personale, e che sia disposto ad ammetterlo, anche se corre il rischio di essere considerato folle.

Esistono infinite testimonianze di persone che hanno visto gli angeli ed è molto probabile che anche tu ne abbia incontrato uno almeno una volta nella vita, anche se fatichi a definirlo tale. Chiediti se non ti è mai capitato di schivare per un soffio un incidente o se, per qualche strana intuizione, sei stato risparmiato da un evento terribile; pensa a come sono andate le cose e a come ti sei sentito subito dopo. Stai pur certo che, per quanto sottile sia stata la tua esperienza, di sicuro un angelo è intervenuto per aiutarti.

Poco dopo l'11 settembre, sono stata invitata a parlare con un gruppo di avvocati; erano tutte donne e molte di loro lavoravano al Pentagono. Il fatto che io fossi una sensitiva le metteva a disagio e nessuna di loro osava confessare pubblicamente di avere vissuto esperienze di natura intuitiva. Anche se molte erano evidentemente affascinate dall'argomento, sembrava che si sentissero minacciate e che non volessero ammettere di essere consapevoli dell'esistenza di un mondo invisibile (figuriamoci di uno spirituale), perché temevano che rappresentasse una minaccia per il loro senso di sicurezza professionale. Tuttavia, appena cominciai a parlare di angeli, all'improvviso l'atmosfera cambiò. Quando chiesi se qualcuna di loro avesse mai incontrato un angelo, molte alzarono la mano; una dopo l'altra, raccontarono di come fossero riuscite a salvarsi dalla morte il giorno dell'attacco grazie alla protezione del loro angelo custode.

Gloria, che lavorava proprio nella parte del Pentagono sulla quale si era schiantato l'aereo, raccontò di essersi fermata per fare rifornimento di carburante quel mattino, e che il benzinaio era così gentile e simpatico da essersi intrattenuta in chiacchiere con lui per quasi venti minuti prima di riprendere la strada. Grazie a lui arrivò tardi al lavoro e si salvò la vita. Il giorno dopo tornò al distributore per ringraziarlo ma lui non c'era più... e nessuno sapeva di chi stesse parlando.

Anche Kate ha avuto un'esperienza analoga in un bar della catena Starbucks. Poiché era in ritardo, come al solito, entrò di corsa nel locale per la sua "dose" giornaliera di caffeina ma, mentre varcava la soglia, si scontrò con un bellissimo giovanotto; urtandolo, fece rovesciare la tazza di caffè che teneva in mano, macchiandolo. Mortificata, Kate cercò di aiutarlo a ripulirsi ma lui, molto serenamente, le disse per ben tre volte: "Non preoccuparti... l'ho fatto apposta perché tu potessi rallentare un pochino e goderti di più la vita." A causa di questo piccolo incidente era arrivata tardi al lavoro, ma aveva evitato di essere coinvolta nell'orrore che si era scatenato nel frattempo.

Kate, il giorno successivo, tornò nel locale e chiese al cameriere che li aveva aiutati a pulire se quell'uomo fosse un loro cliente abituale. Quando lui le spiegò che non l'aveva mai visto prima, lei capì immediatamente che si era trattato di un angelo.

Forse queste signore erano così disponibili a parlare dei loro angeli custodi perché il trauma dell'11 settembre era ancora recente e vivo, e le spingeva a superare le normali barriere difensive. Tuttavia, le numerose mani che si alzarono quando chiesi loro degli angeli dimostrarono che incontrarli è un evento molto più comune di quanto immaginano solitamente le persone. Non mi sorpresi affatto della loro reazione, perché uno dei compiti principali di un angelo è proprio quello di proteggerci fino al momento in cui avremo portato a termine la nostra missione sulla Terra, e gli angeli custodi di quelle signore avevano letteralmente salvato la loro vita.

Gli angeli custodi collaborano anche con gli spiriti e il nostro Sé Supremo per tutta la durata dell'esistenza, per aiutarci a non smarrirci lungo il cammino, soprattutto quando perdiamo la fiducia in noi stessi. Per esempio, quando Lisa, una mia cliente, fu scaricata dal ragazzo con cui aveva una storia da tre anni per la sua migliore amica, si sentì triste come non le era mai successo. Un giorno, mentre era in coda all'ufficio postale prima di andare al lavoro, iniziò a chiacchierare con un anziano signore che le disse che era una persona meravigliosa e che un giorno avrebbe trovato un uomo straordinario. Lisa provò un profondo sollievo e, quando uscì dall'edificio, lo cercò in strada per ringraziarlo per le sue gentili parole, ma era svanito nel nulla. Mentre camminava verso il parcheggio, pensò che poteva benissimo essersi trattato di un angelo che si trovava in quel luogo proprio per lei.

Se sei troppo razionale e senti di esserti allontanato dai tuoi spiriti, pensa a tutti i momenti fortunati di ogni giorno della tua vita e capirai di cosa sto parlando, perché in ogni evento di questo tipo c'è l'intervento di un angelo. Esercita la tua mente a notare ciò che la buona sorte ti dona ogni giorno e sii grato alle tue guide per il loro aiuto. Forse non lo sai, ma gli angeli sono esseri sensibili e provano sentimenti; anche se non si offendono mai, se tu continui a ignorarli, si sentono frustrati. Come tutti gli esseri viventi dell'universo, sono influenzati dalle parole e dalle affermazioni positive, perciò più ti mostri benevolo e riconoscente nei loro confronti, maggiore sarà la quantità di doni e di sorprese che puoi aspettarti da loro.

Elenco dei doni che ho ricevuto oggi

- Sono grato perché ho potuto dormire fino a tardi.
- Sono grato perché il mio computer si è aggiustato da solo dopo che la posta elettronica aveva smesso di funzionare.
- Sono grato perché i miei genitori sono vivi e stanno bene.
- Sono grato perché tutti i miei clienti e i miei conoscenti mi hanno aiutato a raccogliere fondi per un amico in difficoltà.

- Sono grato perché tutte le riparazioni necessarie alla macchina erano coperte dalla garanzia.
- Sono grato perché la mia cagnolina, Miss T, è riuscita a trovare la strada per tornare a casa dopo essere scappata via dal negozio dove l'avevo portata per la toelettatura.
- Sono grato perché il mio vicino di casa ha innaffiato il mio prato.

Quando inizi a elencare le piccole gioie della vita quotidiana la prima cosa che scopri è che i tuoi angeli sono come poliziotti celesti che ti proteggono e ti tutelano in ogni istante da ciò che può nuocerti.

Una mia cliente, Debbie, mi raccontò una storia sugli angeli che riguardava sua figlia Victoria, una bimba di tre mesi. Lei e suo marito erano andati in vacanza a Los Angeles con la figlia. Poiché alloggiavano in un hotel, avevano richiesto una culla dove far dormire la piccola e l'avevano messa in una delle due stanze della loro suite. Quella notte un forte terremoto scosse la città; tutto quello che c'era nella stanza cadde a terra, anche l'intonaco, i lampadari appesi al soffitto e le finestre. In preda al panico, i due saltarono giù dal letto e corsero dalla piccola. I frammenti di intonaco caduti dal soffitto avevano ricoperto il pavimento e il lampadario che si trovava proprio sopra la culla era caduto frantumandosi sul pavimento, ma il giaciglio della bimba era integro e Victoria dormiva serena in mezzo al caos. L'unica cosa che si era posata accanto a lei era una piuma. Debbie e suo marito la presero tra le braccia e piansero colmi di gratitudine per l'angelo che l'aveva protetta.

Un'altra importante caratteristica degli angeli è che sono gli unici aiutanti celesti che hanno il potere di materializzarsi e lo fanno spesso mentre operano per rendere la nostra esistenza più sicura e felice. A volte compaiono per salvarti la vita, per consolarti quando hai il cuore a pezzi o sei disperato, o semplicemente per smussare le asperità dei momenti critici della vita. Anche se ciascuno di noi ha un solo angelo custode, esso può manifestarsi nelle forme più diverse per età, aspetto e colore della pelle. Vedi, al contrario delle credenze popolari, gli angeli custodi non indossano necessariamente un ampio mantello argentato e non hanno i capelli dorati; possono presentarsi nei panni di miseri senzatetto o come famose rock star.

Detto per inciso, per i bambini è molto più facile connettersi consapevolmente e interagire con gli angeli di quanto lo sia per gli adulti, perché hanno il cuore aperto e il loro spirito è forte. Infatti, spesso ai bambini vengono insegnate anche preghiere da rivolgere direttamente agli angeli, mentre gli adulti pensano di essere troppo sofisticati per abbandonarsi a questi momenti di intimità.

Entrambe le mie figlie hanno incontrato diverse volte gli angeli quando erano piccole. Sabrina, quando aveva circa tre anni, si ammalò gravemente; mentre stava male, mi disse che il suo angelo custode aveva invitato altri piccoli angeli per rallegrarla. Io rimasi seduta sul suo letto accanto a lei mentre loro danzavano nella stanza e la osservai ridere divertita mentre afferrava il mio braccio e mi chiedeva se anche io li vedevo. Io ero preoccupata da morire per lei in quel momento; purtroppo non riuscivo a vedere gli angioletti ma, sentendo che lei era felice, mi calmai. Anche se gli angeli non erano comparsi davanti ai miei occhi, ero riuscita a sentire la loro presenza ed ero certa che Sabrina sarebbe guarita entro il mattino successivo, come in effetti accadde.

Quando aveva undici anni, il suo angelo custode intervenne un'altra volta per alleviare un brutto momento. Durante le vacanze di Natale, io e mio marito le avevamo dato il permesso di andare al centro commerciale con i suoi amici, senza accompagnatori. Lì avrebbero cenato e sarebbero andati a vedere un film. Eccitata per questa prima uscita da adulta, mise tutti i soldi che aveva ricevuto come regalo di Natale e i venti dollari che le avevo dato nel portafoglio e uscì. Le raccomandai di stare attenta alla borsa e di non lasciarla mai incustodita, ma lei, distratta dal film, la dimenticò sulla poltrona nella sala. Appena uscita, si accorse di averla scordata e corse a riprenderla ma, quando arrivò, ormai era scomparsa. A peggiorare la situazione, i suoi amici, anziché consolarla, avevano riso di lei.

Quando io e mio marito arrivammo, pochi minuti dopo aver ricevuto la sua telefonata, la trovammo sconsolata, imbarazzata per l'errore commesso e addolorata per aver perso tutte le mance che aveva ricevuto per Natale. In parte provavamo pena per la sua sventura, in parte eravamo irritati per la sua sbadataggine. Con questi sentimenti nel cuore, ci incamminammo verso la macchina al fianco della nostra figlioletta in lacrime.

All'improvviso una ragazzina, che sembrava il ritratto di Sabrina, si staccò dal suo gruppo di amici e si diresse in tutta fretta verso di lei. Guardandola dritto negli occhi, la prese da parte e le disse: "Scusami. Volevo solo chiederti se stai bene. So che hai perso il tuo portafoglio al cinema e che ci sei rimasta male, ma non preoccuparti. Decidi di superare la cosa e vedrai che poi starai bene. Non sei stupida: è stata solo una lezione di vita." Poi l'abbracciò e corse dai suoi amici.

Fu una tale sorpresa, e quella ragazzina era stata così dolce e premurosa, che Sabrina superò subito la sua pena. Ci disse che voleva ringraziare la sua nuova amica, ma sembrava essere scomparsa nel nulla. Sabrina la cercò per un po', poi tornò indietro perplessa.

"Era un angelo" ci disse con assoluta certezza. "Mi ha detto che tutto andrà per il meglio, perciò non mi preoccuperò più." Quella fu l'ultima volta in cui parlò dell'accaduto.

Quella ragazzina era davvero un angelo? Considerando il modo in cui si comportano di solito i bambini, direi proprio di sì.

Molto spesso, il tuo angelo custode appare quando ne hai più bisogno ma, di solito, ti accorgi di chi era veramente solo a posteriori; lasciano con te un'energia così confortante che non riesci a credere di non avere riconosciuto la sua presenza. La mia cliente Grace, per esempio, aveva da poco perso sua madre, morta di cancro, e aveva divorziato dal marito quando ricevette la notizia che il suo migliore amico aveva perso la vita in un terribile incidente. Distrutta dal dolore, aveva preso l'aereo per andare al suo funerale. Mentre si accomodava al suo posto, le hostess accompagnarono lungo il corridoio una vecchia e dolce signora su una speciale sedia a rotelle adatta agli aerei, e la aiutarono a sedersi proprio accanto a lei. Iniziarono a parlare e Grace aprì il proprio cuore a questa donna che la ascoltò pazientemente, la fece ridere e la rassicurò dicendole che la parte più bella della sua vita non era ancora arrivata.

Per tutto il tempo, la gentile vecchietta aveva stretto tra le mani un piccolo libro di preghiere e le aveva ricordato che non doveva fare altro che chiedere aiuto a Dio. Dopo le due ore di volo, Grace si sentiva molto meglio. Solo allora si rese conto che non sapeva nemmeno il nome della sua compagna di viaggio, così le chiese come si chiamasse. "Dolores Good" rispose lei.

Mentre Dolores, con l'aiuto del personale, scendeva dall'aereo, Grace si accorse che aveva dimenticato il suo libro e corse verso la porta per restituirglielo. Quando chiese alle hostess dove fosse andata, nessuno seppe darle una risposta, perciò si affrettò sperando di trovarla al terminal. Le sue ricerche non diedero alcun frutto: Dolores sembrava essere svanita nel nulla. Provò a chiedere all'ufficio informazioni se potessero darle informazioni su Dolores Good. L'impiegato prese il registro dei passeggeri e, con un'espressione perplessa, disse a Grace che tra i vari passeggeri di quel volo non c'era nessuno con quel nome; in realtà, il posto 17 D risultava libero. Quando la mia cliente gli spiegò che Dolores era la donna che era stata trasportata dall'aereo su una sedia a rotelle, l'impiegato le rispose che quella particolare operazione era stata organizzata da un altro terminal, quindi lui non poteva verificare quei dati.

Avvilita, Grace guardò attentamente il libro di preghiere e scoprì che si intitolava *The Lord is Good* [Il Signore è buono]. Rise per la relazione tra il nome di quella signora e il titolo del libro e capì che Dolores era un angelo.

Sai che...

...gli angeli custodi non sono mai stati esseri umani?

...possono manifestarsi nell'istante in cui vieni concepito e restare al tuo fianco per tutta la vita?

...guidano, proteggono e nutrono corpo, mente e spirito?

...sono con te quando muori?

...gli angeli sono gli unici spiriti che possono apparire in forma umana?

Ho avuto la fortuna di incontrare il mio angelo custode molti anni fa, quando mi ero concessa qualche giorno di riposo alle Hawaii, nel cuore dell'inverno, per riprendermi da un periodo lungo e intenso di privazione del sonno, dopo la nascita delle mie due figlie, un restauro infinito della casa e una valanga di appuntamenti. (Ho raccontato queste esperienze nel mio primo libro, *The Psychic Pathway* [Il sentiero del sensitivo], ma è bene ricordarle anche in queste pagine.)

Quando arrivai a Oahu, per diversi giorni non feci altro che dormire; solo il terzo giorno mi diedi una mossa e andai in spiaggia dove rimasi seduta vicina all'acqua a riflettere sulla mia vita. Anche se avevo due figlie bellissime e un marito straordinario, non ero felice. Le nostre vite procedevano sul filo del rasoio, eravamo indebitati fino al collo e Patrick e io non facevamo altro che litigare. Dal momento che in quel periodo non avevamo molte altre persone a cui rivolgerci per chiedere un aiuto, sia io sia mio marito eravamo sopraffatti dalle responsabilità. Era dolorosamente chiaro che ormai la felicità ci aveva abbandonati e che cercavamo di sopravvivere giorno dopo giorno.

Mentre ero seduta sulla sabbia, lontana da tutto e tutti, pregai di riuscire a cambiare la situazione... di trovare qualcosa che riportasse la mia vita nella giusta direzione. Il giorno successivo, passeggiai lungo la spiaggia per circa un'ora poi, senza pensarci, mi voltai e cominciai a camminare verso la città, per visitarla. Entrai in una libreria esoterica con la sensazione di essere stata attratta in quel luogo da una forza superiore. Al banco c'era solo una donna assorta nel suo lavoro; iniziai a scorrere con lo sguardo i titoli e provai una certa gratitudine per il fatto che la commessa fosse impegnata in altro, perché così ero libera di curiosare tra gli scaffali senza essere disturbata. Dopo pochi minuti, un bellissimo afroamericano si diresse verso di me. Era alto circa un metro e novanta, indossava un abito bianco, aveva un bellissimo sorriso e una risata argentina. Appena mi vide, disse: "Buongiorno. Ti stavo aspettando."

"Aspettavi me?". Chiesi sorpresa.

"Sì" rispose lui mentre mi accompagnava verso un cesto dove erano riposti alcuni poster. "Guarda" disse estraendo un poster che rappresentava un angelo dalle fattezze femminili sdraiato sulla spiaggia. "Questa sei tu."

"Molto acuto" dissi ridendo, "mi sento davvero così in questo momento."

"Guarda questo" continuò lui, "rappresenta ciò che devi fare." Prese un altro poster sul quale c'erano due angeli, uno dai connotati maschili e l'altro dall'aspetto femminile, che si abbracciavano mentre salivano verso il cielo.

All'improvviso, comprendendo quanto mi fossi allontanata da Patrick, provai una fitta di tristezza. Entrambi lavoravamo così tanto che riuscivamo a vederci di rado e, quando ci incontravamo, spesso nessuno dei due era dell'umore giusto per ascoltare l'altro o per stare insieme. Inoltre, né lui né io avevamo tempo da dedicare a noi stessi o per goderci le nostre bambine.

"Connettiti con il tuo compagno e ricordati di danzare" disse quell'uomo sorridendo, mentre si dirigeva nella stanza sul retro. Prima di sparire dietro la tenda, si voltò un'ultima volta per dirmi: "Tornerò."

Rimasi in piedi nella libreria tenendo in mano i due poster, confusa per ciò che mi aveva appena detto, quando la commessa che stava dietro la cassa mi chiese se avevo bisogno di aiuto.

"No, grazie" risposi. "Il signore che sta nella stanza sul retro mi ha già dato qualche indicazione."

Lei, aggrottando le sopracciglia, mi disse: "Un signore? Di chi parla?".

"Dell'uomo che è appena andato nella stanza sul retro" risposi io.

Scuotendo il capo e guardandomi come se fossi matta, ribadì: "Non c'è nessuno che lavora nella libreria oltre a me." Diede un'occhiata nella stanza per verificare di persona e, quando uscì, confermò quanto mi aveva detto: "Non c'è nessuno lì dentro."

Confusa, guardai i poster con gli angeli che tenevo in mano. Poi mi ricordai l'abbigliamento bianco scintillante di quell'uomo e, in quell'istante, compresi che si era trattato di un angelo... il *mio* angelo. Era sbucato dal nulla per consigliarmi di rilassarmi, di affrontare la vita con più serenità, di godere della presenza di Patrick e delle nostre bambine, e di *credere* che tutto si sarebbe risolto; era esattamente il messaggio di cui avevo un disperato bisogno in quel momento della mia vita. Poiché mi aveva detto che sarebbe ritornato, ero certa che né io né la mia famiglia saremmo mai più stati soli. Finalmente ritrovai il sorriso e la voglia di ridere, e fui avvolta all'improvviso da un meraviglioso senso di rassicurazione.

"Non importa" dissi alla commessa mentre mi dirigevo lentamente verso l'uscita, sconvolta per quanto mi era appena accaduto e quasi pazza di gioia per il sollievo che provavo. Ero infinitamente grata per la comparsa di questo essere che era venuto a portare la luce nelle tenebre della mia vita. Da quel momento in poi, ho iniziato a chiamare il mio angelo custode Bright, che significa "luminoso".

Sai come parlare con il tuo angelo custode?

Prova così...

Recita questa semplice preghiera per bambini ogni notte prima di andare a dormire; ti permetterà di percepire immediatamente la presenza del tuo angelo custode vicino a te:

Angelo di Dio, mio caro custode,
Al quale l'amore di Dio mi affida,
Sii sempre al mio fianco
Per illuminarmi, proteggermi, governarmi e guidarmi.

Ora che ti ho svelato cosa possono fare gli angeli custodi, posso spiegarti come entrare in contatto con il tuo il più rapidamente possibile. Oltre ad accettare la loro presenza come un atto di fede e a riconoscere il loro intervento nella tua vita con affetto e riconoscenza, esistono molti altri mezzi per comunicare con gli angeli. Per esempio, amano la musica, perciò puoi richiamare i tuoi suonando o cantando meravigliose melodie edificanti quando sei a casa, in automobile o persino in ufficio, perché loro possano goderne.

Inoltre, proprio come guardie del corpo eterne e compagni fedele, i tuoi angeli sono sempre accanto a te per ascoltarti e per agire concretamente, perciò rivolgiti direttamente a loro, preferibilmente ad alta voce, ogni volta che puoi. Per esempio, quando ti svegli al mattino, ringraziali per aver vegliato su di te tutta la notte; mentre prepari la colazione, chiedi loro di rendere più facile la tua giornata e più semplici i tuoi rapporti. Durante il giorno, puoi chiedere di rimanere con te in ufficio per scacciare le negatività e filtrare le telefonate che ricevi. Puoi anche invitarli a sedersi sul sedile accanto al tuo quando viaggi in aereo, in treno o in automobile. Se hai un appuntamento importante, chiedi alle tue guide di incontrare in anticipo gli spiriti della persone che dovrai vedere, perché rendano l'interazione più semplice. Continua ad affidare loro incarichi e non dimenticare di ringraziarli alla fine di ogni giornata per tutto l'aiuto che ti hanno dato.

Uno dei mezzi che preferisco per comunicare con i miei angeli è scrivere. È un metodo molto efficace per entrare in contatto con le tue guide, perché le mani sono connesse al cuore che a sua volta è collegato al tuo spirito che si connette con gli altri regni spirituali. Parla con loro delle tue paure, delle preoccupazioni che ti affliggono, delle decisioni che devi prendere o di qualsiasi cosa ti faccia sentire minacciato o infelice; soprattutto, non dimenticare la cosa più importante: chiedi loro di *aiutarti* e di *guidarti.*

Quando hai finito di scrivere la tua lettera, puoi bruciarla per trasformare il tuo messaggio in spirito. Così facendo, permetti al tuo angelo di accogliere le tue richieste e ti affidi a lui perché ti sostenga. Affidarsi a lui è importante: non giocare al tiro alla fune chiedendogli di aiutarti per poi rifiutarti di lasciare che sia lui a gestire i tuoi problemi.

La parola "angelo" significa messaggero, infatti, uno dei ruoli principali di questi esseri celesti consiste nell'intervenire per aiutarti a comunicare più agevolmente con il mondo degli spiriti. Devi considerare le tue preghiere come messaggi da recapitare puntualmente alla Madre Divina, al Padre o allo Spirito Santo e chiedere quindi ai tuoi angeli di fare da intermediari; fidati di loro perché sanno bene cosa fare.

Infine, non dimenticare di raccontare ai tuoi angeli dei tuoi successi perché sono i tuoi principali sostenitori, si rallegrano quando raggiungi un traguardo ambito e ti danno supporto nei progetti futuri e nelle nuove sfide.

Non siamo abituati a sentirci soddisfatti di noi perché ci hanno sempre detto che è un atteggiamento egoista. Ma non è vero. Poiché siamo esseri spirituali, è salutare e importante gioire dei nostri successi e risultati e, poiché nessuno è più felice per noi di quanto lo siano i nostri angeli, dobbiamo sempre ricordare di condividere con loro tutte le cose belle che ci accadono nella vita.

Tocca a te

La sera, appena prima di addormentarti, respira tranquillamente e concentrati sulle vibrazioni che percorrono la tua stanza. Il tuo angelo custode emana un'energia forte ma sottile, potente ma leggera, che ti fa sentire in buona compagnia; fidati di questa sensazione. Ti garantisco che non incontrerai l'equivalente energetico dell'Incredibile Hulk ai piedi del tuo letto, perché gli angeli infondono un'atmosfera luminosa, calda e serena.

Quando percepisci la connessione, salutalo e chiedigli come si chiama. Fidati della risposta e non ti sorprendere se scopri che, anziché un nome angelico come Dubrial oppure Oroful, ha un nome comune come Andrea. Le guide sono molto pratiche e ti comunicheranno un nome facile da ricordare. Se non ci riesci al primo tentativo, riprova il giorno successivo... Non conosco nessuno che abbia provato per più di dieci giorni senza ottenere una risposta.

Quando hai stabilito un contatto, spiega al tuo angelo che speri di creare con lui una relazione duratura e piena di amore, che sei disposto ad accogliere il suo aiuto e che sei grato per la sua presenza. Cerca di percepire le sue vibrazioni ovunque vai; sono come una melodia misteriosa o un profumo che imparerai a riconoscere immediatamente senza doverti sforzare. Quando riuscirai a farlo, non ti sentirai mai più solo.

Infine, crea un segnale per fargli capire che sei consapevole della sua presenza. Io faccio l'occhiolino o sorrido per dirgli che sono felice di sentire che è vicino a me. Concedi un po' di riposo al tuo spirito, nella certezza che il tuo angelo custode è all'opera e ti guarda le spalle in questo strano mondo.

Quarto capitolo

Gli arcangeli

Oltre a stabilire un contatto con il tuo angelo personale, puoi sfruttare lo straordinario sostegno energetico fornito dagli arcangeli che sono considerati i messaggeri divini più importanti nella gerarchia celeste. Puoi invocarli per ottenere ulteriore aiuto in qualsiasi momento e, poiché sono dotati di una forza superiore, affidarsi a loro è come chiedere alla squadra di calcio più forte dell'universo di giocare al tuo fianco per aiutarti a vincere la partita della vita.

Sono stata allevata secondo i principi della religione cattolica perciò, durante l'infanzia, ho imparato che esistono sette arcangeli: Michele, Gabriele, Raffaele, Uriel, Raguel, Sariel e Remiel. (Forse hai notato che tutti i nomi terminano in -ele o -el; dipende dal fatto che *el*, in ebraico, significa "essere luminoso".) Ogni arcangelo governa un particolare ambito, quindi puoi sfruttare le peculiari caratteristiche di ciascuno a seconda delle circostanze. Ecco una breve descrizione dei sette arcangeli:

— Michele è il primo arcangelo per importanza, coraggioso e passionale; è il patrono della protezione e dell'amore. Puoi rivolgerti a lui per trovare la forza di agire quando la tua vita è priva di entusiasmo, vitalità e amore. Se sei davvero pronto per affrontare le tue paure e per provare qualcosa di nuovo, persino qualcosa che ti intimidisce, come cambiare lavoro o partire per un viaggio da solo per la prima volta nella vita, puoi pregare Michele per chiedergli di proteggerti e di guidarti mentre procedi nella tua nuova avventura.

— Gabriele è considerato il secondo angelo per importanza e governa le emozioni. È associato all'elemento dell'acqua; sa placare i dubbi e donare sicurezza e, grazie a queste qualità, è molto utile per tutti coloro che soffrono di attacchi di ansia.

— Raffaele segue Gabriele nella scala gerarchica; è incaricato di tutelare la guarigione controllandone l'energia a ogni livello: fisico, mentale e spirituale. La sua essenza è l'aria, perciò non solo dona nuove energie al corpo, ma è anche fonte di creatività. Invoco Raffaele prima di cominciare a scrivere un nuovo libro perché mi aiuti a mantenere la mente fresca e concentrata, e a creare un'opera ispirata che sia terapeutica per tutti coloro che la leggeranno.

— Uriel ha una vibrazione stabile e terrena. Riveste numerosi compiti: ti accoglie all'ingresso del paradiso, è il messaggero incaricato di portarci gli avvertimenti ed è anche il patrono della musica.

— Raguel è il quinto arcangelo. È il poliziotto dell'esercito angelico e si assicura che gli altri angeli agiscano a dovere. Quando le mie figlie erano ancora piccole e dovevamo fare un lungo viaggio in aereo, io invocavo sempre Raguel perché si accertasse che i *miei* piccoli angeli si comportassero bene. Evidentemente le mie preghiere funzionavano perché, durante i numerosi viaggi in aereo che abbiamo fatto negli Stati Uniti e per raggiungere l'Europa, le mie bambine percepivano intuitivamente (senza avvertimenti da parte mia) che dovevano stare tranquille. Infatti, spesso gli altri viaggiatori ci facevano i complimenti per il loro contegno esemplare, e loro ne erano orgogliose.

— L'arcangelo Sariel ha il compito di mantenere l'ordine, perciò io mi rivolgevo a lui quando le mie figlie erano ancora bambine e invitavano i loro amichetti a casa per giocare. Come tutti sanno, i bambini possono perdere facilmente il controllo e combinare grandi pasticci e, poiché io non volevo fare sempre il ruolo della guastafeste (ma non volevo nemmeno faticare per rimettere tutto in ordine alla fine), incaricavo Sariel di occuparsi di loro. Evidentemente li influenzava in qualche modo perché, a una certa ora, qualcuno proponeva sempre di giocare "alle pulizie" e, prima che io avessi il tempo di capire cosa stessero combinando, tutti si mettevano a pulire diligentemente la casa... cosa potevo chiedere di meglio? (Ho avuto la certezza che un angelo si stesse occupando di loro la volta in cui i bambini hanno insistito per pulire il pavimento con l'aspirapolvere!)

— Infine troviamo Remiel, l'angelo della speranza. È un essere molto potente con il quale collaboro abbastanza spesso quando presto servizio come guida intuitiva nelle case di riposo, perché il suo compito principale è quello di aspettarci sulla soglia della morte per accompagnarci in paradiso. Mi è capitato molte volte di tenere la mano di qualcuno che stava morendo e di percepire la sua presenza. Quando arriva, le vibrazioni della paura, dello stress e del dolore che si concentrano al momento della morte lasciano spazio alla pace assoluta e alla calma. È il momento in cui il nostro angelo custode ci affida al caloroso abbraccio di Remiel e, in quell'istante, tutti i presenti sentono e sanno che l'anima del loro caro è approdata in un porto sicuro.

Gli arcangeli, insieme agli angeli custodi, ti stimolano a sviluppare le tue doti artistiche e hanno il potere di innalzare la tua creatività ai massimi livelli. Ti inducono a correre qualche rischio e a condividere l'energia del tuo talento, che si tratti di musica, pittura, danza, recitazione, cucina o giardinaggio.

L'arte è il mezzo tramite il quale l'anima si esprime, perché le dà voce. Di conseguenza, se sopprimiamo il nostro desiderio di creare, provochiamo una profonda ferita allo spirito che potrà guarire solo con l'intervento di forze straordinarie. Per esempio, per quasi tutta la mia vita mi sono tenuta alla larga dalla musica perché il mio maestro, quando ero in terza elementare, non mi aveva permesso di cantare nel coro durante lo spettacolo di Natale perché sosteneva che non avessi un briciolo di talento musicale. Lì per lì ci risi sopra e lasciai perdere ma, dentro di me, ero profondamente delusa e, dopo quella terribile esperienza, nessuno riuscì più a convincermi a emettere una sola nota. Poiché ero piuttosto brava nella danza e amavo appassionatamente la musica, per me era stato come perdere una parte importante della mia personalità.

Un giorno mi regalarono una cartolina con un'immagine di Uriel che veniva descritto come l'arcangelo della musica. Poiché sapevo che per risvegliare il mio spirito creativo in questo ambito avrei avuto bisogno di ritrovare la sicurezza in me stessa, chiesi a Uriel di guarirmi e di risvegliare gradualmente il mio amore per il canto. Con grande incertezza, aprii la bocca (mentre ero sola, ovviamente) e iniziai a cantare.

Quando si chiede aiuto ai pezzi grossi, si ottengono risultati importanti, perciò non mi sorpresi quando, dopo aver invocato Uriel, incontrai un musicista che si offrì di viaggiare e di lavorare con me per pochi soldi. So che Mark è stato messo sulla mia strada da Uriel; Mark era così sicuro e competente per quanto riguarda la musica che per me fu assolutamente naturale cantare con lui... e prima che me ne rendessi conto, mi ritrovai a cantare alla presentazione di ogni seminario e di ogni libro, in tutto il mondo. Ero intonata? Non molto, sicuramente non all'inizio ma, alla fine, con l'aiuto di Uriel (e di Mark), ho fatto grandi progressi e il canto continua a donarmi una gioia sempre più grande.

Un caso simile è quello di mia madre che aveva perso quasi completamente l'udito a seguito dei danni subiti durante la Seconda guerra mondiale, spesso si lamentava perché le sarebbe piaciuto poter ascoltare ancora la musica e goderne. Mi disse che aveva provato a pregare gli arcangeli e, poco tempo dopo, aveva vissuto una miracolosa esperienza di guarigione: mi raccontò che, per tutta la notte, mentre sognava, il suo sonno era stato accompagnato dalla musica celeste più meravigliosa che avesse mai sentito. Non trovava le parole per descrivere quanto fosse meravigliosa ma, dall'espressione felice che aveva sul volto, era ovvio che l'avesse toccata nel profondo.

L'aspetto più stravagante era che questa musica non si interrompeva mai: la mamma ascoltava questa melodia paradisiaca e danzava sulle sue note così spesso che iniziammo a prenderla in giro dicendole che doveva andare a dormire alla svelta, se non voleva perdersi il concerto. Lei replicava ridacchiando: "Non me lo sogno neppure!".

Perciò, indipendentemente dai tuoi personali interessi, invoca gli arcangeli perché colmino il tuo spirito con l'energia divina necessaria per esprimere completamente e liberamente il tuo potenziale artistico. Sii pronto perché sta per accadere qualcosa di straordinario.

Sai che gli arcangeli...

...sono i più importanti messaggeri divini?

...sono gli attaccanti della tua squadra di sostegno spirituale?

...presiedono allo sviluppo del tuo talento artistico?

...sono forti, amichevoli e gentili e non hanno l'ego, come gli esseri umani?

...sono felici quando vengono invocati perché, per loro, servirci è come servire Dio?

...possono essere evocati cantilenando il loro nome lentamente tra un respiro e l'altro?

Spesso parlo con i miei clienti dei metodi per invocare gli arcangeli e molte persone scoprono che i risultati che ottengono superano le loro più rosee aspettative. Per esempio, Anne lavorava come insegnante di sostegno per studenti delle superiori che soffrivano di disturbi emotivi e, anche se credeva fermamente nella sua missione, era sempre molto stressata. Le suggerii quindi di invocare Raguel per pregarlo di aiutarla a disciplinare i ragazzi (e anche se stessa).

"Come posso riuscirci?" mi chiese.

"Tu non devi fare niente" replicai. "Probabilmente sulla Terra non esiste nulla che sia in grado di aiutarti. Ma Raguel non appartiene a questo mondo: lui vive in cielo e possiede un'energia straordinaria, quindi prova a chiedere il suo aiuto."

Anne pregò Raguel per tutto il fine settimana e "scaricò" le sue frustrazioni semplicemente chiedendogli di aiutarla a mantenere gli studenti calmi quanto bastava per riuscire a fare lezione, anziché dover passare il tempo a tenerli a bada, tanto per cambiare.

Il lunedì successivo il preside la convocò per comunicarle che la scuola era stata inserita in un programma comunale per la sperimentazione di nuove strategie nell'organizzazione delle classi, perché quelle che avevano adottato fino a quel momento si erano dimostrate inadeguate. Per prima cosa, avrebbero suddiviso la sua classe di ventinove alunni in tre gruppi più piccoli. Non riusciva a credere ai propri occhi quando, cinque minuti dopo, i venti ragazzi più chiassosi e problematici uscirono dalla stanza lasciandola sola con gli altri nove che, al confronto, erano agnellini.

"Pensi che sia stato Raguel?" mi chiese.

"Anne, stiamo parlando delle scuole pubbliche di Chicago" le ricordai. "Non pensi che quanto è accaduto deve necessariamente essere opera di qualcuno che ha un potere sovrumano?".

Come invocare gli arcangeli

Mi è stato insegnato che esiste un modo particolarmente efficace per invocare gli arcangeli. Ovviamente, le preghiere attirano sempre la loro attenzione ma il metodo migliore per chiamarli è cantilenare il loro nome in questo modo:

(respiro) Mi-che-le (respiro e pausa)
(respiro) Ga-bri-ele (respiro e pausa)

(respiro) Ra-ffa-ele (respiro e pausa)
(respiro) U-ri-el (respiro e pausa)
(respiro) Ra-gu-el (respiro e pausa)
(respiro) Sa-ri-el (respiro e pausa)
(respiro) Re-mi-el (respiro e pausa)

Respira e intona il nome di ciascun arcangelo e poi ricomincia dall'inizio; continua a invocarli fino a quando percepisci la loro presenza. Più tempo dedichi a questa forma di preghiera, più li sentirai vicini. Non devi avere fretta; se sarai paziente, prima o poi arriveranno. Saprai che sono al tuo fianco perché percepirai la loro vibrazione che incute rispetto ed emana potere (come se facessero sul serio), ma non fa paura. Non solo percepirai la loro vibrazione, ma vedrai anche le cose cambiare.

Se hai una richiesta specifica che vuoi rivolgere a *uno* degli arcangeli, rivolgiti direttamente a lui ripetendo solo il suo nome. In entrambi i casi, che tu voglia invocare uno solo di loro o tutto il gruppo, ricordati che devi fare sul serio. Ricorda che Dio aiuta chi aiuta se stesso perciò, se non sei pronto per fare quanto necessario per cambiare le cose, nemmeno gli arcangeli saranno in grado di aiutarti. La decisione di cambiare dipende solo da te.

Gli arcangeli sono la riserva energetica della tua squadra di sostegno spirituale. Quando lavori con il tuo angelo custode e con le guide, tieni sempre a mente che questi esseri soprannaturali non sono in grado di fornirti l'energia necessaria per produrre un cambiamento; solo gli arcangeli hanno questo potere. Solo loro possono catapultarti in avanti, ma solo quando sei pronto per farlo.

Questo mi ricorda di Heather, una mia cliente, che voleva sfruttare il suo talento creativo e diceva sempre che "un giorno" avrebbe scritto un libro. Quando tornò per l'ennesima volta sull'argomento le chiesi perché non avesse ancora iniziato e quando pensava di cominciare. Mi confessò che questo era il suo più grande desiderio, ma che non aveva mai tempo da dedicare alla scrittura, figuriamoci le energie, anche se aveva già scritto mentalmente la sua opera molte volte.

Poiché anche io mi ero trovata spesso in una situazione simile a quella di Heather, le confidai il mio segreto: invocavo Raffaele perché mi inducesse ad agire concretamente. Heather si mostrò molto interessata e mi chiese come invocarlo. Le mostrai come "invitarlo con il canto", la esortai a provare e a raccontarmi quello che sarebbe successo.

Tre mesi dopo la incontrai per caso e, quando le chiesi come procedevano i suoi tentativi, Heather alzò gli occhi al cielo e mi rispose: "Non ci crederai! Da quando ho iniziato a seguire il tuo consiglio e a rivolgermi a Raffaele, scrivo tutti i giorni. È come se qualcosa più grande di me mi costringesse a sedermi sulla sedia e non mi permettesse di alzarmi fino a che non ho scritto per almeno un'ora. Non posso fare altro finché non porto a termine il mio compito. Sto davvero dando alla luce il mio libro!".

"Sì, è proprio Raffaele" dissi. "Chiedi ciò che desideri, ma devi essere convinta di volerlo davvero!".

Questo è l'aspetto più bello della connessione con gli arcangeli: ti inducono ad agire e ti impediscono di sprecare il tuo tempo. A differenza dell'angelo custode, che ti protegge ed elimina gli elementi di disturbo, gli arcangeli sono gli attaccanti della tua squadra di guide spirituali ed è sempre eccitante giocare con loro.

Charlie Goodman, il mio primo maestro in ambio metafisico che mi ha fatto scoprire le arti psichiche, mi ha insegnato uno straordinario rituale per invocare gli arcangeli ogni volta che esco di casa. Per prima cosa, immagino che il mio angelo custode, Bright, sia con me e mi tenga per mano. Poi, invoco gli arcangeli uno per volta cantando: chiedo a Michele e a Gabriele di camminare, rispettivamente, alla mia destra e alla mia sinistra; poi mi rivolgo a Uriel perché mi guidi sulla strada e Raphael perché proceda alle mie spalle per proteggermi e indurmi ad andare avanti; posiziono Raguel sopra la mia testa per mantenere l'ordine e Sariel al mio fianco. Con i miei "arci" (come li chiamo in segno di affetto) al loro posto procedo serena.

Questo rituale mi ha dato la sicurezza e l'energia necessarie per affrontare qualsiasi cosa. Ho anche battezzato la mia automobile "arci-mobile" e immagino che le ruote rappresentino Michele, Gabriele, Uriel e Raffaele, con Raguel sul tetto, Sariel sui freni e Birght sul sedile accanto a me. Con questi accompagnatori, sono sicura di potere andare ovunque senza correre alcun rischio, come di fatto è accaduto fino a oggi.

Invocare gli arcangeli è un modo per mandare su di giri le nostre vibrazioni e per espandere l'aura. Per questo motivo mi rivolgo sempre agli arcangeli quando devo salire su un palco per tenere un discorso ogni volta che desidero essere più incisiva. Inoltre, chiedo sempre loro di accompagnarmi in ufficio quando devo fare una lettura, perché mi aiutano a mantenere alto il livello di energia mentre sono impegnata in un'operazione così difficile e faticosa. Li posiziono ai quattro angoli del tetto di notte, affinché rinnovino gli spiriti della mia famiglia e li porto con me quando viaggio, soprattutto se devo prendere parte a un seminario. Insomma, chiedo agli arcangeli di essere al mio fianco in ogni istante della mia vita... e loro ci sono sempre.

Tocca a te

Esercitati nell'invocare gli arcangeli e osserva cosa accade. A differenza dell'angelo custode, la cui serafica presenza dona tranquillità, la loro energia ti prepara all'azione. Emanano una vibrazione rassicurante e tutte le paure e le ansie scompaiono immediatamente, per lasciare posto alla serenità.

Per quanto potenti, gli arcangeli sono gentili e amichevoli e non hanno mai vissuto sulla Terra, perciò non hanno un ego come noi. Amano essere invocati perché desiderano aiutarci a realizzare i nostri progetti più meritevoli; dopo tutto, aiutando noi servono anche Dio.

Un modo piacevole per connettersi con gli arcangeli è disegnarli o dipingerli. Dubito che esista qualcuno che da bambino non abbia disegnato gli angeli. Quando ero piccola, erano tra i miei soggetti preferiti! Anche i disegni stilizzati funzionano perciò, in ogni caso, sfrutta tutta la tua creatività e ricorda sempre di gioire ogni volta che rappresenti un angelo.

Questo esercizio ci aiuta a stabilire un contatto diretto con gli angeli perché il lavoro manuale ci permette di prendere le distanze dall'ego e ci avvicina al cuore, dove possiamo creare una relazione intima con i nostri amici e aiutanti celesti.

Traccia uno schizzo degli angeli ogni volta che hai bisogno del loro sostegno e loro arriveranno immediatamente per assisterti. Prova ora e verifica di persona quanto migliora la tua energia.

Quinto capitolo

Il ministero degli angeli

Ricorda che tu sei un figlio divino di Dio, prezioso e amato, e che gli angeli sono qui per servirti come stabilito dal Suo disegno. Hai ricevuto in dono tutte le risorse necessarie per condurre una vita pacifica, ricca e serena. Per questo motivo il tuo sistema di sostegno angelico non solo comprende il tuo angelo custode personale e i potentissimi arcangeli, ma ti dà anche la possibilità di accedere immediatamente e direttamente al cosiddetto ministero degli angeli quando hai bisogno di un aiuto specifico e di sostegno in ogni ambito della tua vita.

Lavorare con il ministero può essere molto divertente perché, in quanto "corrieri di bene", i suoi membri sono sempre felici di consegnare doni, di portare sorprese, di deliziare i nostri sensi e di semplificarci la vita. Il ministero degli angeli comprende infiniti dipartimenti, come quello dei computer, dei parcheggi, dello shopping, del cucito, del viaggio, dell'ufficio, della guarigione e così via. Per ogni esigenza, ci sono angeli pronti al tuo servizio. Il ministero è a tua disposizione a ogni ora del giorno e ogni giorno della settimana, ed è sempre pronto a intervenire senza esitare ogni volta che invochi aiuto. L'unico limite imposto riguarda la natura delle tue richieste: possono essere esaudite solo quelle a fin di bene e che non arrechino danno ad altri. Se rispetti questa clausola, sei libero di godere di ogni beneficio.

Il ministero all'opera

Mia madre imparò a cucire quando era molto giovane e ama questa attività creativa più di ogni altra. Come dice lei stessa, "è il momento in cui entro in sintonia con il mondo celeste e parlo con Dio". Per questo motivo ha strutturato un rapporto particolarmente stretto con gli angeli del cucito ai quali chiede aiuto per recuperare i tessuti più belli, per trovare ispirazione quando deve inventare un nuovo taglio e per superare le difficoltà che incontra quando deve dare forma concreta a un'idea.

Venticinque anni fa, la mamma si è offerta di cucire il mio abito da sposa e ha invocato gli angeli perché la aiutassero. Dopo essere stata condotta da loro in un piccolo negozio di tessuti che non aveva mai visto prima, mi chiamò entusiasta. Tra un mucchio di scampoli abbandonati aveva trovato un taglio di seta italiana decorata finemente a mano con perline, che sarebbe stata perfetta per il corpetto del vestito. Inoltre, come se non avesse già avuto abbastanza fortuna, guardando il prezzo scoprì che il tessuto, che normalmente costava dai duecento ai cinquecento dollari al metro, costava solo venticinque dollari! Non riuscendo a credere ai propri occhi, portò il tessuto al banco e chiese al proprietario: "Ho paura a chiederlo, ma devo domandarle se questo è il prezzo giusto."

"No, in realtà non è quello il prezzo" rispose lui. "È stato ulteriormente ribassato a dodici dollari e cinquanta centesimi. Mi sono dimenticato di correggere l'etichetta. Come vede, è un tessuto meraviglioso ma è rimasto qui per troppo tempo e voglio liberarmene. Se davvero le piace, le vendo tutto il taglio per cento dollari."

La mamma mi raccontò di essere rimasta senza parole per qualche secondo, stringendo con delicatezza un tessuto che valeva più di duemila dollari, prima di riuscire a replicare: "Affare fatto, lo prendo!".

Ovviamente, il suo racconto mi riempì di gioia e fui entusiasta quando mi donò l'abito nuziale più elegante che avessi mai immaginato (con tanto di guanti abbinati!). Ancora una volta, gli angeli di mia mamma avevano preparato una meravigliosa sorpresa per stimolare la sua creatività e renderla ancora più felice.

Mio marito, Patrick, ha un rapporto molto stretto con un altro dipartimento specifico del ministero, gli angeli degli affari. Sembra che abbia strutturato questo rapporto sin dai primi anni di vita, perché è cresciuto in una famiglia molto numerosa e con poche risorse che doveva trovare sconti e offerte per andare avanti, ma indipendentemente da questo motivo, non conosco nessuno che abbia così tanta fortuna da essere sempre nel posto giusto al momento giusto e da riuscire sempre a trovare l'affare del secolo.

Gli angeli che lo aiutano in questa attività si divertono a fargli meravigliose sorprese con una certa regolarità e hanno questa abitudine ormai da molto tempo. Per esempio, lo hanno aiutato a trovare la sua prima macchina, una Oldsmobile Delta 88, che acquistò per soli trecento dollari. Poco dopo, iniziò a usarla per lavoro e siccome viaggiava spesso per l'azienda, riceveva un rimborso di trentadue centesimi per ogni miglio percorso. L'automobile viaggiò per più di centotrentamila miglia, perciò, a conti fatti, grazie ai rimborsi mio marito riuscì ad ammortizzare ampiamente l'investimento iniziale; inoltre, guadagnò abbastanza da concedersi un viaggio in tutto il mondo realizzando così un sogno che conservava sin dall'infanzia.

Una volta fu invitato all'anteprima di una svendita (prima che fosse aperta al pubblico) e riuscì a sorprendermi con un servizio di posate in argento che valeva più di milleduecento dollari e che lui aveva pagato solo venti dollari, insieme alla tovaglia da settecento dollari che aveva ottenuto per trenta.

In un'altra occasione, gli angeli lo avevano portato in un centro commerciale dove aveva acquistato un set di decorazioni natalizie, il cui prezzo pieno era di diverse centinaia di dollari, per un dollaro l'una. Ha scovato così tanti tesori pregiati che, durante le festività, la nostra casa si trasforma in un parco giochi domestico e in un paese delle meraviglie invernale. Quel giorno, quando tornò a casa dal negozio, si presentò con indosso il cappello di Babbo Natale cantando a squarciagola, pieno di gioia per le bellissime decorazioni e i pupazzi di cui si era appropriato per meno di duecento dollari.

Gli angeli degli affari non hanno diminuito il loro impegno nel corso degli anni. Recentemente, mentre stava andando a far visita a un cliente, lo hanno spinto a entrare in un outlet vicino all'ufficio del cliente. Si è diretto verso un negozio di abbigliamento di alta moda in fondo all'edificio dove, con sua grande sorpresa, ha scoperto che il personale del negozio stava esponendo maglioni, abiti, camicie e biancheria di Armani scontata del novanta per cento. Entusiasta per la qualità e per il prezzo, Patrick ha chiesto al direttore se facessero spesso sconti così alti. Lui gli ha risposto che era una svendita eccezionale dovuta al fatto che i *buyers* avevano comprato troppa merce e ora dovevano liberarsene rapidamente... infatti, non era mai accaduto prima e probabilmente non sarebbe mai più successo. Patrick ha ringraziato di cuore i suoi angeli e ha comprato abiti che non aveva mai nemmeno sognato di possedere.

Per quanto mi riguarda, ho un'infinità di storie da raccontare su come gli angeli mi hanno aiutata. Tra i numerosi eventi, quello che ricordo con più piacere è avvenuto quando ho perso il lavoro. La compagnia aerea per la quale lavoravo era stata venduta e gli assistenti di volo iniziarono un lungo sciopero. I miei angeli dei viaggi si misero immediatamente all'opera e tre anni dopo (proprio il giorno successivo alla nascita della mia seconda figlia), la situazione fu risolta.

Alle prime cento persone richiamate in servizio fu offerta la possibilità di viaggiare gratuitamente con la propria famiglia per tutta la vita a patto che accettassero di dimettersi... io ero esattamente la centesima della lista. Poiché non avevo intenzione di tornare a lavorare, infatti nel frattempo avevo aperto il mio studio di sensitiva, per me fu come vincere la lotteria. Avrei potuto lavorare da casa, stare con la mia famiglia, fare ciò che desideravo e viaggiare in tutto il mondo. Riesci a capire quanto gli angeli possano essere generosi se solo permetti loro di creare miracoli per te?

Sai che il ministero degli angeli...

...è il tuo esercito di fanti?

...è incaricato di consegnarti doni?

...si occupa di ogni tua necessità?

...serve te per compiacere il Creatore?

...ha un'energia luminosa e leggiadra, simile a un laser?

Mia madre mi ha insegnato a collaborare con il ministero consigliandomi: "Metti i tuoi angeli all'opera e aspettati solo cose belle." Poi fece una pausa e disse: "Spero che tu possa raccontarmi tutte queste belle cose quando torni a casa."

Ancora oggi, continuo a rivolgermi agli angeli per affrontare le mie incombenze. Ormai è diventata un'abitudine e non mi sognerei nemmeno di provare a fare qualcosa senza di loro; sarebbe come accettare di viaggiare in terza classe quando posso accomodarmi in una poltrona in prima!

Potresti avere bisogno di qualche tempo per abituarti, ma invocare gli angeli perché ti aiutino renderà tutto più facile: quando sono coinvolti, tutto scorre più rapidamente e per il meglio. Ricorda che anche la tua vita può essere magica se solo permetti che accada... dipende solo dalla tua volontà di fare affidamento sul ministero.

Tocca a te

Connettersi con il ministero degli angeli è facile quanto entrare in contatto con il proprio angelo custode: basta crederci e chiedere aiuto. Il modo più semplice per farlo è riconoscere che, come avviene con tutti gli altri aiutanti celesti, stai costruendo una relazione con il ministero perciò, più ti impegni, più stretto sarà il vostro legame.

Il modo migliore per evocare il ministero è cominciare il dialogo con una breve preghiera come questa: "Ministero degli angeli, veglia su tutto ciò che faccio e rendilo facile, magico e gratificante. Grazie." Percepisci la loro presenza appena arrivano da te per aiutarti. Ancora meglio, puoi dare loro la libertà di lavorare per aiutarti in ogni occasione invitandoli a restare sempre al tuo fianco.

Sesto capitolo

Vivere sotto l'influsso degli angeli

Connettersi alle guide angeliche è molto facile e, con un piccolo sforzo, riuscirai a percepire costantemente la loro presenza. Chiudi gli occhi e prova a sentire il tuo angelo custode al tuo fianco. È alla tua sinistra o alla tua destra? Dall'altra parte della stanza o accanto a te? (La maggior parte delle volte sento che Bright, il mio angelo custode, è alla mia destra; quando tengo una lettura si sposta e si mette tra me e i miei clienti.)

Poi, prova a invocare gli arcangeli e nota quanto sono diverse le loro vibrazioni. Puoi percepire l'intensità amorevole e potente che li contraddistingue, come se sapessero che non oseresti mai sfidarli? (Nessuno lo farebbe!) Ora prova a percepire le sottili differenze tra i diversi arcangeli. Per esempio, Michele emana un'energia intensa, come quella di un guerriero, mentre quella di Gabriele è più profonda e quieta.

Un altro modo per distinguere le vibrazioni angeliche è percepirle come lievi sfumature dello stesso colore. Per esempio, gli arcangeli emettono intensi raggi di luce indaco, l'angelo custode potrebbe essere celeste e il ministero azzurro. In altre parole, sono unici, ma condividono un legame comune.

Fidati delle tue sensazioni e non permettere alla ragione di interferire facendoti credere che ti stia inventando tutto. Dal momento che potresti sentirti a disagio a esprimere la tua consapevolezza del mondo invisibile, è normale avere qualche remora o chiedersi se quanto si vede non sia solo frutto della fantasia. Ti sorprenderà scoprire che, in effetti, è proprio così, perché lo spirito si connette con te attraverso l'immaginazione. Tuttavia, rimane comunque una percezione concreta, sebbene sia diversa da quelle che ti hanno insegnato a riconoscere.

Devi affinare ulteriormente la tua consapevolezza per sintonizzarti con la frequenza energetica del ministero degli angeli. Anche in questo caso, nota le differenze sottili tra queste vibrazioni e quelle dell'angelo custode o di un arcangelo. Ricorda che questa consapevolezza è un senso come tutte gli altri, come l'olfatto, la vista, il tatto, l'udito o il gusto. È necessaria molta esperienza per affinarlo, perciò preparati ad affrontare un percorso di apprendimento e non impuntarti per fare le cose "nel modo giusto". Una volta che hai fatto pratica, scoprirai che è facile come riconoscere materiali diversi, i profumi o gli strumenti di un'orchestra. Ricorda sempre che il cervello è un organo molto sofisticato e riesce agilmente ad assimilare, classificare e riconoscere numerose informazioni contemporaneamente.

Sai che...

...uno dei modi più efficaci per imparare a distinguere le diverse vibrazioni degli angeli, non appena le forze spirituali si avvicinano, è dare loro il benvenuto? Inizia dicendo: "Buongiorno, angelo custode." (Pausa) "Buongiorno, arcangeli." (Pausa) "Buongiorno, ministero degli angeli." Fai un'altra pausa mentre ti connetti, in modo consapevole, con ciascuna frequenza.

Christine era una mia cliente e si era rivolta a me perché soffriva di numerose disabilità fisiche ed emotive e aveva un estremo bisogno di aiuto e di sostegno.

Si era sposata quando era ancora molto giovane con un uomo che si rivelò essere alcolizzato e violento; viveva in uno stato di incessante paura, amplificato dallo stress e dagli abusi che aveva subito dai suoi genitori che avevano le stesse dipendenze del marito. Come se non bastasse, le sue pene erano esacerbate da un fastidioso dolore alla schiena che era comparso a seguito di un incidente automobilistico e a causa del quale camminava a fatica. Non era passato molto tempo dall'incidente quando i medici le diagnosticarono una malattia chiamata "sindrome da stress post traumatico", insorta a seguito dell'incidente e dell'infermità. Christine, che si sentiva sola e sopraffatta dagli eventi, aveva trovato me. Per presentarsi agli appuntamenti doveva letteralmente scappare di casa di nascosto perché temeva che, se il marito avesse scoperto che veniva da me, le avrebbe fatto del male.

Quando incontrai Christine per la prima volta, compresi immediatamente che aveva una scarsissima autostima. Credeva di essere "merce avariata" e di non avere altra scelta se non continuare a sopportare le violenze del marito, perché lui era tutto quello che aveva. Conoscendo la sua storia sempre più in profondità, decisi che la prima cosa da fare era presentarle le sue forze angeliche, affinché si sentisse protetta e libera. Quando introdussi questo tema, lei rise di me dicendo che doveva essere disperata se l'unica cosa che le restava da tentare era rivolgersi agli angeli. Io le dissi che era proprio così, ma le spiegai anche che non doveva continuare a vivere nella disperazione: le sarebbe bastato rivolgersi agli angeli con regolarità.

Le chiesi di chiudere gli occhi e di rivolgersi agli angeli per ottenere aiuto, di provare a percepire il loro amore e la loro potente energia, e di farmi sapere se sentiva la loro presenza. Quando scosse il capo per indicarmi che li sentiva vicini, le chiesi di descrivere con precisione ciò che provava.

Dopo un istante di esitazione, mi disse che sentiva una sensazione di tepore e di sicurezza in avvicinamento, come se qualcuno la stesse avvolgendo in una coperta, come una bimba, e la cullasse. Le spiegai che era il suo angelo custode che la proteggeva e cercava di farle sapere che era al sicuro.

All'improvviso, Christine si agitò e mi disse che aveva sentito un brivido correrle lungo la colonna vertebrale e aveva percepito una grande presenza proprio di fronte a lei. Le dissi che era Michele, l'arcangelo dell'amore e della protezione. Senza aprire gli occhi, sorrise e continuò a respirare concentrandosi sulle vibrazioni; la sua fronte corrugata lentamente si rilassò. "Se questa forza è al mio fianco" mi disse alla fine, "allora hai ragione: non ho nulla da temere."

"No, non devi temere" la rassicurai. "Non quando i tuoi angeli sono con te."

Dopo numerose sessioni, Christine si sentì abbastanza sicura da provare a comunicare direttamente con gli angeli. Stanca di vivere nel terrore, cominciò a rivolgersi al suo angelo custode (e anche a Michele, Raguel e al dipartimento del ministero deputato al sostegno personale) ogni giorno per diverse settimane, e ogni volta si sentiva più forte. Infatti, come i musicisti di un'orchestra che accordano gli strumenti prima del concerto, la mia cliente sentì che il suo gruppo di sostegno era entrato a far parte della sua vita.

Una sera, quando suo marito tornò a casa ubriaco e prese a insultarla, Christine sentì le gambe e la schiena cederle, come di consueto, ma questa sensazione durò poco. Gli angeli dispiegarono le loro forze e, in quel momento, tutte le sue paure (la paura del marito, della dipendenza e di essere disabile) lasciarono il suo corpo. Si alzò in piedi (senza sentire dolore per la prima volta dopo anni) e, con una nuova forza, lo guardò e gli disse: "Sono stanca di te e di questa follia" e con determinazione si diresse verso la porta. Successivamente, fu come se tutte le schiere celesti avessero intonato un canto per lei.

Quando si lasciò alle spalle la sua vecchia vita, diede inizio a una nuova fase più creativa: ottenne il divorzio, iniziò la psicoterapia e a frequentare gruppi di sostegno; ottenne poi il lavoro dei suoi sogni in un negozio di giardinaggio e, infine, si risposò con un uomo gentile dal quale ebbe un figlio sano e felice.

"Se non mi fossi connessa con i miei angeli e non avessi chiesto loro di eliminare ciò che mi faceva soffrire, chissà che fine avrei fatto" disse. "La loro assistenza mi ha salvato la vita e mi ha donato un bambino, nonché due gambe forti con le quali camminare."

Tocca a te

Affinare la consapevolezza della presenza degli angeli è il modo migliore per stabilire una connessione più stabile con loro. Esercitati nel selezionare le diverse vibrazioni quando sei sotto la doccia o mentre ti rilassi nella vasca da bagno. (È come suonare la scala sulla tastiera di un piano.)

Lentamente, richiama le vibrazioni:

- del tuo spirito;
- degli spiriti di coloro ai quali sei connesso;
- del tuo angelo custode;
- degli arcangeli;
- del ministero degli angeli.

Dopo aver evocato ciascuno di loro, fai una pausa per cogliere i sottili cambiamenti che le particolari vibrazioni di ciascuno evocano. Non sforzarti troppo, altrimenti questo esercizio ti sembrerà un lavoro faticoso. Usa il cuore e l'immaginazione e lascia da parte la ragione. Soprattutto, goditi la pace e la calma che ti sommergono quando ti abbandoni alla complessa e meravigliosa armonia delle energie che ti circondano a livello ultraterreno.

Nel prossimi giorni, o settimane, concentrati solo sulla percezione delle forze angeliche e abituati alle loro vibrazioni piene di amore e positività. Esercitati nel distinguere queste energie più volte ogni giorno, finché non senti di aver compreso a fondo la loro natura. Quando sei connesso con i tuoi angeli e conosci bene il loro modo di intervenire, potremo procedere e scoprire il livello di sostegno e di aiuto superiore: gli spiriti guida.

Terza parte

Preparati all'incontro con i tuoi spiriti guida

Settimo capitolo

Le domande più frequenti sugli spiriti guida

Esistono infinite guide a tua disposizione e risorse spirituali che possono aiutarti nel corso di questa vita. Oltre agli angeli, esistono innumerevoli aiutanti provenienti dall'Altra Parte, conosciuti come "spiriti guida"; sono diversi, come diverse tra loro sono le persone che conosci, e intervengono in ogni problema che incontri, nel breve o nel lungo termine. Se immagini gli angeli come le tue guardie del corpo e la tua fanteria, allora gli spiriti guida sono il tuo corpo di volontari: pronti, pieni di buona volontà e capaci di servirti ogni volta che ti rivolgi a loro.

Sorgono inevitabilmente numerose domande ogni volta che si parla di spiriti guida e le risposte possono essere molto specifiche, a seconda del particolare tipo di guida in questione. Questo capitolo ti servirà come "corso accelerato" sulle guide e risponderà alle domande che solitamente vengono poste a tal proposito, così da creare una base di nozioni che ti saranno utili per comprendere le spiegazioni più dettagliate che verranno delineate quando affronterai la prossima parte del libro, dove sono descritte le diverse tipologie di guide.

Perciò, nella speranza di fornirti le informazioni essenziali sul mondo dello spirito, voglio presentarti le quattro domande più frequenti relative al prossimo livello di guide che incontrerai.

1. Che differenza c'è tra angeli e spiriti guida?

Esistono numerose e importanti differenze tra angeli e spiriti guida che coinvolgono ogni ambito, dalla loro esperienza (o mancanza di esperienza) in forma umana fino al loro ruolo nella nostra vita, il grado di coinvolgimento che possono avere nelle nostre esistenze e il modo in cui comunicano con noi.

Per esempio, mentre gli angeli non sono vissuti sulla Terra, la maggior parte delle guide ha avuto almeno una vita terrena, perciò comprendono perfettamente le difficoltà e le sfide che deve affrontare un essere umano. Di conseguenza, sono a nostra disposizione quando abbiamo bisogno di un incoraggiamento e di assistenza, e ci insegnano come far evolvere la nostra anima e come gestire la nostra creatività in forma umana.

Le parole "quando abbiamo bisogno" sono fondamentali. A differenza degli angeli, che sono incaricati da Dio di servirci in ogni momento, dalla nascita fino alla morte, e di influenzarci ogni giorno (anche se noi non siamo consapevoli della loro opera), gli spiriti guida, anche se sono sempre a nostra disposizione, non possono intervenire direttamente o darci indicazioni senza il nostro permesso. Possono attirare la nostra attenzione (e spesso lo fanno) e indurci a chiedere il loro aiuto, ma sono tenuti a rispettare la nostra vita e non possono prendervi parte se non li invitiamo.

Infine, gli angeli hanno una frequenza più elevata rispetto a quella delle guide, perché sono molto vicini a Dio, ed è molto facile connettersi con loro. Ci proteggono, ci ispirano, ci donano energia e potere. Anche se possono influenzarci attraverso la nostra coscienza, non sempre offrono un consiglio esplicito, mentre questo è il modo tipico di agire degli spiriti guida.

2. *Chi sono gli spiriti guida?*

Poiché la maggior parte delle guide ha trascorso almeno una porzione della propria esistenza sulla Terra, non dobbiamo sorprenderci quando scopriamo che sono tornate per servirci. Infatti, alcune guide si connettono con noi perché hanno dovuto affrontare momenti critici simili e vogliono quindi offrire il loro aiuto per farceli superare. Altre, invece, possono presentarsi per sostenerci in progetti o compiti specifici, perché in una vita precedente erano esperte della disciplina che stiamo affrontando o con la quale dobbiamo misurarci.

Gli spiriti guida possono anche essere parenti defunti che sono stati scelti per rimanere connessi con noi dall'Aldilà, per darci indicazioni e sostegno. Allo stesso modo, entità che abbiano condiviso con noi una relazione importante o un'opera spirituale in una vita passata possono scegliere di continuare a collaborare con noi anche nella vita attuale, per continuare ad arricchire l'esperienza della nostra anima.

Esistono anche maestri spirituali (tra le guide più importanti), che desiderano aiutarci a scoprire e a comprendere la nostra natura spirituale, perciò ci assistono nel nostro percorso di crescita.

Poi ci sono i cercatori e agli apripista, ovvero le guide che, in una precedente incarnazione, hanno vissuto a stretto contatto con la Terra, come i nativi americani. Essi ci aiutano a stabilire una connessione più profonda con il mondo naturale.

Oltre a tutti questi meravigliosi esseri soprannaturali, ricorda sempre che lo spirito guida che viene a te per assisterti potrebbe essere anche il tuo Sé Superiore, che è stupendo e illuminato quanto tutte le altre guide che puoi incontrare.

3. Da dove provengono gli spiriti guida?

La risposta a questa domanda è piuttosto complicata perché gli spiriti guida provengono da diversi regni e campi energetici. Molte guide approdano nel nostro mondo da altre galassie e sistemi solari (alcune non hanno mai avuto un corpo) e stabiliscono una relazione con noi per aiutarci a riportare l'equilibrio e la pace nel mondo.

4. Quanti spiriti guida abbiamo?

Il mio maestro, Charlie Goodman, mi ha insegnato che ogni persona di solito riesce ad accedere a trentatré guide al massimo (senza contare gli angeli). Tuttavia, se un individuo riesce a espandere la propria coscienza e a elevare le proprie vibrazioni, può connettersi con tutte le guide di cui ha bisogno.

Per esempio, io ho iniziato a lavorare con due sole guide quando ero ancora una bambina in tenera età; una si chiamava Dot [Puntino] perché vedevo una piccola macchia di luce blu con l'occhio della mente (credo che fosse il mio Sé Superiore); l'altra si chiamava Rose, assomigliava molto a Santa Teresa e sento di aver condiviso con lei alcune vite passate.

Oltre a queste due guide (che hanno continuato a sostenermi da vicino per tutta la vita), sono anche connessa con un terzo spirito guida, Joseph, che avevo incontrato in una vita passata quando ero un esseno. È sempre stato con me sin dall'infanzia e, anche se a volte scompare per qualche tempo, torna sempre da me quando ho bisogno di lui per tutto ciò che concerne la mia salute fisica.

Mentre crescevo e la mia anima si evolveva, ho preso confidenza con numerosi altri maestri spirituali. Ho incontrato tre cardinali francesi che, nel Medioevo, erano appartenuti all'ordine dei rosacrociani ed erano stati miei maestri anche in altre vite. Saranno sempre con me, così come le altre due insegnanti che ho incontrato e che provengono da un'altra galassia; si chiamano Sorelle Pleiadi. Non penso di avere mai avuto una connessione con loro in una vita precedente, ma hanno deciso di seguirmi spinte dal desiderio di aiutarmi a servire al meglio le persone che cercano di comprendere lo scopo della loro esistenza.

Recentemente ho stabilito un contatto con un nuovo gruppo di guide che si presentano con il nome di Emissari del Terzo Raggio. Questa squadra lavora con gli individui e di solito si presenta per comunicare *attraverso* di me con gruppi numerosi.

Come puoi vedere, non solo il numero delle guide può cambiare nel corso della vita, ma le guide stesse (e il periodo di tempo che rimangono al tuo fianco) possono mutare, evolversi e spostarsi quando la tua anima cresce. Nel corso degli anni, ho avuto diversi spiriti guida, soprattutto aiutanti e guaritori, che sono comparsi al mio fianco per poi andarsene e lasciare posto ad altri. Questo accade sempre... è come una porta girevole da cui entrano continuamente nuove persone e altre escono!

Anche a Patrick accade la stessa cosa. Mio marito ha numerose guide fedeli e bellissime che lo aiutano in diversi aspetti della vita. Per esempio, c'è Seamus, il re, uno dei suoi maestri che lo stimola come leader; Jean Quille, una guida aiutante, che ha già incontrato in varie occasioni durante le sue vite precedenti, che lo aiuta a tenere vivo il suo desiderio di avventura e di divertimento; Larry, la sua guida compagno, che lo aiuta ad ascoltare e a comunicare meglio.

Oltre a questo terzetto, Patrick si è connesso anche con un artista, Vincent, che anni fa è comparso per spingerlo a dipingere (la sua passione più grande); infine c'è Mary, che lo induce ad ammorbidire il suo cuore, ad avere una mente più elastica e a comprendere le donne... specialmente quelle della sua famiglia!

Mia sorella Cuky, invece, lavora con molte guide che un tempo erano nostri parenti e le erano molto vicini durante l'infanzia, soprattutto nonno e nonna Choquette e la prozia Emma Bernard; tutti loro la aiutano a mantenere il suo spirito leggero, felice e pieno di amore.

Essendo lei stessa una guaritrice, Cuky si sente molto attratta dalle guide che si occupano della guarigione, tra le quali sono presenti anche alcuni antichi stregoni hawaiani e polinesiani e guerrieri con cui ha vissuto in passato. Queste entità compaiono nella sua "stanza della guarigione" e lei li canalizza attraverso il suo corpo mentre lavora per depurare i resti delle vite precedenti e liberare lo spirito dei suoi clienti. Infatti, quando Cuky mi ha guarita (con l'intercessione delle sue guide), il mio spirito è uscito dal corpo per essere purificato e nutrito, mentre il mio corpo veniva svuotato da tutte le interferenze energetiche.

Sai che...

...le guide possono essere aiutanti, guaritori, maestri, apripista, persone che hai conosciuto nelle vite precedenti, familiari, esseri ultraterreni provenienti da altre galassie e persino animali?

...hai il diritto di pretendere l'intervento delle guide superiori e quando lo fai, non sei in alcun modo tenuto a seguire i loro consigli se senti che non sono giusti o adatti al tuo caso?

...più sei aperto alle guide e al loro aiuto, più la tua vita sarà piacevole?

...l'unica funzione delle guide è offrirti il loro aiuto?

Ricorda che alcune guide sono migliori rispetto ad altre, perciò è importante assicurarsi di avere scelto le più brave tra quelle disponibili. Tutti gli esseri, sia che vivano in un corpo oppure no, compiono lo stesso viaggio per raggiungere una consapevolezza più elevata e dobbiamo quindi tenere presente che un essere non è necessariamente illuminato solo perché è entrato in un'altra dimensione e desidera servire come guida.

Questo mi fa pensare a Maria, la madre di una mia cliente che si chiama Amy. Maria era deceduta e, una volta entrata nel mondo ultraterreno, aveva continuato a seguire sua figlia come guida. Anche se Amy era felicissima perché si era nuovamente connessa con lei, presto comprese che, anche come spirito, sua madre era tanto cauta e timorosa quanto lo era stata in vita. Ogni volta che Amy pensava di fare una gita o qualcosa di avventuroso o divertente, chiedeva consiglio alla madre che, quasi subito, le rispondeva:"Stai attenta!" oppure "Oh cielo! È troppo costoso!" anziché incoraggiarla dicendole: "Fallo e divertiti più che puoi!".

Esasperata, Amy mi disse: "Ho litigato con lei per tutta la vita e adesso sembra abbia intenzione di tormentarmi per l'eternità!".

Ridendo, ma mostrando grande empatia, le risposi: "Perché non smetti semplicemente di chiedere la sua opinione su certi temi? Morta o viva, è sempre la madre che conosci e che ami, e se ti rivolgi a lei per avere un consiglio, non sorprenderti se poi ti dice cosa fare!".

Per Amy era meglio consultare sua madre solo su argomenti per i quali *voleva* davvero conoscere la sua opinione, come quando desiderava sentire il suo amore e percepire la sua presenza anche se non era più con lei, e prendere da sola le decisioni relative alle avventure e ai divertimenti, visto che Maria non era mai stata brava in questo campo.

Quando ti connetti con le tue guide, è molto importante essere consapevole delle tue intenzioni. Uno dei motivi per cui le persone faticano a entrare in contatto con le proprie guide o a percepirle è che sperano di cambiare radicalmente la propria vita. Gli spiriti guida superiori, quelli che hanno anime elevate e sono sinceramente interessati a contribuire alla tua crescita, ti daranno solo indicazioni ma non ti diranno *mai* cosa devi fare. Puoi capire se una guida appartiene a una sfera elevata (e quindi vale la pena ascoltarla) se si rifiuta di connettersi con te e di interferire quando sa che tu vuoi esattamente che faccia questo. I veri spiriti guida comprendono che il loro compito non consiste nell'influenzare in alcun modo la tua vita (e tu non dovresti permetterlo!) e che tu sei qui, su questo Pianeta, per apprendere le tue lezioni spirituali e imparare a evocare il tuo potere creativo divino. Le tue guide sono solo i tuoi insegnanti... non faranno i compiti al posto tuo!

Tocca a te

Conoscere le tue guide e imparare a collaborare con loro è un'attività eccitante che donerà una sfumatura di magia alla tua vita e allontanerà lo stress. Le guide vogliono aiutarti ogni volta che possono e aspettano solo di ricevere il tuo invito.

Il modo migliore per connettersi con loro è ritagliarti una certa quantità di tempo riflettendo sulle aree della tua vita in cui il loro intervento potrebbe risultare particolarmente prezioso. Esamina la tua vita per individuare le aree che funzionano bene e quelle problematiche. Stendi una lista, per iscritto o a mente, di ciò che vorresti e che attualmente ti manca. In quali settori desidereresti avere uno spirito guida? Per esplorare quali campi e discipline ti piacerebbe avere un sostegno? Quando avrai individuato i settori in cui hai bisogno di sostegno spirituale, potremo parlare dei passi necessari per connettersi con le guide che possono aiutarti a raggiungere i tuoi obiettivi.

Ottavo capitolo

Preparati all'incontro con i tuoi spiriti guida

Ora sei consapevole di essere circondato da una folla di spiriti meravigliosi che si impegnano per far crescere la tua anima e assisterti nelle sfide della vita. È quindi giunto il momento di prepararsi per connettersi con loro. Questo capitolo ti guiderà passo dopo passo affinché tu possa incontrarli.

Primo passo: chiedi a te stesso quanto sei disposto a farti guidare

Il primo passo può sembrare scontato. In realtà, quando pongo questa domanda, clienti e allievi mi dicono inevitabilmente la stessa cosa. Tutti, infatti, sostengono di essere assolutamente aperti, altrimenti perché mai avrebbero deciso di rivolgersi a me? Anche tu potresti condividere questo punto di vista ma, grazie alla mia lunga esperienza come guida intuitiva e maestra, ho scoperto che potrebbe essere meno facile di quanto ci si aspetti.

Molto spesso ho dato ai miei clienti alcuni suggerimenti che avrebbero potuto rendere più facile il loro compito, ma poi ho scoperto che avevano ignorato o rifiutato i miei consigli. Per esempio, molte volte i clienti prendono freneticamente appunti durante le letture, ma alcuni dimenticano il quaderno nel mio studio e non tornano mai indietro per riprenderlo. Ho anche avuto clienti che si ostinavano a parlare per tutta la durata della sessione lasciandomi a malapena il tempo di aprire bocca, perché preferivano ascoltare se stessi. Non c'è nulla di sbagliato in questo, ma non è l'approccio adatto quando si chiede aiuto a una guida.

Anche se io stessa devo ammettere di aver ignorato talvolta i consigli dei miei spiriti guida, come quella volta in cui avevo chiesto la loro opinione su una nuova amica molto dotata che apprezzavo così tanto al punto che avevo pensato di lavorare con lei. Le guide mi avevano messo in guardia dicendomi che non era il tipo di persona con cui mettersi in affari perché sembrava propensa a tenere tutto per sé. Poiché non condividevo questo punto di vista, non diedi loro retta... e non ascoltai nemmeno mia sorella, mio marito, i miei amici e persino le mie figlie che mi dicevano che, se avessi deciso di lavorare con lei, mi sarei cacciata in un guaio. Io, però, ero troppo ostinata per fidarmi di loro e caddi dalle nuvole quando la situazione andò esattamente come avevano previsto. Quella donna mi piaceva così tanto che ero come accecata e non riuscivo a vedere la sua ambizione che, nel tempo, aveva preso il sopravvento sulla nostra amicizia.

Quindi, come puoi capire da questo evento, a volte è molto difficile accettare i consigli e il sostegno (anche per me!) quando hai già stabilito di procedere in una certa direzione. In realtà, alcuni anni fa, quando mia madre riceveva i suoi clienti, la prima cosa che chiedeva loro era: "Vuoi davvero che io ti guidi o hai solo bisogno di qualcuno che ti dia ragione?". Solo quando riceveva una risposta sincera a questa domanda procedeva con la lettura.

È un quesito fondamentale che devi porre a te stesso se desideri riuscire a connetterti efficacemente con i tuoi spiriti guida. È anche un'ottima occasione per ricordare che non c'è nulla di male nel vivere senza chiedere la loro assistenza o il loro aiuto: le guide non interferiranno mai con te. Sii sincero e onesto con te stesso sulla tua capacità di essere aperto e ricettivo all'aiuto e ricorda che, se e quando desideri un consiglio, gli spiriti guida saranno a tua disposizione.

Un altro principio importante che ho appreso da mia madre è che non devo chiedere il consiglio delle guide se non sono seriamente intenzionata ad ascoltare ciò che mi dicono, perché se ignoro costantemente le loro risposte, alla fine smetteranno di aiutarmi. Riassumendo, puoi sempre rivolgerti alle guide e vedrai che ti aiuteranno, ma *solo* se permetti loro di farlo!

Secondo passo: impara a trovare la pace interiore e ad ascoltare te stesso

I consigli delle guide sono così sottili che spesso la mente li rifiuta e li scarta ritenendoli insensati. La ragione potrebbe anche cercare di farti credere che sono solo il frutto della tua immaginazione. Non c'è nulla di male. Ricorda che, come ho già detto prima, ogni consiglio da parte degli spiriti guida raggiunge la tua anima e la tua coscienza attraverso l'immaginazione, ecco perché questo passo è tanto importante.

Esistono numerose semplici abilità che puoi apprendere e che ti saranno molto utili per recepire i consigli delle guide, come per esempio l'ascolto profondo e la respirazione rilassata. Per esercitarti nell'ascolto profondo, chiudi gli occhi e concentrati sul tuo brano preferito di musica classica senza essere interrotto. Scegli una melodia che smuova il tuo cuore e, mentre si diffonde nella stanza, prova a identificare i diversi strumenti. Mentre ti perdi nella musica, non sorprenderti se alcuni frammenti sottili di informazioni e consigli penetrano nella tua mente. Consideralo come un'iniziazione al mondo degli spiriti.

Respirare in modo rilassato è un'altra strategia per indirizzare la tua ricettività verso una consapevolezza più profonda e aprire i canali giusti per comunicare con il regno degli spiriti. Non è difficile integrare le due tecniche; puoi provarci stabilendo un contatto visivo con la persona con cui stai parlando e, se è possibile, seguendo il ritmo della sua respirazione (ovvero devi inspirare ed espirare nello stesso istante). Non è difficile: è sufficiente osservare come respira e imitarla; così facendo entri in sintonia con la sua frequenza e apri il tuo cuore e il suo. In questo modo ti connetti con la sua anima e apri la porta a una connessione più intima.

Poi rilassati e respira profondamente rispettando il tuo ritmo personale, mentre ascolti ciò che ti sta dicendo. Ricordati di lasciare che finisca il suo discorso prima di intervenire. Se applichi questa tecnica, sarai sorpreso da ciò che dirai quando prenderai la parola!

Sai come cambiare canale? Prova così...

Una delle tecniche che preferisco è "cambiare canale". Per farlo, è sufficiente dire: "Il mio cervello, su questo argomento, sostiene che [inserisci il tuo pensiero]." Poi, dopo una pausa, continua così: "Il mio cuore e la mia guida interiore, su questo argomento, sostengono che [inserisci il tuo pensiero]." Questo semplice esercizio ti aiuterà a cambiare il canale dal quale provengono le informazioni, mettendo a tacere la mente razionale per sintonizzarti sulle frequenze elevate dello spirito.

Puoi accogliere lo spirito anche imparando a meditare. Questo consiglio genera sempre un lamento collettivo da parte delle classi a cui faccio lezione; tuttavia, è un passo necessario per imparare a pacificare la mente e a darsi una disciplina per spostare l'attenzione sulle vibrazioni sottili dello spirito.

Per meditare non devi assumere strane posizioni contorte e dire "om"... non è nemmeno necessario sedersi! Io riesco a meditare molto bene mentre passeggio, cucino, faccio le pulizie, mi occupo del giardino e persino mentre piego la biancheria. Per raggiungere questo risultato, smetto di pensare al futuro e al passato e mi concentro sulla respirazione, gioendo di tutto ciò che mi circonda. Presto attenzione solo ed esclusivamente a ciò che sto facendo in quel preciso istante. (Thich Nhat Hanh, il famoso monaco buddista, la chiama "meditazione consapevole".) Considera questa attività come un momento della giornata durante il quale ti apri per accettare sostegno e consigli, e fai sapere alle tue guide che è il momento giusto per farsi vive perché sei più rilassato e disposto ad ascoltare.

Un altro passaggio di questo percorso di preparazione consiste nel pregare, spesso e volentieri. Puoi farlo nel modo che preferisci perché è una semplice conversazione con l'universo, con Dio e con i suoi aiutanti celesti. Più preghi, più si innalzeranno le tue frequenze e riuscirai quindi a connetterti con le guide con maggior facilità.

Quando preghi, non solo dovresti aprire il cuore e l'anima di fronte al Creatore, ma ricordarti anche di ringraziarlo per tutto ciò che ti ha donato. Le preghiere che esprimono la nostra gratitudine sono particolarmente efficaci perché affinano le tue frequenze, aprendo il cuore e facendoti vedere tutto l'amore e l'aiuto che ti circondano.

Sai che...

...più sei grato per la tua buona sorte e l'aiuto che ricevi, più ti è facile continuare a connetterti con le tue guide? Una delle mie preghiere preferite è questa:

"Creatore dell'universo
e di tutte le forme e gli elementi che
sostengono la meraviglia della vita.
Ti ringrazio per
[riempi lo spazio] che mi hai
donato oggi."

Quando ti sarai esercitato a sufficienza nei diversi metodi per imparare a recepire le frequenze più sottili dello spirito, il passo successivo da compiere, per connetterti con gli spiriti guida, è passare in rassegna tutte le aree della vita nelle quali hai deciso di voler essere guidato; indivìduale e (questo aspetto è fondamentale) smetti di parlarne. Impegnati ad avere conversazioni vivaci e positive perché è molto difficile connettersi con le guide se la mente è offuscata dalla tristezza e da pensieri negativi. Conosci il problema, quindi adesso esercitati al silenzio e alla tranquillità sufficienti per riuscire a sentire la soluzione.

Terzo passo: esercitati!

Per quanto possa essere sorprendente, anche l'esercizio fisico può migliorare la tua ricettività sul piano spirituale. Dopo tutto, noi esseri umani siamo stati progettati per muoverci e, più lo facciamo, più lo spirito della natura del Pianeta può aiutarci a innalzare le nostre vibrazioni. Considera che quanto più esercizio facciamo e più acqua beviamo, tante più opportunità offriamo agli spiriti dell'acqua di purificare le nostre emozioni. Contemporaneamente, gli spiriti dell'acqua e del fuoco aumentano la nostra consapevolezza e creano una situazione ottimale in cui è più facile comunicare con gli spiriti guida. Molti miei clienti sostengono che, quando fanno sport o subito dopo, si sentono in perfetta armonia con l'universo e in quei momenti ricevono consigli molto chiari e precisi dalle loro guide.

C'è un altro motivo per cui fare movimento è utile, perfino fondamentale, alla connessione spirituale: la mente vuole raggiungere la staticità in modo da tenere lontane le cose, mentre lo spirito è fluido e permette alle cose di circolare liberamente. Più muoviamo il nostro corpo, più fluiamo con lo spirito, in questo modo diventiamo più flessibili e le guide riescono a indirizzarci più agevolmente sul nostro cammino.

La flessibilità è un ingrediente indispensabile per il cambiamento, perciò dobbiamo essere certi di ascoltare i consigli delle guide ed essere disposti ad abbandonare il modello che spesso accompagna l'aspettativa. Non so quante volte le mie guide mi hanno dato una spintarella per indurmi a prendere una decisione che ha cambiato la mia vita.

Per esempio, quando studiavo all'università, avevo deciso di candidarmi per trascorrere un periodo di studio in un istituto in Francia, ma la mia richiesta era stata rifiutata perché l'avevo presentata dopo la scadenza del bando. Mentre ero seduta sul prato dell'Università di Denver in preda allo sconforto, le mie guide mi diedero una spintarella e mi suggerirono, senza mezzi termini, di andare dal direttore. Se non fossi stata tanto abituata a seguire i loro consigli in virtù della flessibilità del mio corpo e della mia disponibilità a muovermi, la mia mente, con ogni probabilità, avrebbe rifiutato questa ipotesi. Invece, grazie a quell'incoraggiamento, mi alzai e andai nell'ufficio del direttore. Per mia fortuna, mi ricevette anche se non avevo un appuntamento e, non solo accettò la mia richiesta di partecipare al programma di studio all'estero, ma mi accordò anche una borsa di studio. Se non avessi ascoltato le mie guide e non avessi agito subito, sono certa che non sarei mai partita per la Francia.

Quarto passo: smettila di fare la vittima

Probabilmente, il modo migliore per chiudere la porta in faccia alle guide e agli spiriti è arrendersi e dire: "Non ho scelta." La possibilità di scegliere è l'unica cosa che abbiamo nella vita che nessuno potrà mai portarci via... soprattutto quando si tratta di decisioni che riguardano la nostra esistenza.

Puoi dire a te stesso che sei vittima delle circostanze e che non hai alcun potere nel determinare le sorti della tua esistenza. Oppure puoi fare affidamento sul tuo sesto senso e assumerti la responsabilità della situazione seguendo la sua guida. Se io fossi in te, sicuramente sceglierei la seconda alternativa. Riconosci e accetta il fatto che sei uno spirito e una parte importante di questo mondo meraviglioso; sei stato creato da Dio, sei protetto dagli angeli, vegliato dagli arcangeli, assistito dal ministero degli angeli e godi del sostegno amorevole delle tue guide, proprio perché sei prezioso, sacro, stupendo e amato. Considerando il tuo ruolo nell'universo, è naturale che tu sia guidato. Dopo tutto, qualsiasi essere prezioso e di grande valore, quale tu sei, riceverebbe tutte le risorse di cui ha bisogno per vivere felice!

Quinto passo: impara a perdonare e non giudicare

L'ultimo modo (per certi aspetti il più importante) per prepararsi ad accogliere lo spirito è smettere di giudicare gli altri e *perdonare* sempre. Criticare gli altri e rimanere arrabbiati sconvolge i circuiti psichici e ti fa perdere la connessione con le frequenze più rapidamente di qualsiasi altro sentimento. Queste energie negative non solo ti disconnettono dalla tua guida, ma anche dallo spirito, dagli altri e dal mondo naturale.

So che è un compito difficile, ma se ci pensi attentamente, capirai che perdonare e smettere di giudicare è molto più semplice di quanto non sia condannare gli altri. Tutti gli esseri umani sono una manifestazione dello spirito divino che vibra all'unisono su diversi livelli di coscienza e su diverse frequenze. Come le cellule di un corpo, siamo tutti parte di una sola entità. Quando una cellula attacca le altre, si genera una malattia che chiamiamo cancro. In modo analogo, quando aggrediamo qualcuno (o noi stessi) condannandolo o giudicandolo, compiamo un atto dannoso e velenoso per tutto il nostro essere: corpo, mente e anima.

Se smetti di giudicare ne trarrai beneficio perché riuscirai a sfruttare la tua intelligenza per vedere le cose che contano davvero, come il tuo spirito, gli spiriti della natura, gli angeli e le guide. Il modo più facile per abbandonare la cattiva abitudine di giudicare e di covare rancore è ribadire a te stesso, ogni giorno, la tua ferma intenzione di farlo. Ripeti: "Perdono me stesso per aver giudicato e provato risentimento. Mi libero da tutti i giudizi, dall'odio e anche da tutte le percezioni negative. Tramite il respiro, condivido il mio spirito con tutti e ritrovo la pace e l'equilibrio. Così sia."

Tocca a te

Il mio maestro Charlie una volta mi disse: "Il modo migliore per connetterti con le guide è imparare a vedere chiaramente le cose ovvie." Inizia a comprendere per quali aspetti della tua vita quotidiana chiedi più frequentemente aiuto alle guide. Abituati a recitare una breve preghiera per ottenere assistenza e sostegno prima di cimentarti in qualsiasi attività. Per esempio, mentre fai la doccia al mattino, invoca le tue guide perché ti siano vicine per tutto il corso della giornata. Poi, mentre vai al lavoro, chiedi un consiglio sulla strada migliore e meno trafficata; oppure, se usi i mezzi di trasporto, fatti indicare un sedile libero in treno o sull'autobus, quali sono i compagni di viaggio più gradevoli e prega di essere puntuale.

Consultati con le tue guide più volte al giorno. Per esempio, se inizi un nuovo progetto, chiedi loro come riuscire a realizzarlo in modo rapido, facile e creativo. Può essere utile consultare le guide anche per sapere come e cosa dire quando interagisci con persone che ti intimidiscono. Puoi persino farti consigliare dove andare a pranzo e cosa ordinare.

Per quanto riguarda il corpo, è importante ricordarsi di fare qualche piccolo movimento e distendere i muscoli di tanto in tanto per mantenerlo sempre agile e flessuoso. Al mattino, prima di uscire dal letto, inspira profondamente e stira le membra; poi alzati in piedi e stendi le braccia verso il cielo, piegati lentamente cercando ti toccare la punta dei piedi. (Non esagerare e non sforzare troppo la schiena!) Mentre ti lavi i denti, ruota delicatamente il busto da entrambe le parti e muovi i fianchi; per finire, ruota il bacino in senso orario e antiorario, per mantenerlo agile. Questi semplici esercizi migliorano la circolazione del sangue e ti rendono più disponibile ad accettare i consigli.

Puoi anche parcheggiare a qualche isolato di distanza dal tuo ufficio e coprire il resto del percorso a piedi oppure, se usi i mezzi di trasporto, scendi alla fermata precedente e raggiungi il posto di lavoro camminando lentamente, prendendoti il tempo per godere dell'esercizio fisico e di quello che vedi.

Durante la giornata, non dimenticare di concederti il tempo di ascoltare con attenzione, di meditare e, quando possibile, di coordinare la tua respirazione con quella delle persone con cui stai parlando.

Infine la sera, prima di andare a letto, ripensa alla giornata e, quando senti che è necessario, perdona, dimentica, supera e apriti a nuove frequenze. Se vuoi, scrivi ciò che ti ha infastidito durante le ore precedenti e che ancora ti turba; chiedi alle tue guide di consigliarti, mentre dormi, come liberarti da tutte le frustrazioni e gli ostacoli. Addormentati con la ferma intenzione di lasciare andare tutti gli avvenimenti della giornata e di riposare sereno. Percepirai immediatamente gli effetti benefici e presto troverai il modo per connetterti con tutte le tue guide.

Nono capitolo

Primo contatto con le tue guide

Quando sei pronto per condividere preoccupazioni, problemi e successi con le tue guide, loro, a turno, stabiliranno con te un contatto sottile avvicinandosi con delicatezza. Infatti, finché non svilupperai una certa confidenza con le loro vibrazioni uniche, potresti avere la sensazione che si tratti solo di un sogno a occhi aperti e, quindi, decidere di lasciare perdere.

Se nutri aspettative eccessive sulle tue guide, farai molta fatica a connetterti. La maggior parte delle persone si sorprende quando scopre quanto sia discreto l'intervento delle guide. Sotto l'influenza dei film di Hollywood e di pessimi romanzi horror, la gente si aspetta di incontrare strani esseri che indossano tute da astronauti e irradiano luce celeste di notte; in realtà, di solito le guide sono impalpabili quanto l'ala di una farfalla che ti sfiora il viso. Perciò, se ti aspetti di sentire una voce tuonante o un'apparizione di mago Merlino, andrai incontro a una grande delusione.

Il contatto con gli spiriti si verifica a un livello molto profondo e intimo; non si tratta di incontrare qualcuno fisicamente. La capacità di percepire le tue guide è determinata dalla tua abilità di connetterti con loro, di percepire queste sottigliezze e di accettarle come comunicazioni importanti.

Per esempio, quando mi sono connessa con la mia prima guida, l'ho percepita come una macchia di luce blu che restava sospesa sopra di me quando chiudevo gli occhi, ma che svaniva non appena li riaprivo. Quando ho imparato a conoscere meglio la natura delle guide, ho scoperto che questo livello di comunicazione sottile è molto comune. Di solito, quando si connettono con te, soprattutto le prime volte, ti sembra di udire la tua voce interiore; tuttavia, la differenza risiede in ciò che *distingue* la tua voce da quella della tua guida.

Durante un mio seminario sull'intuito, ho parlato con una donna, Susan, che si sentiva paralizzata e incapace di connettersi con le guide. "Non sento altro che la mia voce" mi disse lamentandosi.

"Sei sicura?" le chiesi. "Cosa ti ha detto la tua voce?".

"Ho pregato la mia guida di illuminarmi sul mio matrimonio e di guidarmi per riuscire a rendere meno difficile il rapporto con mio marito" spiegò Susan.

"E quale indicazione hai ricevuto?" continuai.

"Mi ha detto di smettere di concentrarmi su mio marito e di prendere in considerazione l'ipotesi di riprendere gli studi."

Rimasi seduta in silenzio accanto a lei per qualche istante, poi le domandai: "È un'ipotesi che stai prendendo in considerazione o alla quale pensi spesso?".

"Non ho mai pensato di rimettermi a studiare per risolvere i miei problemi matrimoniali" replicò lei. "Ho preso in considerazione l'idea di seguire una terapia di coppia, di rivolgermi a un consulente o anche di divorziare, ma mai di ricominciare a studiare."

"E come ti sembra questa ipotesi? Ti piacerebbe ritornare a scuola?".

"Sì, ne sarei entusiasta" disse lei illuminandosi. "Ho sempre desiderato laurearmi ma poi mi sono sposata e ho lasciato perdere."

"Allora, mi sembra proprio che tu abbia ricevuto un ottimo consiglio dalla tua guida!".

Ancora titubante, Susan restò a bocca aperta per lo stupore: "Davvero? Anche se mi sembrava che fosse la mia voce?".

"Forse hai avuto la sensazione che fossi tu a dire queste cose. Era un'idea a cui avevi già pensato prima o qualcosa di completamente nuovo?".

"Era diverso, persino sorprendente... è per questo che ho pensato che mi stavo inventando tutto."

"Le guide sono così" la rassicurai. "Le loro indicazioni sono così sottili e naturali che possono sfuggirti se non sei molto attenta. Di solito propongono prospettive diverse rispetto a quelle a cui pensi di solito. Credi che il consiglio che hai ricevuto sia quello giusto?".

"Sì" concluse Susan. "Più ci penso, più mi sembra sensato. Ho voglia di andare avanti nella mia carriera e credo di aver subordinato i miei sogni al mio ruolo di moglie e madre, anziché essere me stessa. In parte, è questa la causa della mia infelicità. Se è davvero la mia guida ad aiutarmi e non mi sto inventando tutto, allora mi sento davvero connessa e sono pronta ad ascoltare tutti i suoi consigli."

Come ho detto a Susan, un metodo per riuscire a entrare in contatto con le guide è ripetere ad alta voce, senza censure, tutti i consigli che riceviamo. Nel mondo limitato dai cinque sensi, indifferente e insensibile, siamo abituati a dubitare di noi stessi e ad arrenderci alle autorità esterne. Nel mondo del sesto senso, invece, la nostra voce interiore è la massima autorità e si impone su qualsiasi altra cosa. Dobbiamo ascoltarla, rispettarla, amplificarla e onorare ciò che proviamo senza esitazioni e senza scusarci.

Ricorda che la principale funzione delle guide è connettersi con la tua anima e darti consigli, ma solo se sei tu a chiederli. Quando parli con le tue guide, stai semplicemente valutando le diverse possibilità, come se ti confrontassi con un amico fidato. Più dialoghi con loro, più loro risponderanno.

Nel periodo in cui stavo imparando a connettermi, spesso interrogavo il mio maestro Charlie sul mondo dello spirito e lui mi rispondeva sempre: "Cosa dicono le tue guide?".

Timida e impaurita all'idea di sbagliare o di dire stupidaggini, borbottavo: "Non lo so."

Lui allora rideva e mi incoraggiava: "Prova a chiederlo a loro!".

Avvolta dal suo alone di amore, senso dell'umorismo e protezione, con fare incerto mi addentravo in me stessa spiando e stuzzicando il mio cuore per ottenere un'ispirazione. Anche se temevo di sentire solo la mia voce, mi facevo coraggio e cercavo una risposta. Ciò che mi entusiasmava non era la risposta che ricevevo, ma il fatto di sedere ai piedi di una grande figura autorevole che mi dava il potere di conversare con la mia voce interiore (e con le voci delle mie guide) senza provare paura o mettermi sulla difensiva. All'inizio fu strano, anche se ero cresciuta in un mondo pieno di spiriti. Ma quando familiarizzai con questa nuova dimensione, mi sembrò così concreta e reale che non avrei più potuto tornare indietro.

Sai che...

...quando hai a che fare con spiriti guida, intrecci una relazione con esseri di luce che ti offrono il loro aiuto con amore a amicizia? Come tutti i buoni amici, sono sempre pronti ad ascoltarti senza giudicarti, non cercano mai di controllarti o di dirti cosa devi fare, e non sminuisco né avviliscono il tuo ego.

Poco tempo fa ho tenuto un seminario sulla connessione con le guide e, tra gli allievi, c'era anche una donna che lavorava come medico e praticava la medicina ayurvedica. Quando chiesi ai partecipanti di provare a connettersi con le guide e a rivolgere loro alcune domande, lei disse: "Non credo che queste siano risposte delle mie guide. È la mia mente, ed è molto razionale."

Le proposi allora di prendere la parola di fronte a tutti per descrivere il suo essere interiore. Lei avanzò decisa verso il pulpito ma, quando si trovò di fronte al pubblico, la sua voce si fece più titubante. All'improvviso, sembrò un cerbiatto impaurito e scoppiò in lacrime consapevole di aver perso la fiducia in se stessa. Aveva scoperto che può essere molto difficile decidere di connettersi, fidarsi ed esprimere la propria esperienza intima dato che le era sempre stato detto che è meglio nasconderla.

Così come erano sgorgate, presto le lacrime si asciugarono e lei riuscì a ritrovare la calma. Allora le chiesi di condividere con noi ciò che aveva chiesto alle sue guide e di riferirci le riposte giunte dalla mente razionale.

"Ho chiesto loro come posso migliorare come medico e guaritrice e loro mi hanno consigliato di essere me stessa."

"Credi che sia la risposta della tua parte razionale?". "Penso di sì."

"Bene, dobbiamo approfondire la questione per scoprirlo. Chiedi al tuo sé interiore cosa significa di preciso la sua affermazione."

Lei provò e riferì: "Sii onesta, amorevole e comprensiva." Dopo una breve pausa aggiunse: "Condividi con le persone il tuo intuito e la tua capacità di comprendere le loro sofferenze, soprattutto quelle dovute alla perdita di persone care e del sostegno in famiglia, e fai capire loro che puoi usare le tue doti per amarli e aiutarli a guarire."

Notai che queste parole avevano un suono completamente diverso: erano chiare, semplici e vere. Tutta la classe si mostrò d'accordo con lei; le chiesi quindi: "Pensi che queste parole provengano dalla tua parte razionale o da un'entità esterna?".

Lei esitò un istante, poi disse: "No, queste parole non sono mie. Forse in fondo al cuore vorrei che fosse così ma, essendo un medico, sarebbe troppo rischioso avvicinarmi troppo ai pazienti. Di solito non sono mai così aperta e diretta. Cerco di far capire che mi preoccupo sinceramente per loro, ma non lo direi *mai* apertamente."

"Puoi sentire la differenza tra questo tipo di comunicazione e quello del tuo io razionale, anche se entrambi penetrano nella tua consapevolezza tramite la tua voce?" le domandai.

Lei annuì e spiegò: "Se dovessi analizzare questa differenza, dovrei ammettere che ho sentito e ignorato questa seconda voce e che sembra davvero quella di una guida. Infatti, più la sento, più la trovo simile a quella di mia nonna come la conoscevo quando ero bambina. Spesso lei mi diceva che l'amore può guarire... Pensi che potrebbe essere proprio lei la mia guida?".

Le consigliai di chiederlo direttamente a lei.

"Sei la mia nonna?" chiese, e sorrise perché la voce aveva risposto: "Sono io. Sono felice che ti sia decisa a darmi ascolto, finalmente!".

Tutta la classe e io ridemmo con lei perché sapevamo, dalla vibrazione nella sua voce, che era vero.

Tocca a te

Quando hai un dubbio o hai bisogno di un consiglio, ripeti ad alta voce: "Lo chiederò alle mie guide" e poi rivolgiti a loro. Lascia che rispondano pronunciando questa frase: "Dicono che [aggiungi le loro parole]." Non temere di inventare tutto, ascolta il contenuto e la vibrazione di ciò che dici mentre permetti a te stesso di esprimerti liberamente. Esercitati ogni giorno per circa dieci o quindici minuti.

È molto utile lavorare anche con amici disponibili e affidabili che condividano il tuo desiderio di connetterti con le guide. Fate a turno, prima tu poi il tuo amico, provando a chiedere indicazioni alle guide; poi riportate ad alta voce l'uno all'altro ciò che avete sentito nel vostro intimo, cercando di distinguere le diverse sfumature della voce. Cerca di fare questo esercizio divertendoti, come se fosse un gioco, e assapora ogni istante della ricerca.

Connettersi con le guide è una sottile arte comunicativa e più ti eserciti nel descrivere il tuo mondo *interiore*, più ti sentirai a tuo agio in quello *di fuori*.

Decimo capitolo

Un altro passo in avanti: scrivi alle tue guide

Un altro modo per comunicare con le tue guide, oltre al dialogo, è scrivere dei messaggi. Anziché articolare verbalmente ciò che ti trasmettono, puoi scrivere le tue domande in un diario o in un quaderno e ricevere le loro risposte in forma scritta. La scrittura guidata funziona perfettamente perché si basa sul principio che ho descritto prima: le tue mani sono direttamente collegate con il cuore, il luogo in cui avviene l'incontro con lo spirito.

Come iniziare

Quando ti prepari per entrare in contatto con le tue guide, dovresti selezionare un particolare momento della giornata in cui sei rilassato e in cui nessuno ti importunerà; scrivi *solo* allora. Se hai domande o dubbi che ti tormentano in altri momenti, prendine nota su un quaderno e conservalo. (Non sorprenderti se ottieni la risposta prima che arrivi l'ora stabilita per scrivere alle guide.)

Quando è tempo di iniziare, trova un luogo dove puoi restare solo, spegni il telefono e assicurati di avere un po' di privacy.

Ti faccio notare che ho parlato di privacy, non di segreto. È un punto molto importante che voglio approfondire perché molti miei clienti mi dicono che devono nascondere i loro tentativi di contattare gli spiriti guida, perché parenti e amici spesso non condividono questa idea o li criticano. A differenza della privacy, che implica un approccio positivo, la segretezza è sintomo di vergogna e se cerchi di contattare le tue guide quando dubiti o ti nascondi, rischi di convocare entità dalle basse vibrazioni (come le guide di rango inferiore che non hanno molto da offrirti) al posto delle guide dalle vibrazioni più elevate che possono davvero servirti.

Essendo un essere spirituale, hai il diritto di stabilire un legame con loro e non hai bisogno dell'approvazione degli altri per accudire la tua anima e cercare il sostegno degli spiriti. Se stai lavorando sulla connessione con le tue guide e rischi di suscitare la reazione negativa dei tuoi, è giusto e rispettoso nei tuoi confronti proteggere te stesso e i tuoi sforzi mantenendo il riserbo sulle tue attività.

Detto ciò, quando esegui per la prima volta una scrittura guidata, è importante che tu scelga, senza mezzi termini, di lavorare solo con le guide che appartengono ai ranghi più elevati. Un modo per riuscirci consiste nel chiedere l'intervento degli angeli tramite una preghiera, affinché ti aiutino a individuare le guide giuste. Puoi anche accendere una piccola candela votiva per segnalare la luce del tuo spirito e per rendere noto che intendi ricevere solo consigli che contribuiscano al tuo bene.

La prima cosa che mi chiedono gli allievi è se sia meglio scrivere con carta e penna o sulla tastiera di un computer. Io, per abitudine, ho sempre scritto a mano (perché è più naturale e mi permette di bypassare il cervello), ma ho incontrato anche persone a cui non piace, come mio marito Patrick che detesta usare la penna perché ha una calligrafia orribile, oppure mia figlia, che è dislessica e quando scrive fa confusione. Entrambi preferiscono usare il computer perché per loro è molto più facile. Quindi, per quanto io ritenga meglio scrivere a mano, consiglio di ricorrere alla tastiera a tutti coloro che si sentono a proprio agio con questo strumento.

Quando scrivi alle tue guide nel modo tradizionale, hai due opzioni: per scrivere le domande puoi usare la mano di cui ti servi abitualmente, usando l'altra per scrivere le risposte; oppure cambiare mentalmente i canali di domanda e risposta, e usare la mano dominante per eseguire entrambe le operazioni. (Ovviamente, se usi il computer, digiti allo stesso modo sia le domande che le risposte.) Alle tue guide non importa quale mezzo scegli e, se le invochi, non tarderanno a presentarsi, quindi scegli la soluzione che trovi più comoda e lasciati andare.

Dopo aver stabilito le tue intenzioni e quando sei pronto per iniziare a scrivere, presentati alle tue guide e chiedi consiglio in questo modo: "Sono [scrivi il tuo nome] e chiedo alle mie guide di assistermi e aiutarmi in questo momento." Sii cortese e rispettoso e ricorda che stai chiedendo un consiglio, non stai rimettendo tutta la tua esistenza nelle mani di un essere superiore. Formula le domande in modo appropriato ed evita di domandare cosa dovresti fare. Chiedi piuttosto: "Quale indicazione potete offrirmi per [completa la frase]?".

Avvicinati con delicatezza alle guide e non bombardarle con una serie infinita di domande. All'inizio, non porre più di tre o quattro quesiti e non chiedere cose come "chi sei?" perché spesso le guide scrivono in gruppo. Assicurati di aver convocato le più potenti e affidati a loro.

Le tue domande dovranno essere semplici e dirette. Le guide sono intimamente connesse con te e conoscono i tuoi problemi meglio di quanto immagini, perciò non è necessario perdersi in dettagli. Per esempio, una persona potrebbe scrivere: "Sto cercando di trovare un lavoro che mi dia soddisfazione ma mi sento bloccato e frustrato. Cosa mi consigli per capire come mai e come superare questa fase di stallo?". (Le guide sono intelligenti, quindi sapranno sicuramente leggere tra le righe.)

Dopo aver messo per iscritto la tua domanda, solleva la penna dal foglio per un momento, apri il tuo cuore e ascolta. Fidati del tuo corpo; rilassati. Poi, reggendo morbidamente la penna, inizia a scrivere appena senti di essere pronto. Le tue guide ti spingeranno a scrivere con delicatezza, quando è il momento opportuno, quindi non temere che si "impossessino" della tua mano. Anche se in alcune occasioni le mie guide erano così entusiaste e io ero così aperta che avevo la sensazione che la mia mano fosse guidata da una forza estranea, di solito (almeno all'inizio) il desiderio di scrivere è debole quindi, quando lo percepisci, inizia subito.

I consigli possono essere di lunghezza variabile, da poche parole a varie pagine, a seconda del tuo stato psichico. Se sei sinceramente curioso e desideri davvero crescere, otterrai molte informazioni.

Mentre scrivi, saprai che stai comunicando con le tue guide per via del tipo di contenuto (per quanto possa sembrarti impercettibile), perché quando metti nero su bianco le idee che ti passano per la testa, la vibrazione che percepisci sarà una prova a loro favore. D'altro canto, se ricevi un consiglio che ti fa sentire a disagio, butta il foglio o brucialo perché potrebbe esserci stata l'influenza di una guida minore che si è intromessa per esprimere la sua inutile opinione. Trattalo come tratteresti un cattivo consiglio qualsiasi, indipendentemente da chi te lo ha dato, e ignoralo.

Per riuscire in questa attività, devi essere determinato, ma non ossessivo. Consulta le tue guide anche ogni giorno se lo desideri, ma non dedicare più di mezz'ora a questa attività. È meglio ricevere i consigli a piccole dosi e dare loro il tempo di sedimentare. Assaporali, rifletticì sopra, cerca di capire se ti fanno sentire calmo, stabile e sollevato, e poi affidali al tuo spirito per l'analisi finale.

Sai che...

...quando chiedi un consiglio, non stai semplicemente cercando qualcuno che sostenga il tuo punto di vista? Le vere guide di rango superiore contribuiscono all'evoluzione della tua anima e ti ispirano; se le tue richieste sono sincere, questo canale di comunicazione ti sarà molto utile.

Una mia cliente, Berenice, usò carta e penna per interrogare le sue guide in merito alla sua lotta contro l'obesità. Pose una domanda molto semplice: "Perché ho tutti questi chili di troppo? Come posso perderli?". Dopo aver formulato la domanda, rimase seduta tranquilla, pronta a captare le informazioni. Dopo mezzo minuto, fu presa dal bisogno di scrivere e la penna iniziò a muoversi. Ebbe la sensazione che le guide stessero dettando la risposta così rapidamente da riuscire a stento a stare al passo.

Come prima cosa, Berenice scrisse che in una vita precedente era stata una principessa polinesiana e, in quelle circostanze, l'abbondanza era un'importante fonte di potere e motivo di orgoglio; le persone apprezzavano e stimavano le sue rotondità perché le consideravano un simbolo di grande prosperità. Poi scrisse che sentiva la mancanza di queste attenzioni e che sperava di essere ammirata anche nella vita attuale; questo era il motivo che le impediva di perdere peso.

Successivamente si sintonizzò su un altro canale e il tenore di quello che stava scrivendo cambiò. Ciò che comparve sul foglio le ricordò che i suoi livelli di insulina erano troppo alti e che una dieta vegetariana e pasti frequenti avrebbero stabilizzato e placato il suo sistema nervoso.

Poi il tema cambiò nuovamente e scrisse di essere stata amata e vezzeggiata nel corso della sua infanzia perché era una "brava bambina"; parte di questi complimenti dipendevano dal suo essere una buona forchetta e finiva sempre quello che aveva nel piatto. Concluse scrivendo che sarebbe riuscita a mangiare meno solo se avesse smesso di cercare ossessivamente l'approvazione degli altri.

Leggendo le frasi che lei stessa aveva formulato, Berenice si stupì di scoprire tutte queste informazioni che non le erano mai passate per la testa prima di allora, ma sentì, a un livello molto profondo e intimo, che era tutto vero; decise quindi di approfittare di quanto aveva appreso per cambiare in meglio la sua vita. Per prima cosa fece misurare il suo livello di insulina e scoprì che era così alto da poterle provocare problemi di salute, proprio come avevano predetto le sue guide. Per quanto riguardava la dieta vegetariana, la mia cliente, che proveniva da uno stato centrale degli Stati Uniti dove si consuma molta carne, all'inizio rise di questa possibilità; in seguito però, decise di fare almeno un tentativo perché si sentiva sempre intorpidita e assonnata. Nei quattro mesi successivi perse venticinque chili. Inoltre, per ottenere l'attenzione degli altri per motivi che non fossero legati al cibo, entrò a far parte del coro della parrocchia dove, grazie alla sua meravigliosa voce, ebbe la possibilità di esibirsi come solista.

Quando le chiesi la sua opinione circa le sue vite precedenti, Berenice rispose: "Non saprei. Sto dimagrendo, quindi non m'importa!".

Anche un altro mio cliente, Tim, aveva scoperto che, tramite la scrittura guidata, poteva ricevere ogni tipo di consiglio, senza limiti. Poche settimane dopo i suoi primi tentativi, aveva iniziato a lavorare al suo romanzo, come desiderava da tempo.

Un altro cliente, Mitch, aveva chiesto aiuto alle sue guide per migliorare la vita sentimentale. Poiché sul foglio comparve la scritta "paninoteca", ritenne assurda la risposta e lo gettò via. Tre settimane dopo, un suo collega, nonché amico, lo invitò a pranzo: "Hai fame? Hanno appena aperto una nuova paninoteca a due passi da qui." Mitch non vide alcuna relazione tra i due fatti e uscì con lui per mangiare un boccone; appena entrò, fu attratto dalla cassiera che sembrava ricambiare il suo interesse.

Si scambiarono qualche sguardo di intesa, poi lei, mentre gli porgeva il suo panino, gli disse: "Chiudiamo alle cinque, se ci sei stasera..." Fissarono un primo appuntamento e, qualche giorno dopo, uscirono insieme. Fino al terzo appuntamento, Mitch non ebbe il minimo sospetto di essere stato guidato. Quella sera, mentre stava per addormentarsi, all'improvviso si ricordò di ciò che aveva scritto sul foglio, si scusò subito con la sua guida e la ringraziò.

Tocca a te

Quando scrivi alle tue guide, è importante che tu sia rilassato... e non preoccuparti di non riuscire a stabilire un contatto. Sicuramente ti risponderanno, anche se a volte servono alcuni minuti o poco più. In realtà, in alcuni casi bisogna pazientare e aspettare fino alla seconda o alla terza sessione per avere un riscontro. Non devi fare altro che provare e avere fede... prima o poi ti risponderanno!

Per imparare a comunicare con le guide tramite la scrittura, segui i seguenti passaggi:

- **Primo passaggio**. Mettiti in un posto tranquillo, dove nessuno potrà interromperti; prima di cominciare, accendi una candela votiva e recita una breve preghiera per tenere lontane le energie inferiori.
- **Secondo passaggio.** Stabilisci con precisione la tua intenzione scrivendo: "Voglio dialogare solo con le guide superori." Poi presentati scrivendo il tuo nome e chiedi aiuto.
- **Terzo passaggio**. Continua a scrivere le tue domande, una per volta; quando hai finito, posa la penna e riposati.
- **Quarto passaggio**. Riprendi in mano la penna tenendola con fermezza ma senza stringerla troppo. Sii pronto a cedere il controllo alle guide e a lasciare che ti trasmettano la loro opinione. Le idee delle guide fluiranno nella tua mente e poi si fisseranno sul foglio. Non permettere alla mente di censurare ciò che scrivi o di convincerti che ti stai inventando tutto. Ricorda sempre che il consiglio delle guide è sottile e sembrerà una cosa del tutto naturale. Quando il flusso si interrompe, appoggia la penna e rileggi ciò che hai scritto.

Infine, voglio suggerirti di conservare tutte le tue comunicazioni con le guide in un unico diario o raccoglitore, e di non perderne nemmeno una (tranne ovviamente quelle che ti fanno sentire a disagio; queste devono essere bruciate). Le indicazioni che ricevi potrebbero non corrispondere a ciò che ti aspettavi o volevi; magari non ne comprendi subito il significato, ma è sempre meglio tenerle da parte. L'esperienza mi ha insegnato che la maggior parte dei consigli acquisiscono significato nel tempo, se non subito, perciò è buona norma custodirli per riprenderli in un secondo momento. Se questo metodo non funziona, chiedi alle tue guide di darti maggiori dettagli in un'altra sessione di scrittura e, se continui a non trovare un senso, lascia perdere.

Undicesimo capitolo

Impara a vedere gli spiriti guida

Vedere le guide probabilmente è il modo più difficile per connettersi con loro, perché questi esseri appartengono a un piano del tutto diverso dal nostro, un mondo immateriale fatto di vibrazioni. Serve quindi un enorme sforzo perché riescano a modificare le loro frequenze diventando visibili agli esseri umani. Contemporaneamente, anche le tue frequenze devono elevarsi fino a raggiungere il livello giusto per attivare il terzo occhio (la visione interiore che usi per immaginare) tramite il quale riuscirai a scorgerle.

Le persone che hanno una visione interiore molto attiva e sviluppata riescono a vedere le guide senza difficoltà. Se tu fai fatica a visualizzare immagini con la fantasia, non preoccuparti. Tutti noi abbiamo un terzo occhio che, durante l'infanzia, funzionava benissimo; per questo motivo molti bambini vedono facilmente spiriti guida e angeli... anche se di solito vengono definiti "amici immaginari". Purtroppo, quando iniziamo ad andare a scuola, ci inducono a smettere di sfruttare questa facoltà per concentrarci sul mondo esteriore e, a causa di questa abitudine, lentamente perdiamo il contatto con il mondo spirituale.

Ho una buona notizia: con un piccolo sforzo e una buona dose di pazienza, puoi riaprire questo canale che ti unisce allo spirito e iniziare a "vedere" davvero le tue guide. Per prepararti al contatto, fai i seguenti esercizi che ti aiuteranno ad aprire nuovamente il tuo occhio interiore.

Esercizio 1: impara a vivere nel presente

Per prima cosa, osserva attentamente ciò che ti circonda e cerca di notare ogni minimo dettaglio del tuo campo visivo. Forse ti starai chiedendo come mai ti dico di concentrarti sul mondo materiale quando invece stai cercando di vedere quello spirituale. Ebbene, il motivo è questo: di solito le persone continuano a ripensare a ciò che hanno immaginato in passato per il proprio futuro e quindi sono completamente distaccate dal presente. Di conseguenza, finiscono per perdersi il momento attuale.

Saper vedere le guide significa essere capaci di concentrarsi su ciò che avviene proprio sotto i nostri occhi, ma in un'altra dimensione. Per sviluppare questa abilità, devi esercitarti nell'osservazione del mondo che ti circonda così da stimolare il tuo occhio interiore assopito, permettendogli di tornare a vedere.

Esercizio 2: prenditi del tempo per sognare a occhi aperti

Se la tua vita è troppo intensa o se il lavoro non ti concede spazi, sarà molto difficile connetterti con le tue guide sognando a occhi aperti, perché questa attività richiede un grande investimento sia in termini di tempo sia di concentrazione, più della quantità necessaria per stabilire una connessione telepatica. Tuttavia, se sei determinato a impegnarti con tutto te stesso, sono certa che ce la farai.

Quando eravamo bambini, tutti noi avevamo l'abitudine di fantasticare e, nel farlo, abbandonavamo il corpo connettendoci (e persino giocando) con i nostri spiriti guida. L'imposizione più dannosa che si possa dare a un bambino è: "Smetti di sognare a occhi aperti!". Infatti, quando qualcuno ci rimproverava per questo motivo, ci disconnettevamo dai guaritori, dagli angeli e dagli amici dello spirito che volevano aiutarci.

Lascia vagare liberamente la mente oltre il piano razionale e fisico, ed espandi e addestra il terzo occhio a vedere al di là. Quando il mio maestro Charlie mi stava insegnando a vedere le guide, mi ripeteva che l'aspetto esteriore è solo la rappresentazione meno veritiera di un essere, e mi incoraggiava a superarlo per entrare nell'intimo delle persone e delle cose. Quando anche tu riuscirai a farlo e vedrai l'essenza di tutte le cose, compresa la tua, dovrai compiere solo un altro piccolo passo per poter scorgere le guide.

Prima di eseguire questo esercizio, assicurati di essere in uno stato di assoluta stabilità, privo di emozioni. Se sei irritato, dovresti prima invocare il ministero degli angeli perché ti faccia ritrovare la calma e poi sarai libero di iniziare (ti consiglio di non superare i quindici minuti al giorno). Per esercitarti, non dovrai andare in un luogo particolare: puoi farlo in autobus, sul treno o in macchina (ma solo se non stai guidando!), oppure mentre cucini, lavi i piatti o tagli l'erba in giardino. Ovunque tu sia, prova a immaginare l'aspetto, la sensazione e il rumore del tuo spirito... e pensa a cosa lo rende felice. Impegnati a creare un'immagine tridimensionale e a colori, completa di tutti i dettagli che cogli con il tuo terzo occhio.

Dopo aver fatto qualche prova, cerca anche di vedere lo spirito delle persone che ami, come quello dei tuoi figli, dei tuoi genitori, del tuo compagno e dei tuoi animali domestici. Non avere fretta; piuttosto, goditi questo esercizio per qualche settimana. In questo modo attiverai il tuo occhio interiore, farai innalzare il tuo livello vibrazionale, imparerai ad andare oltre le apparenze e a sintonizzarti con le frequenze più elevate contemporaneamente.

Ho avuto una cliente, Sarah, che aveva immaginato il proprio spirito per diverse settimane; ogni volta vedeva se stessa mentre cavalcava un cavallo, con i capelli sciolti nel vento, al galoppo nei prati. (Questa visione era molto distante da quanto viveva quotidianamente; Sarah, infatti, lavorava in città come amministratrice di un ospedale.) Iniziò a percepire il cavallo come la sua guida e, ogni volta che sognava ad occhi aperti, si concentrava sempre meno sull'immagine del cavallo e cercava invece di capire dove la stesse portando. Molte settimane dopo, giunsero finalmente a Provo, nello Utah.

Sarah, che viveva a Cleveland, non aveva mai sentito parlare di Provo e pensò che fosse assurdo essere stata condotta fino a quel luogo dal suo cavallo. Tuttavia, non reagì ottusamente di fronte a questa notizia. Puoi immaginare quanto fosse sorpresa quando, dieci mesi dopo, in occasione di una conferenza, conobbe un chiropratico, Fred, che abitava proprio a Provo. Fred stava aprendo una clinica di medicina alternativa nei pressi di Cleveland e, dopo una breve conversazione, le propose di cambiare vita e occuparsi della gestione del suo centro.

Sarah iniziò a comprendere il significato del sogno e accettò la sua offerta per dare inizio a una nuova avventura professionale! Per ricordarsi sempre il motivo per cui era arrivata lì, mise una piccola statua di bronzo che raffigurava un cavallo sulla sua scrivania.

Sarah è riuscita a eseguire con successo questo esercizio perché era disposta a seguire i passaggi necessari per vedere le proprie guide. Per prima cosa, è indispensabile desiderare sinceramente questo incontro. Bisogna crederci e, infine, accettare ciò che si vede. Non tutte le guide si presentano in forma umana o con un corpo materiale, perciò se ti fissi su questa idea, probabilmente resterai molto deluso.

Per esempio, quando ho fatto i miei primi tentativi, mi è apparsa una macchia di luce blu che ondeggiava sopra il mio letto. Mia sorella Cuky, invece, vede la zia Emma, ormai morta, che non ha l'aspetto che aveva quando era viva, ma ha la forma di una pozza di acqua e si presenta sempre nell'angolo della sua camera da letto. Quando Marvin, un mio cliente, ha iniziato a impegnarsi sinceramente in questa attività, nella sua mente comparivano sempre nuvole di piume bianche, come se un cuscino fosse esploso. Accettò questa bizzarra nuvola come sua guida e la chiamò White Feathers, piume bianche.

Anche la guida di Dahlia, un'altra cliente, non aveva forma umana; infatti si manifestava sotto forma di airone blu seduto di fronte a lei che trasmetteva telepaticamente i suoi messaggi. Successivamente l'airone si trasformò in una meravigliosa luce azzurra che si chiamava Erin (le era stato comunicato telepaticamente). Adesso a volte scorge l'airone, altre volte Erin... è sempre una sorpresa.

Alla fine Dahlia ha notato che l'airone compare quando si sente intrappolata nella routine e sembra dirle che deve aprirsi a nuove idee. Quando appare Erin, invece, recepisce istruzioni specifiche e non solo un generico messaggio sul suo umore o sulle sue prospettive. Indipendentemente dai diversi modi in cui si manifesta la sua guida, ciò che Dahlia vede è sempre in sintonia con i suoi bisogni contingenti.

Ricorda che lo spirito ha un suo preciso modo di rivelarsi: sta a te imparare a vederlo.

Sai che...

...le guide amano essere efficienti? Di solito si connettono e appaiono per darti un messaggio breve ma preciso.

...le guide di livello più elevato tendono a esprimersi in modo chiaro, semplice e brillante e ti lasciano una sensazione di leggerezza?

...è meglio essere costanti e connettersi con le guide ogni giorno alla stessa ora, perché rispetteranno questo appuntamento quotidiano e faranno di tutto per arrivare in tempo?

...scegliendo un momento specifico della tua giornata durante il quale fai cadere il velo e guardi oltre la realtà fisica, alleni la tua mente a filtrare con meno severità ciò che proviene dal mondo dello spirito?

Quando sei pronto per incontrare le tue guide, siediti su una sedia comoda o stenditi sul letto, chiudi gli occhi e immagina che dentro di te si accenda un proiettore puntato su uno schermo che illumina la tua mente. Chiedi al tuo spirito di proiettarsi su quella superficie, rilassati e goditi lo spettacolo. Se la mente fatica a trovare pace, oppure se il corpo è irrequieto, immagina che lo spirito si sieda accanto a te, come se lo avessi invitato al cinema per guardare ciò che avviene sullo schermo.

Poi chiedigli di proiettare sullo schermo le immagini del luogo più bello del mondo, un posto dove riesci a connetterti con le guide ogni volta che lo desideri. Inspirando lentamente con il naso ed espirando con la bocca, lascia comparire sullo schermo tutto ciò che affiora. Sii paziente e accetta ogni cosa senza opporre resistenza.

Forse ciò che vedi con l'occhio interiore ti è familiare; per esempio, potrebbe essere un caro ricordo dell'infanzia o un luogo in cui sei stato in passato e che hai amato. Spesso, però, si tratta di posti sconosciuti. Anche se sembra insensato, le tue guide scelgono il modo che preferiscono per manifestarsi e selezionano le immagini più efficaci per la tua connessione.

Per esempio, sullo schermo di Thomas compariva la cucina della casa in cui aveva vissuto da piccolo... con un ruscello che gorgheggiava proprio nel mezzo. Quando chiese alla sua guida di farsi viva, lei saltò fuori dal ruscello, si sedette su una sedia accanto al tavolo e poi si immerse di nuovo. Thomas era perplesso all'inizio, ma poi ricordò che una delle cose che amava maggiormente da bambino era proprio preparare i biscotti con sua mamma in cucina e pescare nel torrente con suo papà. Questi due luoghi si fondevano nella sua immaginazione per creare lo spazio perfetto dove incontrare la sua guida, anche se lui non avrebbe mai pensato a una tale ambientazione.

Se non compare nulla sullo schermo, non agitarti: probabilmente il tuo occhio interiore ha bisogno di più tempo per attivarsi di quanto ti aspettavi. In questo caso, non c'è nulla di male nell'aiutarlo. Se non compare nulla, invita il tuo spirito ad allestire il luogo per l'incontro come preferisci e fai del tuo meglio per scegliere il posto perfetto. Dopo averlo fatto, ricorda di chiudere gli occhi e di chiedere l'intervento delle guide superiori e più utili al tuo caso specifico.

Sii paziente perché potresti avere bisogno di fare più tentativi prima di riuscirci. In ogni caso, se non ti arrendi, la tua guida arriverà. Rispetta i loro tempi e non aspettarti che le guide assumano sempre forma umana. Potrebbero comparire anche come simboli e non stupirti se cambiano forma ogni volta.

Monique, una mia cliente, si lamentava della pigrizia del suo occhio interiore, ma si illuminò subito quando le chiesi di creare da sola il proprio spazio sacro interiore. Scelse di incontrare la sua guida in un'accogliente stanza coperta di legno con un fuoco che ardeva nel camino; c'erano due spesse poltrone foderate di velluto, scaffali pieni di libri che racchiudevano tutte le risposte a ogni domanda dell'universo. Ai suoi piedi era disteso un antico tappeto orientale rosso intessuto d'oro, due poggiapiedi di cuoio e un labrador accoccolato sul pavimento. Dietro le poltrone c'erano alcune lampade con il paralume di vetro colorato e un'enorme porta di quercia che arrivava fino al soffitto, chiusa a tutela della loro intimità.

Quando chiese alla sua guida di venire da lei, nella stanza non entrò nessuno; invece, un librò si levò in volo dallo scaffale e si posò aperto sul poggiapiedi. Lei comprese l'intenzione della sua guida e le pose alcune domande sulla salute di suo marito perché temeva che stesse sviluppando una forma di demenza. Come risposta, un altro volume arrivò fluttuando nelle sue mani e, quando lo aprì, nella sua mente comparve la parola "chelazione" (ovvero il processo tramite il quale i metalli e le tossine in eccesso vengono rimossi dal corpo).

Seguendo questa indicazione, Monique portò suo marito da un medico perché eseguisse alcuni esami e scoprirono che effettivamente aveva un'eccessiva quantità di mercurio nel corpo, sostanza che può provocare sintomi simili a quelli della demenza. Successivamente, mi raccontò felice che, subito dopo essersi sottoposto alle terapie, suo marito aveva iniziato lentamente a migliorare.

Tocca a te

Ripassiamo le cose che puoi fare ogni giorno per iniziare ad allenare il tuo occhio interiore. Ricorda che questi esercizi non ti impegneranno per più di dieci o quindici minuti. Non devi stancare troppo il tuo terzo occhio!

- Inizia a prestare attenzione al presente.
- Rievoca la tua infanzia, quando sognare a occhi aperti era un passatempo, per attivare l'occhio interiore immaginando i tuoi spiriti guida e quelli degli altri.
- Rilassa gli occhi e socchiudili per permettere alla vista interiore di aprirsi.
- Accetta tutto ciò che compare nella tua mente, anche se a prima vista non ha alcun senso. Sii paziente e, con il tempo, capirai.

Ora i canali che ti permettono di connetterti direttamente con le guide sono aperti e tu sei pronto per procedere e conoscerle una per una.

Quarta parte

Alla scoperta dei tuoi spiriti guida

Dodicesimo capitolo

Gli spiriti guida del regno naturale

Ora che hai aperto il tuo cuore per ricevere i consigli delle guide e hai preso confidenza con le tecniche base per comunicare con loro, è giunto il momento di conoscere più approfonditamente alcuni esseri soprannaturali con cui potresti entrare in contatto. Una volta in sintonia con lo spirito che risiede in tutte le cose, le prime guide che potresti percepire sono le forze della natura.

Come gruppo, questi spiriti vengono definiti elementi. Sono lo spirito della terra, dell'acqua, del fuoco e dell'aria e qualcuno li chiama anche gnomi, folletti, silfidi, deva e salamandre (che sono semplicemente piccoli rettili). Anche se a prima vista sembrano personaggi di una favola, ogni essere vivente ha un proprio spirito e una vibrazione che si occupa di lui.

Gli spiriti della natura sono dotati di uno straordinario potere curativo e, imparando a percepire la loro presenza e a chiedere aiuto, presto riuscirai a percepire la loro presenza incoraggiante. Quando impari a identificarli e ti mostri disponibile ad accettare i loro doni per te, il mondo della natura diventerà un luogo di guarigione ed entusiasmo.

Gli spiriti della terra

È meglio iniziare a connettersi con il regno degli spiriti concentrandosi su quelli della terra, detti anche deva, a partire dagli alberi, i fiori e, ovviamente, la stessa Madre Terra. Il nostro Pianeta è una meravigliosa creatura che vive e respira e ospita al meglio ogni forma di vita. Alcuni lo chiamano affettuosamente Gaia ed è la madre di tutti noi. Se diventi sensibile alle sue energie, ti sentirai subito fisicamente più forte e sorretto.

La connessione con la terra è un procedimento che viene chiamato "radicamento", un termine che le persone spesso incontrano senza capire che si riferisce proprio all'atto con cui permettiamo a Madre Terra di nutrire il nostro spirito. Quando perdiamo la nostra connessione con lei, ci sentiamo persi, deboli, vittime inermi della vita e privi di sostegno. Aumentando la nostra sensibilità nei suoi confronti e diventando più consapevoli, la nostra esistenza diventa più serena e all'improvviso ci sentiamo più sicuri.

Nessuno di noi è così intelligente da poter vivere senza la sua forza; nemmeno il cemento può impedire alla sua energia di fluire in noi. Se dubiti del suo potere, immagina la sconvolgente potenza di un grande terremoto e capirai subito. Allo stesso tempo, però, Madre Terra sa essere sorprendentemente gentile; nulla riesce a donare benessere al tuo corpo e alle tue ossa come un suo massaggio.

Circa dodici anni fa, Patrick e io portammo le nostre bambine alle Hawaii per la prima volta. Quando Sonia arrivò in spiaggia era così felice che non riusciva a trattenere la gioia. La natura di quel luogo era così meravigliosa e rasserenante che Sonia, che all'epoca aveva solo cinque anni, si gettò nella sabbia, la raccolse a piene mani, la gettò in aria, la annusò e cercò persino di mangiarla. Si rotolò per ore nella sabbia umida senza mai stancarsi. La sera, mentre le rimboccavo le coperte, fremeva ancora per l'entusiasmo; mi abbracciò e mi disse: "Mamma, fino a oggi ti ho voluto bene come un punto... adesso ti voglio bene come un cerchio intero!".

Se ti senti privo di forze, disconnesso e solo, immergiti nello spirito di Madre Natura e lascia che ti rigeneri. Chiedile di abbracciare il tuo spirito con le sue braccia infinite e di tenerti al petto. Lo spirito di Gaia è così potente che questa connessione allevierà subito tristezza e paura, e riuscirà anche a placare una malattia che affligge molte persone: la sindrome da affaticamento cronico.

Patrick è così convinto del potere curativo della natura che ha deciso di incorporarlo nei massaggi terapeutici che esegue sui suoi clienti. Per esempio, alla fine della seduta stringe i piedi del cliente per far entrare la forza benefica di Gaia nel suo corpo, donandogli nuova vitalità e potere. Continua a farlo per diversi minuti, senza dire nulla: lascia solo che lo spirito della terra faccia il suo dovere. Molti suo clienti affermano che questa è la parte più rilassante del massaggio e sembra loro di essere collegati con un generatore di energia che dà ristoro a ogni cellula del corpo.

Anche il massaggio con le pietre calde, un trattamento diventato molto popolare negli ultimi anni, canalizza lo spirito della terra in modo analogo. Lo spirito delle pietre, che vengono posate su punti strategici del corpo, riesce a entrare in contatto con il midollo osseo e ha il potere di calmare, tonificare e rinvigorire le persone.

Per lo stesso principio, anche i fiori riescono a rasserenare e a riequilibrare il corpo emotivo (il primo strato di energia che riveste il corpo fisico) costantemente sottoposto a un forte stress a causa del quale può indebolirsi, diventare troppo sottile e persino lacerarsi esponendoti così a ogni forma di tensione emotiva e psichica.

Per accedere allo spirito dei fiori non devi fare grandi sforzi: è sufficiente annusare una rosa, godere della bellezza di un'orchidea o del profumo della lavanda. Se ti senti spossato, debole o privo di ispirazione, stimolando la tua consapevolezza sottile per connetterla con le fate dei fiori e delle piante, riuscirai a ritrovare l'equilibrio e a guarire il tuo corpo emotivo.

Ci sono persone così legate alle energie spirituali dei fiori e alla loro capacità di curare le emozioni che usano medicine alternative basate esclusivamente sui metodi terapeutici delle essenze. Per una dose extra di energia, puoi usare le essenze che incarnano lo spirito benefico delle piante e dei fiori; le puoi trovare nelle erboristerie e anche in internet. Ciascun estratto produce risultati diversi perché ti dona la particolare energia di cui hai bisogno. Per esempio, l'agrifoglio ti aiuta a essere meno critico e severo, la lavanda tranquillizza il cuore e la violetta ti fa sentire più sicuro.

Nel nord della Scozia esiste una comunità, Findhorn, che ha elaborato metodi straordinari per lavorare con le piante e con le fate dei fiori. Prestando attenzione agli spiriti della natura e rispettando il loro mondo, sono riusciti a coltivare verdure, piante e fiori enormi in un suolo poco fertile. Anche se nessuno sa con esattezza *chi* si connetta con le fate e renda loro onore a Findhorn, i suoi abitanti ottengono sempre raccolti straordinari.

Anche tu puoi comunicare con le fate del tuo giardino, se ne hai uno, o anche con quelle delle tue piante in vaso. La prossima volta che innaffi distrattamente le tue azalee, prova a percepire la loro energia e il loro spirito forte ma delicato. Parla con le piante e con i fiori, fai ascoltare loro brani di musica classica... dopo tutto, gli esperimenti hanno dimostrato che i loro spiriti reagiscono alla gentilezza e, di conseguenza, crescono più rapidamente e rigogliosamente.

Se vuoi *davvero* sentire un sostegno psichico, fai un passo ulteriore e prova ad abbracciare un albero. Non sto scherzando. Noi, soprattutto gli occidentali, siamo pigri e svogliati dal punto di vista della consapevolezza sottile, ma sono poche le persone che riescono a rimanere indifferenti allo straordinario potere di radicamento e guarigione degli alberi. Non temere ciò che gli altri potrebbero pensare di te, anche se ti prenderanno per pazzo. Circonda con le braccia una quercia o un olmo, appoggia il cuore al tronco e assapora le emozioni che si scatenano. Se per te è un'esperienza troppo strana e non riesci a goderla fino in fondo, prova almeno a sederti ai piedi di un albero e a connetterti con la sua grandiosità attraverso le radici.

Gli spiriti degli alberi sono così potenti da amplificare le tue facoltà psichiche. Connettendoti con la loro energia amplierai la consapevolezza del mondo dello spirito, acuendo rapidamente la tua capacità di connetterti con entità dalle frequenze più elevate, come le guide e gli angeli. Anche se questo miracolo non accadrà nel corso di una notte, sicuramente inizierai a entrare in sintonia con altre forze spirituali.

Se abiti in città, forse farai più fatica a connetterti con gli spiriti della terra ma, onestamente, per i benefici e le soddisfazioni che puoi trarne, vale la pena provare. La vita di città è molto stressante e logorante, perciò chi risiede in una grande metropoli, a maggior ragione, deve connettersi con gli spiriti della natura. Alla fine, diventerai più calmo, radicato ed emotivamente sereno.

Gli spiriti dell'acqua

Oltre a Gaia e ai deva della terra puoi entrare in contatto anche con gli spiriti dell'acqua. La Bibbia stessa fa spesso riferimento al suo potere. Uno dei libri più eccitanti che abbia mai letto è *I messaggi dell'acqua* di Masaru Emoto in cui l'autore non solo descrive gli spiriti dell'acqua, ma dimostra come agiscono portando a testimonianza delle sue teorie le fotografie dei cristalli di ghiaccio. Ha scoperto che quando l'acqua è esposta a un'energia violenta e negativa, i cristalli prendono una forma disomogenea, invece, quando sono inondati di pensieri amorevoli e gentili, creano figure meravigliose. Questo dimostra che l'acqua è viva e cosciente, e reagisce ai nostri pensieri e al nostro stato d'animo.

Gli spiriti dell'acqua sono potenti e capaci di purificare. Il loro ruolo consiste nel lavare via tutto ciò che è vecchio e inutile. Se necessario, possono diventare anche molto violenti, come è accaduto nel dicembre del 2004 quando le forze dell'acqua, prendendo la forma di uno tsunami, hanno distrutto in pochi minuti migliaia di vite. Allo stesso tempo, questa stessa forza violenta indirettamente ha riunito tutto il mondo in una cooperazione solidale per aiutare i sopravvissuti.

Il mondo intero sta diventando più attento e sensibile al potere degli spiriti dell'acqua a causa dei disastri naturali causati da questo elemento, come i recenti uragani, le inondazioni e lo tsunami di cui ho parlato sopra. Anche la carenza di acqua pura e le siccità che affliggono diverse regioni (e persino il nostro attuale invaghimento per le bottiglie d'acqua dal design creativo) ci inducono a prestare maggiore attenzione all'influenza che gli spiriti dell'acqua hanno sulla nostra vita.

Spesso le persone si connettono con loro in sogno e molti affermano che i sogni più sconvolgenti o più deliziosi riguardano proprio l'acqua. Per esempio, quando mia sorella sogna questo elemento sa che è un avvertimento su una decisione che ha appena preso (o che sta per prendere) e che probabilmente non è quella giusta e deve cambiarla o rifiutarla. Ho un cliente che aveva sognato di essere travolto da un'improvvisa inondazione e, tre giorni dopo, è stato licenziato. In entrambi i casi, il messaggio veicolato dal sogno sull'acqua riguardava qualcosa che era necessario lasciare andare.

La connessione con questi spiriti ti aiuta a creare nuove prospettive e a evitare di rimanere incastrato nella routine, come può testimoniare chiunque abbia fatto una passeggiata in spiaggia.

Esistono tanti modi per godere del potere purificante e rilassante dell'acqua. Per esempio, puoi installare in casa una piccola fontana per rigenerare tutte le energie che la abitano. Nei grandi magazzini se ne trovano alcune a basso costo; il fatto che non siano più una merce costosa, riservata a pochi privilegiati, dimostra che ormai sono molte le persone sensibili al potere curativo degli spiriti dell'acqua.

Un altro modo per connettersi è tenere sempre a portata di mano uno spruzzino pieno d'acqua per rinfrescarsi durante la giornata, in particolare quando hai vissuto un momento difficile, o senti di essere di cattivo umore o di aver perso fiducia in te stesso. Gli spiriti dell'acqua saranno al tuo fianco per impedire alla negatività di insediarsi dentro di te e ti aiuteranno a ristabilire l'equilibrio energetico.

Gli spiriti dell'aria

Gli spiriti dell'aria, che possono essere percepiti come una gradevole brezza così come sotto forma di violenti tornado, appartengono a un piano neutrale. Questo significa che quando ti connetti con loro la mente e l'anima si ricaricano, si rilassano e diventano più limpidi. La connessione con questi spiriti avviene solitamente tramite il semplice atto della respirazione; quando respiri, gli spiriti dell'aria penetrano nel tuo corpo dove interagiscono con i tuoi riportandoti al presente e stimolando la mente; inoltre fanno aumentare la tua capacità di concentrazione e ti permettono di percepire le energie sottili.

D'altra parte, quando trattieni il respiro, ti disconnetti dagli spiriti dell'aria, soffochi lo spirito che risiede in te e ti distacchi dal flusso della vita. Uno degli esercizi psichici più efficaci per chiedere l'intervento degli spiriti dell'aria consiste nell'eseguire una serie di respiri profondi ogni giorno prima di alzarsi dal letto. Mentre respiri, chiedi agli spiriti dell'aria di schiarirti la mente, di purificare il sangue, di rinvigorire gli organi e di aiutarti ad accogliere la vita con entusiasmo e lucidità.

Connettersi con gli spiriti dell'aria (le silfidi) è anche un modo molto efficace per superare l'ansia e la paura. Fermati un istante e rilassati; respira e rilassati; respira e rilassati. Se ti eserciti, questo semplice gesto ti aiuterà a calmarti immediatamente e a purificare i tuoi pensieri.

È fondamentale connettersi con i deva dell'aria quando devi prendere una decisione importante, affrontare un colloquio, discutere con qualcuno o tenere un discorso in pubblico. Ti aiuteranno a tenere sotto controllo la mente perché non si confonda, a mantenere fluidi i pensieri e a sintonizzarti con le frequenze degli altri tuoi spiriti guida. Poiché i deva sovrintendono anche alla funzione telepatica, aprono i canali di accesso all'interno della comunità degli spiriti.

Sai che...

...gli spiriti della terra che vengono chiamati anche gnomi, fate, deva degli alberi o elfi, ti aiutano a mantenere la stabilità e si occupano della guarigione emotiva?

...gli spiriti dell'acqua si chiamano naiadi, ninfe, ondine e folletti e hanno il compito di purificare, pulire e rinfrescare il nostro spirito?

...gli spiriti dell'aria a volte vengono definiti deva celesti, costruttori, zefiri o silfidi e possiamo evocarli quando abbiamo bisogno di ritrovare la pace e la lucidità mentale?

...gli spiriti del fuoco sono detti salamandre e accendono la passione, donano nuova vita, beatitudine, creatività e guarigione spirituale?

Gli spiriti del fuoco

L'ultima categoria degli spiriti della natura che dobbiamo esaminare sono le salamandre, ovvero le energie danzanti che scintillano, crepitano e ipnotizzano tutto in una volta. Gli spiriti del fuoco ci fanno sentire appassionati e creativi; quando ci connettiamo con loro ci sentiamo eternamente giovani e capaci di qualsiasi cosa. È bene rivolgersi a loro quando perdiamo la nostra sagacia o quando rimaniamo intrappolati nelle sabbie mobili della vergogna, delle giustificazioni o dell'autocommiserazione. Non c'è niente di meglio di una salamandra per tiraci su di morale e recuperare l'entusiasmo di sempre.

Hai mai notato che osservare il fuoco crea un'atmosfera senza tempo carica di romanticismo, non solo per gli amanti, ma per la vita stessa? Quando ti connetti con gli spiriti del fuoco, fai caso a ciò che si risveglia nel tuo spirito... quali sogni dimenticati, desideri e passioni prendono forma? È la danza della guarigione a cui prendono parte il tuo spirito e quello del fuoco.

D'altra parte, talvolta gli spiriti del fuoco sono sorprendenti e sconvolgenti e, se necessario, fanno tabula rasa. Conosco diverse persone la cui casa è stata bruciata dagli spiriti del fuoco e che hanno perso tutto.

Quando li evochi, stai molto attento alla loro danza, al loro crepitio e al loro impeto. Le salamandre richiedono di procedere in modo leggero, di essere flessibili e fantasiosi, di adattarsi e reagire. È meglio mettersi nei panni dello studente quando li chiami e non dare *mai* nulla per scontato.

Per connetterti con loro, devi accendere un fuoco, ma ricorda sempre di tenerlo d'occhio fino a quando si esaurisce o non lo spegni, perché agli spiriti di questo elemento piace essere osservati. Se li ignori allontanandoti dalle fiamme, possono cercare di attirare la tua attenzione bruciando tutto ciò che trovano!

Oltre alle salamandre, il fuoco coinvolge anche il più grande tra tutti gli spiriti, lo Spirito Santo, perché questo elemento è il simbolo della scintilla divina che dona la vita a tutti noi ed è rappresentato dalla fiamma eterna. (Per questo motivo, praticamente tutte le religioni del mondo usano il fuoco in varie forme durante i riti e le cerimonie.)

Lo Spirito Santo è l'essere più potente a cui puoi rivolgerti se desideri curare e rigenerare la tua anima. Infatti, quando ero bambina e frequentavo le scuole cattoliche, andavo regolarmente a messa e adoravo accendere ceri votivi come forma di preghiera per lo Spirito Santo e per la Sacra Famiglia, affinché illuminassero il mio cuore e vegliassero su di me. (Puoi anche accendere le candele elettriche che si trovano in molte chiese o nei supermercati.) Questo rito settimanale legato al fuoco mi faceva sentire connessa con Dio e con lo Spirito Santo, e contribuiva a rendere più luminosa la fiamma che bruciava in me.

Tocca a te

L'aspetto più piacevole della connessione con gli spiriti della natura è la sensazione di essere sempre sostenuti da qualcuno e la certezza che il tuo spirito sia parte dei numerosi livelli ultraterreni che ci circondano. Essi sono pronti a servirci, rallegrarci, ispirarci e sostenerci. Se li tratti con rispetto, saranno sempre a tua disposizione. Ricorda che sono con te e che offriranno tantissimi doni meravigliosi; non scordare di godere della loro presenza.

Connettiti con gli spiriti della terra, dell'acqua, dell'aria e del fuoco almeno una volta al giorno per mantenere te stesso in salute e la tua forza vitale in equilibrio. Per iniziare, esegui questi semplici esercizi.

— Forse il modo migliore per connetterti con gli spiriti della terra è interrompere qualsiasi attività per guardare fuori o, ancora meglio, uscire all'aperto. Se sei così fortunato da vivere in campagna, siediti in un angolo tranquillo e concentrati sulla vita che brulica intorno a te. Sarebbe meglio sdraiarsi per terra, magari sopra a una coperta se preferisci, e inspirare profondamente lo spirito della terra attraverso ogni poro della pelle. Se invece vivi in città, puoi andare in un parco per cercare di stabilire la connessione.

— Affina la consapevolezza degli spiriti dell'acqua mentre fai la doccia o il bagno chiedendo loro di aiutarti a rinnovare le energie e a eliminare quelle ormai esaurite. Apprezza le loro capacità di guaritori e chiedi di purificare il tuo corpo, la mente e l'aura da ogni forma di negatività e dai detriti psichici.

— Un modo efficace per evocare gli spiriti dell'aria è inspirare lentamente attraverso il naso e poi espirare a piena forza, posando il palmo della mano sul cuore, pronunciando un sono "Ha!". Questo gesto attiva il tuo spirito, apre i canali della comunicazione telepatica e sopprime il dialogo interiore negativo occupando il tuo cervello. È un rimedio rapido ed efficace che ristabilisce l'equilibrio con il tuo spirito e ti aiuta a concentrarti sul presente.

— Un modo sicuro per chiedere agli spiriti di portare un pizzico di passione e di entusiasmo nella tua vita è accendere candele, bruciare incensi oppure accendere un fuoco nel camino. Invoca gli spiriti del fuoco affinché ridestino il tuo coraggio e il tuo potenziale, impedendoti di distrarti nei momenti cruciali della vita o di dimenticare chi sei. Ricorda: se accendi una candela, tienila sotto controllo; se hai un camino, controlla la canna fumaria e le vie di fuga; se usi le candele perenni, riponile nel lavandino o nella vasca da bagno quando esci di casa. Queste semplici precauzioni dimostrano il tuo rispetto nei confronti dello spirito del fuoco e del suo potere.

Tredicesimo capitolo

Gli apripista

Non molto tempo fa mi è capitato di parlare con un mio amico, Greg, di un gruppo di spiriti guida chiamati "apripista". Io e mio marito stavamo andando con Greg e sua moglie a un ricevimento nel centro di Chicago. Era un freddo e piovoso venerdì sera, proprio nell'ora di punta. Mentre eravamo in coda, spiegavo a Greg che la mia vita diventa subito più semplice quando evoco i miei apripista. Fece una smorfia e, non credendomi, mi sfidò: "Bene, allora chiedi loro di farci trovare subito un posto per la macchina! E che sia vicino al ricevimento, così non dovremo camminare sotto la pioggia o cercare un garage a pagamento dove ricoverarla."

Pochi secondi dopo, vedemmo una macchina che si metteva in marcia lasciando libero un posto auto a pagamento proprio davanti al palazzo in cui saremmo dovuti entrare.

"Capisci cosa voglio dire" dissi. "Inoltre, sono passate le sei di sera e non dobbiamo nemmeno pagare!".

Dopo il ricevimento, Greg mi mise nuovamente alla prova: "Okay, con il parchimetro è stato facile" affermò. "Vediamo cosa possono fare i tuoi spiriti per aiutarci a trovare un tavolo per quattro persone in un buon ristorante di venerdì. Se ci riescono, mi arrenderò e crederò a ciò che dici."

"Dove vorresti cenare?" gli chiesi.

Greg propose un famosissimo bistrot francese, La Sardine, che si trova proprio nella via in cui ci sono gli studi Garpo, dove lavora Oprah Winfrey.

"Di solito è pieno, ma siamo così vicini che vale la pena tentare" dissi.

Ci avvicinammo al ristorante e, ovviamente, la sala era al completo.

"Un tavolo per quattro" dissi alla cameriera che mi chiese subito se avessimo prenotato. Non appena le risposi di no, suonò il telefono. Dopo aver agganciato, la cameriera mi guardò sorridendo ed esclamò: "Siete fortunati. Hanno appena disdetto un tavolo per quattro!".

E questo fu solo l'inizio. Infatti, gli spiriti si impegnarono instancabilmente per rendere gradevole la nostra serata. A conclusione di una cena magnifica, il cameriere ci servì un dessert delizioso. Poiché non lo avevamo ordinato, lo rifiutammo, ma lui insistette: "È un omaggio della casa." In poche ore, i miei spiriti apripista avevano convinto Greg e riempito di magia la nostra serata.

Chi sono i tuoi apripista?

Sono guide che si rivelano utili in ogni situazione e le prime a cui bisogna rivolgersi per risolvere i problemi. Il mio maestro, Charlie, mi ha insegnato che si chiamano "apripista" proprio perché è ciò che fanno: corrono avanti e ti aiutano a trovare le cose che hai smarrito o riposto nel luogo sbagliato; oppure ti mostrano quello che cerchi, come una casa in cui vivere, merci scontate e persino i parcheggi liberi.

Sono spiriti molto vicini alla terra e alla natura e, solitamente, sono anime di indigeni che un tempo abitavano nella zona in cui risiedi. Per esempio, chi abita in America spesso incontra gli spiriti dei nativi americani perché sono connessi con il territorio (non alle tue radici ancestrali). In modo analogo, un americano di origine africana che vive in Inghilterra o in Scozia può avere un apripista celtico, o un cinese che risiede in Australia probabilmente troverà uno spirito maori. Il legame degli apripista è con la terra, non con te.

Ciò che riesce meglio a queste guide è cospargere di magia la tua vita. Più riesci a sentire la magia, più il tuo cuore è aperto; più il tuo cuore è aperto, meglio percepisci le vibrazioni e più il tuo spirito è felice. Quando la tua anima è felice, anche chi ti è vicino lo percepisce. Per questo motivo l'opera degli apripista è così importante: ci aiuta a credere nella bellezza della vita e del mondo.

Da più di trent'anni mi rivolgo a loro e non mi hanno mai delusa. A volte mi hanno persino fatto ritrovare oggetti che ero certa di aver perso! Per esempio, una mattina della scorsa settimana, dopo aver trascorso tutta la notte in ufficio per lavorare a un articolo, ho provato il bisogno urgente di guardare nel cestino in cui butto i fogli usati, prima che il mio assistente arrivasse e lo svuotasse. Ho preso una manciata di fogli che avevo gettato la sera precedente e ho trovato una busta in cui avevo riposto i soldi guadagnati in due settimane da depositare in banca che avevo scordato di consegnare il giorno prima. Se i miei apripista non mi avessero aiutata, sarei incorsa in una grave sventura.

In un'altra occasione, che risale a quando lavoravo come hostess per una compagnia aerea, mi hanno salvata da una situazione potenzialmente pericolosa per la mia carriera. In quel periodo dovevo recarmi due volte alla settimana da Chicago (la città in cui vivevo) e St. Louise (dove ero stanziata), il tutto a mie spese. Fare la pendolare tra due città così distanti era costoso, anche se avevo diritto allo sconto riservato ai dipendenti, e rischioso perché i voli su quella tratta erano sempre pieni. Se avessi perso il volo in cui ero in servizio, avrebbero potuto licenziarmi. Perciò, in quel periodo, la mia carriera dipendeva quasi esclusivamente dai miei apripista che si impegnavano affinché trovassi sempre un posto per arrivare a St. Louis senza problemi.

Un giorno, mi impedirono di salire sull'aereo per il quale avevo già acquistato il biglietto, e mi costrinsero a prendere un altro volo che, tra le altre cose, mi sarebbe costato cinquanta dollari in più. Non sapevo cosa avessero progettato, ma seguii le loro indicazioni e cambiai la mia carta di imbarco. Salii a bordo e, dopo quaranta minuti, atterrai a St. Louis.

Quando arrivai, però, non trovai all'aeroporto i miei amici che viaggiavano sull'aereo che io avevo abbandonato. Controllai quindi il tabellone degli arrivi e scoprii che quel volo era stato cancellato. Mi informai su quanto era accaduto e mi dissero che avevano individuato un guasto tecnico appena prima del decollo. A causa di questo inconveniente, quel giorno nessuno dei miei colleghi era riuscito a presentarsi puntualmente al lavoro. Io, invece, grazie ai miei fedeli apripista, non avevo avuto alcun problema.

Gli apripista non amano esprimersi a parole; piuttosto, ti indirizzano senza spiegarti necessariamente il motivo. Quando mi sono sentita costretta a frugare nel cestino delle cartacce o quando ho deciso di cambiare volo, l'ho fatto senza pensarci. I miei apripista non hanno fornito una spiegazione per convincermi: mi hanno semplicemente indotto a prendere la direzione che dovevo seguire.

I tuoi apripista sono sempre attenti e pronti a intervenire appena ti rivolgi a loro. La mia amica Ella aveva perso una collana che aveva ricevuto come eredità da sua nonna poco prima che morisse. Ella non credeva nelle sue vibrazioni e nelle sue guide, perciò mi chiamò per chiedermi di aiutarla. Di solito non avrei rifiutato ma, in quella particolare occasione, il mio sesto senso mi disse che avrei dovuto lasciare che Ella risolvesse da sola il suo problema. "Non questa volta, Ella" le spigai. "Ho la sensazione che dovresti fare affidamento sui tuoi apripista. Chiedi a loro di cercare la collana!".

"Sai che non credo a queste cose" si lamentò. "Non potresti darmi una mano?".

"No, non posso. Ma se chiedi aiuto ai tuoi apripista con cortesia, loro probabilmente verranno in tuo soccorso." Le ricordai di essere gentile con loro perché gli apripista sono piuttosto suscettibili. Sono bravissimi nel cercare e sono ottimi detective, perché sono intimamente legati al territorio, ma sono orgogliosi di natura, perciò devi mostrare grande rispetto e non trattarli con arroganza dando loro ordini perentori.

Ella mi implorò ma, alla fine, si convinse a provarci. Dopo aver cercato in ogni dove, si sedette abbattuta sul divano e pregò: "Per favore, aiutatemi a trovare la collana della nonna."

Dopo qualche minuto, si alzò e aprì distrattamente il cassetto in cui conservava le calze e rovistò tra la biancheria, senza sapere perché. All'improvviso, la sua mano si posò sopra un calzino stranamente duro e pesante; lo sollevò e trovò la collana. "Come diavolo ci sarà finito qui dentro?" si chiese meravigliata. Poi si ricordò che qualche mese prima aveva chiesto a suo marito di nasconderla perché sarebbero partiti per un viaggio e preferiva non lasciarla insieme agli altri gioielli, in caso un ladro avesse svaligiato la casa. Suo marito aveva lasciato la collana nel cassetto ed entrambi avevano scordato di averlo fatto. Ma gli apripista di Ella ricordavano perfettamente dove era stata riposta e quando lei li aveva invocati con gentilezza, erano subito corsi a mostrarle dove fosse.

Puoi rivolgerti ai tuoi apripista per trovare qualsiasi cosa di cui hai bisogno, compreso un parcheggio. Charlie, molti anni fa, mi insegnò un trucco: mi consigliò di incaricarli di precedermi ogni volta che avessi avuto bisogno di un parcheggio affinché mi riservassero il posto migliore. Bada bene, non un semplice parcheggio ma il migliore, però dovevo fare la mia richiesta con molta gentilezza.

Anni fa ho insegnato alla mia amica Debra come sfruttare gli apripista per essere sempre certa di trovare un parcheggio libero e lei, da allora, si è convinta della loro esistenza. Appena mette in moto l'automobile, immagina il luogo in cui sta andando e dove desidera posteggiare; poi chiede ai suoi apripista di tenerle libero il posto.

Un giorno mi invitò a pranzo e, proprio quando eravamo quasi arrivate al ristorante, scoppiò un temporale. "Non ti preoccupare" mi disse. "Manderò avanti i miei apripista affinché ci riservino un parcheggio vicino, così non ci inzupperemo."

Ovviamente, nel momento in cui arrivammo, vedemmo un'automobile uscire da un parcheggio che distava circa sei metri dall'ingresso del ristorante lasciandolo libero per noi.

"Questo è un piccolo regalo dei miei apripista per te" mi disse.

Appena pronunciò queste parole, un'altra macchina parcheggiata ancora più vicino al locale, a soli tre metri, partì e lasciò libero il posto. Mi voltai verso Debra ed esclamai: "Questo, invece, è un regalo dei miei apripista per te!".

Entrambe scoppiammo a ridere divertite e arrivammo asciutte a destinazione.

Sai che...

...gli apripista hanno il compito di farti risparmiare tempo, di proteggerti dalla frustrazione e dal caos e di aiutarti a placare la tristezza che provi quando perdi qualcosa? Se li ricompensi generosamente per tutto ciò che fanno per te, loro saranno ancora più efficienti quando li chiamerai la prossima volta.

Gli apripista possono assumere le forme, le dimensioni e i colori più diversi, ma hanno tre caratteristiche comuni. Innanzitutto, sono tempestivi e non perdono tempo quando devono intervenire; sono profondamente connessi con la terra e la natura del luogo in cui hanno trascorso la loro vita precedente e che conoscevano perfettamente; infine, non parlano ma, se chiedi con cortesia, agiscono.

Non solo recuperano gli oggetti smarriti, trovano posto sugli aerei e ti fanno scovare un parcheggio libero; sono preziosissimi anche quando hai bisogno di una merce introvabile. Per esempio, una mia cliente, Myrna, non riusciva mai a trovare scarpe da donna decenti perché calzava il quarantatré. Ormai si era quasi abituata agli sguardi compassionevoli e ai commenti scortesi dei commessi e aveva quasi abbandonato l'idea di vestirsi in modo elegante quando, durante un mio seminario, scoprì gli apripista (che adesso adora).

La prima volta in cui si rivolse a loro, fu condotta in un nuovo negozio che avevano appena aperto in un centro commerciale dove trovò un paio di meravigliosi stivali neri di cui si innamorò a prima vista. Piena di speranza, ma abituata alle delusioni, chiese titubante al commesso se avessero anche il suo numero.

"Di solito non lo teniamo" rispose lui, "ma proprio oggi ne abbiamo ricevuto due paia del suo numero!".

Mentre provava gli stivali, scambiò due parole con il commesso che le confidò che comprendeva bene la sua frustrazione perché anche sua moglie aveva lo stesso problema. Le disse anche di aver scoperto quali fossero i negozi di abbigliamento e di scarpe della zona che vendevano anche il quarantatré, e di sapere anche quando arrivavano i nuovi modelli. Insieme alle scarpe, le diede la lista dei negozi, mettendo finalmente fine, dopo vent'anni di tristezza e di delusioni che avevano minato la sua autostima, al suo problema con le scarpe.

Gli apripista sanno quanto possa essere difficile ottenere ciò che desideriamo nella vita e sono assistenti straordinari quando abbiamo bisogno di risparmiare tempo ed energie. Inoltre, sanno essere molto generosi e cortesi mentre sono all'opera.

Per esempio, Steven, un mio cliente, stava per perdere un volo per New York perché era arrivato in ritardo all'aeroporto e, come se non bastasse, aveva trovato una lunghissima coda ai controlli di sicurezza. Mentre si affrettava per raggiungere l'imbarco convocò i suoi apripista. Quando arrivò al gate, la hostess gli comunicò che avevano appena chiuso l'imbarco e che non sarebbe potuto salire. Proprio allora, arrivò un altro dipendente della compagnia aerea che, vedendo Steve, gli disse: "Non hanno ancora terminato di caricare i bagagli, possiamo imbarcarlo."

Corsero insieme fino alla porta dell'aereo e bussarono. La hostess aprì e lo fece accomodare in prima classe! Non solo i suoi apripista erano intervenuti affinché non perdesse il volo, ma gli avevano anche riservato una piccola sorpresa.

Tocca a te

Collaborare con gli apripista è molto semplice: devi solo chiedere il loro aiuto! Ricorda che è più facile indurli a intervenire se ti rivolgi a loro con calma, anziché agitarti. (E mostrati molto rispettoso quando li invochi chiedendo "per piacere" ed evitando di dare ordini.) Dopo aver inoltrato la tua richiesta, rilassati, siediti e smetti di pensare per almeno venti minuti. Non appena distogli la tua attenzione dal problema, gli apripista entrano in azione e ti mettono sulla strada giusta.

Uno dei miei maestri una volta mi disse: "Se ti fermi a pensare, non riesci a cogliere l'attimo." È una grande verità. Infatti, per riuscire a sfruttare i tuoi apripista, devi essere disposto a seguire il tuo istinto senza esitare e a essere flessibile.

Infine, è importante ricordare che amano essere ringraziati. È vero, si sentono appagati quando possono aiutare e quando vengono invocati, ma amano anche ricevere qualche gratificazione di tanto in tanto.

Quattordicesimo capitolo

Gli aiutanti

Una mia amica, Natale, alcuni anni fa iniziò a interessarsi alla storia della sua famiglia e, di conseguenza, dedicava ogni minuto libero alle ricerche per scoprire quanto più possibile sui suoi parenti, vivi o morti. Iniziò a mettere insieme l'albero genealogico della famiglia ma si trovò in un vicolo cieco quando uno zio con cui non era in buoni rapporti si rifiutò di condividere quanto sapeva sui loro antenati. Per quanto fastidioso fosse il comportamento di quel parente, Natalie non si arrese.

Un giorno, mentre si rilassava in soggiorno, percepì la presenza di suo padre, ormai deceduto, che passò fluttuando davanti ai suoi occhi. La sensazione fu così intensa che Natalie non poté evitare di alzarsi dalla sedia, accendere il computer e cercare in internet il nome di suo padre, una cosa che non aveva mai fatto prima (e l'idea di farlo non l'aveva mai nemmeno sfiorata). Iniziò a scorrere le centosei pagine in cui ricorreva il suo nome, ma nessuna aveva alcuna rilevanza per la sua ricerca.

Poiché non voleva perdere tempo curiosando tra tutti quei siti, e non sapendo bene cosa stesse cercando, Natalie decise casualmente di leggere solo la sedicesima pagina della lista e, se non avesse trovato nulla di interessante, avrebbe lasciato perdere. Aspettandosi di non trovare nulla nemmeno lì, restò sorpresa quando trovò il nome di suo padre proprio all'inizio della pagina che aveva aperto, seguito dalla genealogia quasi completa della sua famiglia, che risaliva a diverse generazioni precedenti. Aveva trovato ciò che lei stessa stava tentando di ricostruire con grande fatica! Quella presenza che Natalie aveva sentito era quasi certamente lo spirito di suo padre che aveva assunto il ruolo di aiutante affinché lei riuscisse a trovare la risposte che cercava sulla sua famiglia.

Lo scopo degli aiutanti è proprio questo: semplificarti la vita affinché tu possa goderne. Servendoti, innalzano le loro stesse vibrazioni, rendono più intrigante la vita nell'altro mondo e fanno evolvere la propria anima. Hanno molti tratti in comune con il ministero degli angeli (spesso sono suoi inviati speciali) e ti assistono quando devi affrontare compiti specifici, progetti o per fare i tuoi interessi, e appartengono a diversi gruppi. Molto spesso, come nel caso di Natalie, sono parenti o amici trapassati che si mettono in contatto con te dall'Aldilà perché ti amano.

Gli aiutanti sono particolarmente utili nei settori in cui erano esperti in vita. Per esempio, io ho una guida che si chiama Signor Kay e che, quando frequentavo le elementari, era il mio maestro di dizione; tra gli insegnanti era quello che amavo di più ed era molto comprensivo. Il suo spirito si fa vivo quando devo registrare un cd, esattamente come quando interveniva per sostenermi durante le gare di dizione a scuola. Con mio grande stupore, quasi sempre le mie registrazioni sono perfette già al primo tentativo; sono certa che non ce la farei se il Signor Kay non fosse con me.

Gli aiutanti si faranno vivi per darti una mano quando devi affrontare una grande sfida, quando ti senti bloccato e sei scoraggiato, come è successo a Dan, che si era rivolto a me per una lettura perché aveva da poco perso la moglie e si era trovato a crescere da solo i suoi due gemelli di sette anni. Non solo era distrutto dal dolore perché il cancro al seno gli aveva portato via la moglie, ma era anche profondamente frustrato perché, non sapendo a chi affidare i suoi figli, non poteva nemmeno tornare al lavoro. Si era rivolto a due agenzie che cercano babysitter per i clienti, ma non aveva trovato la persona giusta per riempire il vuoto che sua moglie aveva lasciato sia in casa che nel loro cuore.

Quando Dan si presentò nel mio studio era disperato. Per fortuna, il suo aiutante accorse in aiuto e, dal messaggio che ricevetti, compresi che si trattava proprio della moglie. Quando mi chiese cosa avrebbe potuto fare, tutto ciò che sentii fu: prima comunione.

Gli chiesi se era cattolico e lui rispose: "No. Mia moglie era credente e frequentava la chiesa episcopale; spesso ci portava anche i bambini, ma io non sono praticante, quindi li accompagnavo raramente."

"Questa religione prevede il rito della prima comunione?" indagai.

"Credo di sì" rispose. "Perché? Pensi che dovrei portare i ragazzi a fare la prima comunione?

Non capisco cosa abbia a che fare con il mio bisogno di trovare una persona che si occupi di loro così da poter rientrare al lavoro."

"Non lo so. Ma tua moglie mi sta suggerendo proprio questo" spiegai.

"È proprio quello che farebbe lei" mi disse con gli occhi gonfi di lacrime. "Non penso che questo mi permetterà di risolvere il problema, ma voglio rispettare la sua volontà. Non riesco a cogliere la relazione tra le due cose... non potresti chiederle di spiegarsi meglio?".

Quando interrogai nuovamente sua moglie, ottenni la medesima risposta, quindi Dan alla fine accettò il consiglio e si recò presso la chiesa che frequentava sua moglie per iscrivere i figli al catechismo. Accompagnandoli, ebbe la possibilità di conoscere altri genitori, con i quali condivise la sua storia. Una signora, si chiamava Donna, gli disse che sua madre, che aveva da poco perso il marito, si sarebbe trasferita la settimana successiva dallo Utah per viverle vicino e avrebbe avuto bisogno di un lavoro. Gli garantì che sua madre, che aveva fatto la casalinga per tutta la vita, sarebbe stata una tata perfetta.

Una settimana dopo il suo arrivo, la madre di Donna si presentò a casa loro, pronta a lavorare, amare e coccolare tutti e tre. Questa coincidenza aveva dell'incredibile. Sono passati cinque anni e questa donna lavora ancora per loro ed è diventata l'ancora di salvezza di tutta la famiglia.

È importante notare che gli aiutanti non devono fare necessariamente qualcosa per essere utili. Penso che, per molti aspetti, il dono più grande che possiamo ricevere da loro sia sapere che la vita continua dopo la morte e che lo spirito non scompare, anche se il corpo non esiste più. Sconfiggere la paura della morte è un modo per vivere fino in fondo, e lo scopo principale degli aiutanti è aiutarci a farlo. Per esempio, mio marito ha perso un suo fratello minore, Dennis, molti anni fa, eppure lui viene spesso a farci visita. Quando erano ragazzi, facevano insieme lunghe passeggiate in bicicletta (una volta hanno persino attraversato gli Stati Uniti) e Dennis è ancora con lui quando Patrick si allena, soprattutto quando va in campagna. Patrick sostiene di sentire suo fratello che pedala accanto a lui e lo conduce alla scoperta di nuovi sentieri e panorami lungo la strada.

Dennis amava molto i fiori e spesso percepisco la sua presenza quando vedo spuntare un nuovo bocciolo; so che il suo spirito è lì. Sono momenti preziosi e so che Dennis è con noi per aiutarci ad apprezzare la vita.

In modo analogo, mia madre comunica con la sua (la mia nonna materna) ogni volta che sogna. Quando mia mamma era bambina, durante la guerra, visse per un certo periodo separata da lei, quindi è sempre molto felice di potersi riconnettere con lei in sogno. A volte passeggiano insieme in qualche luogo meraviglioso dove ascoltano la musica, danzano e cantano insieme per tutta la notte. Altre volte, la nonna le dà consigli sul cucito e su nuovi modelli perché anche lei amava cucire. Le racconta persino le barzellette che la mamma poi riferisce a noi. In altri casi, invece, le sta semplicemente vicina per darle affetto e compagnia.

Oltre agli spiriti di familiari e amici, possono ricoprire il ruolo di aiutanti anche quelli di persone che non abbiamo mai conosciuto nella vita attuale, ma alle quali siamo stati molto vicini in una vita passata. Spesso si presentano per aiutarti a crescere in ambiti nei quali avete lavorato insieme in passato. Per esempio, ho due cari aiutanti, Rose e Josephin, che mi supportano tantissimo nella mia missione di insegnante e di guaritrice intuitiva. Sento che sono con me quando incoraggio i miei clienti ad aprirsi e ad amare la vita e se stessi con più intensità. Sono certa che questi spiriti mi sono stati vicini anche nelle vite passate e che, anche allora, abbiamo lavorato insieme per guidare, consigliare e indirizzare le persone esattamente come facciamo ora.

Collaboro anche con le Sorelle Pleiadi, le guide che intervengono quando eseguo le letture, soprattutto quando indirizzo le persone sul sentiero della loro anima o verso fini superiori. Secondo le Sorelle Pleiadi, sono stata loro discepola numerose volte nelle mie vite passate. So che sono indispensabili per la mia opera nel mondo e mi affido a loro perché mi diano le giuste indicazioni con tutti i miei clienti.

Sai che i tuoi aiutanti...

...un tempo sono stati esseri umani e le loro vibrazioni la loro frequenza sono ancora intimamente connesse con l'umanità?

...di solito comunicano telepaticamente con noi tramite brevi messaggi che cogli a livello mentale?

...preferiscono connettersi con te mentre dormi intessendo una sorta di conversazione amichevole?

...raramente le loro indicazioni sono complesse (questo aspetto potrebbe sconvolgerti se ami il controllo o se rifletti all'infinito sulle cose) perché di solito è necessario accettarle immediatamente se speri di essere aiutato?

...conservano tutto ciò che hanno appreso quando erano esseri umani e si impegnano per condividere con te il loro sapere prima di elevarsi a una frequenza superiore?

...ti aiutano per portare definitivamente a termine la *loro* missione terrena così da essere liberi di accedere a un livello superiore e vivere nuove esperienze?

Talvolta subentrano anche spiriti che non conosciamo, semplicemente perché amano ciò di cui ti occupi e desiderano condividere la loro esperienza e il loro sapere. La connessione che instaurano con te è meno personale perché non vi siete mai incontrati. Spesso vengono inviati dal ministero degli angeli che sa quale aiutante ha le competenze necessarie, accumulate nella vita precedente, per esserti utile in un'area in cui non sai bene cosa fare.

Queste guide possono essere spiriti di medici che si occupano della tua salute, o di esperti di economia e banchieri che ti insegnano come guadagnare e gestire al meglio il tuo denaro. Potresti anche incontrare spiriti di persone che facevano strani lavori o che erano capaci di aggiustare qualsiasi cosa e che ti aiutano nelle riparazioni; come la guida meccanico di cui ho parlato prima, che ha fatto ripartire la mia automobile quando si è spenta all'improvviso in mezzo alla strada.

Mio padre è bravissimo nei lavoretti (e non solo) e, per quanto posso ricordare, è sempre riuscito ad aggiustare qualsiasi elettrodomestico, come il televisore, l'aspirapolvere, il frigorifero, il lettore dvd, il condizionatore e perfino la lavatrice e l'asciugatrice. Un volta, sorpresa per le sue innumerevoli qualità, gli ho chiesto dove avesse imparato tutte quelle cose e lui rispose: "Nessuno mi ha davvero insegnato. Semplicemente seguo la mia guida interiore che mi dice cosa fare e insieme riusciamo a capire come aggiustare le cose." Papà deve avere un aiutante eccellente perché non sbaglia mai.

Ricorda che alcuni aiutanti sono sempre al tuo fianco mentre altri restano con te per un periodo limitato durante il quale ti assistono per un progetto o un compito specifico. Se desideri beneficiare dei loro suggerimenti, queste guide staranno con te e si accerteranno che tu riesca a portare a termine il tuo incarico. Se, invece, chiedi il loro intervento e poi li ignori sistematicamente, allora si allontaneranno. Sono con te per aiutarti ma non ti costringeranno mai a seguirli, perciò se continui a fare tutto di testa tua senza mai prestare loro attenzione, avranno rispetto di te e si ritireranno.

Il segreto per trarre il maggior vantaggio dai tuoi aiutanti è placare la mente e fidarsi di ciò che emerge, anziché permettere allo scetticismo e alla ragione di smontare con le critiche ogni suggerimento. Le loro istruzioni potrebbero essere condensate in una o due parole (o una breve frase, se sei molto fortunato), e spesso vengono ribadite una sola volta per non interferire con la tua volontà: sta a te decidere di essere sempre attento per non rischiare di perderle.

Diane, un'agente immobiliare che ha frequentato un mio corso tenuto nello stato di New York, ha raccontato agli altri partecipanti un episodio che dimostra come tutti possano godere di benefici aprendo senza esitazioni il cuore agli aiutanti, senza opporre resistenza. Un giorno, mentre stava tornando a casa dopo il lavoro, ricevette una telefonata di un collega che la avvertiva che era stata messa in vendita una nuova casa. Decise di passare a dare un'occhiata e, quando arrivò, provò subito una forte attrazione per quell'edificio. Qualcosa in lei diceva a chiare lettere: "Comprala."

Diane possedeva già altre due case e la sua situazione finanziaria era al limite, ma il suo aiutante non si arrese: "Comprala" le disse una seconda volta. Non sentì altro, ma sapeva che era la cosa giusta da fare e non le serviva una ulteriore conferma.

"Va bene, sarà mia!" disse ad alta voce, aggiungendo: "Ma devi aiutarmi!".

Quando tornò a casa e raccontò a suo marito quanto le era accaduto, la sua reazione non fu incoraggiante. Le chiese: "Ma non sognavi di comprare una villa vicino al mare?".

Diane non si lasciò fermare. Non riusciva a credere di poter essere così determinata: di solito non si fidava così ciecamente del suo istinto (e non si era mai opposta a suo marito), ma in quel caso voleva ascoltare il suo aiutante e portare a termine quel nuovo progetto. Comprese che era stanca di perdere le occasioni che la vita le presentava, solo per paura o perché esitava, ed era pronta a dare una chance al suo sesto senso. Quando fece capire al marito che non aveva intenzione di fermarsi, lui si arrese (cosa che non aveva mai fatto prima).

Quella sera Diane parlò della sua idea di acquistare l'immobile a suo figlio Ryan, che era sposato e viveva in affitto nella loro seconda casa. Con sua grande sorpresa, Ryan le chiese: "Mamma, cosa diresti se comprassi io quella casa anziché continuare a vivere in affitto?".

Ryan non aveva mia manifestato il desiderio di trasferirsi, figuriamoci di diventare proprietario di una casa! Eppure, non appena delineò il suo progetto gli sembrò la cosa giusta da fare. Insieme fecero un'offerta e dopo solo tre settimane la casa era intestata a lui.

Ma la parte più bella di questa storia è l'epilogo: poiché Ryan si era trasferito e aveva liberato la loro seconda casa, Diane la mise sul mercato e, in poche settimane, riuscì a venderla a un prezzo tre volte superiore a quello che aveva pagato. All'improvviso, aveva abbastanza denaro per comprare la casa dei suoi sogni in riva al mare, che lei e suo marito trovarono poco dopo. Anche se può sembrarti impossibile avere tanta fortuna, è un classico esempio di ciò che possono fare gli aiutanti per noi. In meno di due mesi, Diane, suo marito e suo figlio sono riusciti a realizzare i propri desideri perché Diane ha accettato il consiglio dei suoi aiutanti.

È importante prestare attenzione anche ai sogni, perché spesso sono il mezzo che gli aiutanti scelgono per connettersi con noi. La mia cliente Patricia, per esempio, ha intuito che il suo aiutante di riferimento era l'anima del padre. Quando era vivo, non avevano avuto un buon rapporto perché lui si dedicava senza sosta al suo lavoro in banca (si occupava di investimenti); la situazione cambiò poco dopo la sua morte. Infatti, Patricia iniziò a vederlo nei sogni, nei quali lui le dava consigli sulle sue finanze; poi la connessione si estese anche ai momenti in cui era sveglia e riuscì persino a sentirne la voce.

Patricia, che desiderava diventare produttrice cinematografica, si trasferì dal Michigan in California. Suo padre continuò a farle visita per darle consigli, soprattutto durante un colloquio di lavoro in una società che si occupava di cinema per la quale lei sperava di lavorare. Non riusciva a credere di avere la possibilità di partecipare alle selezioni e sperava così ardentemente di ottenere quel posto che avrebbe accettato anche di lavorare gratis.

Mentre Patricia discuteva con il suo potenziale datore di lavoro dei termini contrattuali, sentiva la presenza del padre. Quando le propose uno stipendio annuale di ventisettemila dollari, lei sentì la voce del padre esclamare: "Chiedi trentatremila dollari!".

Questo suggerimento giunse così inaspettato che lei rimase a bocca aperta dallo stupore. Il suo interlocutore la sorprese dicendo: "Forse non è una cifra adatta... forse potremmo arrivare a trentamila dollari se è disposta a fare gli straordinari."

Di nuovo, il padre di Patricia si fece vivo e le disse di rilanciare con tale veemenza che lei pronunciò ad alta voce: "Trentatremila dollari."

Il suo futuro datore di lavoro concluse: "Se questa è la sua ultima offerta, dovrò discuterne con i miei soci. Lei ha un ottimo curriculum e sembra molto competente, ma non avevamo intenzione di investire così tanto per quella posizione. Ne parlerò con loro e le farò sapere."

Patricia era certa di essersi bruciata una grande opportunità. Disse a suo padre: "So di meritarmi quella cifra, ma mi chiedo se loro se ne rendono conto."

Lui rispose nello stesso modo. Un'ora dopo, Patricia ricevette una telefonata: le offrirono l'incarico e assecondarono le sue richieste.

Trovo interessante il fatto che gli aiutanti compaiano quando abbiamo bisogno di aiuto per risolvere un problema e scompaiano subito dopo. È quanto è accaduto a me e a Patrick quando abbiamo comprato la nostra prima casa che doveva essere ristrutturata da cima a fondo; né io né lui eravamo in grado di farlo, ma non avevamo denaro a sufficienza per assumere qualcuno che lo facesse per noi, per cui procedemmo timorosamente. Per prima cosa, la svuotammo completamente per cominciare da zero.

Ciò che mi preoccupava maggiormente era la sala da pranzo del primo piano perché era molto buia e non aveva finestre; tuttavia, se ne avessimo aperta una nel muro, si sarebbe affacciata proprio sul retro di un edificio. Patrick propose di illuminarla con luce artificiale ma a me l'idea non piaceva. Sapevo che doveva esserci un'altra soluzione economica e facile da attuare, così una notte, prima di andare a dormire, chiesi ai miei aiutanti di darmi qualche idea.

Quella notte sognai di incontrare un uomo dell'antica Roma alto e bellissimo che calzava sandali. Mi condusse in alcune chiese e mi mostrò le loro meravigliose vetrate istoriate. Mi fece notare tre o quattro volte come il sole penetrasse attraverso i vetri colorati inondando tutto di una luce magica.

Quando mi svegliai, mi sembrò di essere appena rientrata da un viaggio. Quando raccontai il mio sogno a Patrick, mi resi conto che l'aiutante romano mi stava consigliando di mettere una vetrata colorata al posto di un normale vetro trasparente. Avremmo potuto godere della luce del sole usando colori chiari e avremmo coperto un paesaggio desolante. Era la soluzione ideale e io non ci sarei mai arrivata da sola. Ero entusiasta dell'idea, e anche Patrick... ma non sapevano come realizzarla.

Di nuovo, grazie ai miei aiutanti, superammo anche questa difficoltà. Il giorno successivo incontrai un mio cliente che, dopo la nostra sessione, mi chiese come procedeva l'opera di restauro della casa. Gli parlai dei vari problemi che dovevamo affrontare e dell'idea della vetrata istoriata. Lui mi disse che conosceva un artista che eseguiva lavori di questo tipo e che, essendo appena arrivato dall'Europa, probabilmente era disposto a lavorare per cifre modeste mentre si faceva un nome.

Per farla breve, quel pomeriggio Patrick e io incontrammo l'artista europeo che fu felice di disegnare un vetrata istoriata per noi a un prezzo che corrispondeva a circa la metà di quello di una normale finestra. Una volta montata, fummo entusiasti del risultato e, come avevamo sperato, la stanza venne illuminata da una luce variopinta che copriva la vista sull'esterno.

L'anno successivo, come ci si poteva aspettare, il nostro artista si era ormai guadagnato una certa reputazione e aveva iniziato a vincere premi, fu anche citato in una rivista di architettura. Avere una sua opera in casa aumentò il valore dell'immobile permettendoci di guadagnare una cifra considerevole quando lo vendemmo.

Per quanto riguarda il mio aiutante dell'antica Roma, dopo quel sogno, non è mai più tornato.

I vip nel mondo dello spirito

Gli aiutanti più interessanti sono solitamente gli spiriti di personaggi famosi deceduti. Se lo desideri, puoi anche invocare questi grandi maestri del passato perché ti aiutino. Per esempio, io spesso mi rivolgo al famoso medium e profeta Edgar Cayce perché faciliti la mia vita professionale, soprattutto quando i clienti hanno problemi di salute o per tutto ciò che concerne le vite precedenti. In molti casi mi è stato più utile lui nel comprendere tali questioni di qualsiasi altra guida.

La mia amica Julia Cameron, la nota scrittrice e sceneggiatrice, chiede l'intervento di Rodgers e di Hammerstein perché la aiutino quando scrive un musical e John Newland, famoso regista, quando lavora su una *pièce* teatrale. In modo analogo, una mia cliente, una giovane donna che ha appena iniziato la sua carriera di medico, prega regolarmente la ricercatrice e chimica Marie Curie perché la indirizzi nella direzione giusta quando elabora una diagnosi.

Gli aiutanti famosi sono famosi quando intervengono per stimolare la creatività, come dimostra l'esperienza del mio amico Billy Corgan, un famoso musicista rock. Billy una volta mi ha confidato che, mentre lavorava al suo primo album solista, *The Future Embrace*, gli sembrò di ricevere le composizioni da alcuni grandi musicisti del passato. Quando sentii i suoi nuovi pezzi, fui subito certa del loro intervento celeste perché trasmettevano una sensazione paradisiaca.

Conosco un altro giovane cantautore che invoca lo spirito di John Lennon quando scrive le sue canzoni. Pensa poi a tutte le persone che si rivolgono a Elvis Presley: evidentemente risponde a tutti loro altrimenti non esisterebbe un'intera industria di persone che tengono viva la sua musica straordinaria, si guadagnano da vivere e si divertono un sacco!

Mia madre aveva iniziato a studiare pittura con un corso per corrispondenza quando io ero ancora piccola. Era così impaziente di diventare brava che fece rapidi progressi e presto iniziò anche a partecipare ai concorsi. Prima di iniziare un nuovo quadro, si sedeva qualche minuto per chiedere aiuto. In risposta alle sue preghiere, un pittore rinascimentale, Fra Angelico, compariva nei suoi sogni per darle consigli molto dettagliati su come migliorare il suo stile. La guidava quando doveva creare dipinti particolarmente complessi e fu un maestro così bravo che mia madre vinse perfino un concorso nazionale!

Invocare personaggi famosi potrebbe sembrarti un'idea sfacciata e oltraggiosa, ma non c'è nulla di male. Queste anime erano le punte di diamante del loro settore e non vedono l'ora di poter condividere ciò che hanno imparato. Dopo tutto, Hillary Clinton, quando era una *first lady*, si rivolgeva sempre a Eleanor Roosvelt. A quel tempo, tutti ridevano di lei, ma io la ritenevo un'idea geniale. Pensando a tutto quello che le è accaduto in quegli anni, e a dove è arrivata oggi, dobbiamo ammettere che forse non ha avuto torto.

Anche mia figlia, che in matematica e in scienze non se la cava benissimo, non si fa problemi a chiedere ai migliori del passato di aiutarla, anche ad Einstein (che invoca con una certa regolarità). Ottiene qualche risposta? Non è mai stata rimandata e quest'anno ha anche avuto il massimo dei voti, quindi direi che la sua strategia funziona.

Se hai bisogno di aiuto in una disciplina specifica, pensa a qualcuno che è stato particolarmente dotato quando era in vita e pregalo di darti il suo sostegno. È meglio aiutarsi visualizzando una sua immagine; se non la trovi, scrivi il suo nome, medita sul suo spirito e poi digli di venire a te. Non serve implorarlo perché non ha più un ego: chiedi aiuto in modo semplice e chiaro e sii il più puntuale possibile.

Voglio darti anche un consiglio saggio: a volte le persone tendono a comportarsi in modo sciocco quando si trovano al cospetto di un personaggio famoso e si sentono prive di valore. Ricorda che, in quanto anime, siamo tutti parte del mondo dello spirito e di un'unica famiglia che vibra a diversi livelli, ma non esiste alcuna differenza tra noi. Perciò, quando ti rivolgi a loro, ricorda che il loro ruolo consiste semplicemente nel renderti più creativo e non nel darti idee preconfezionate. Gli aiutanti (anche quelli famosi) non ti guardano dall'alto in basso: sei un essere magnifico, loro lo sanno e vogliono aiutarti a scoprire la tua grandezza.

Tocca a te

Per invocare gli aiutanti (personaggi famosi o comuni, amici o parenti, quelli che hai incontrato di persona o gli sconosciuti) concentrati sul motivo per cui senti di avere bisogno di un intervento e invoca l'esperto migliore. Chiamare parenti o amici defunti è meraviglioso, ma stai molto attento: il fatto che non appartengano più a questo mondo non significa che siano diventati improvvisamente illuminati.

Se da vivi erano particolarmente talentuosi, possono esserti utili anche in forma di spirito. Se invece, per esempio, tua madre aveva il vizio del gioco, non rivolgerti a lei per problemi economici. Se tua nonna ha avuto un lungo e felice matrimonio che è durato fino alla sua morte, potrebbe essere un'importante fonte di informazioni se il tuo rapporto coniugale è in crisi o se hai difficoltà nelle relazioni. Non dimenticare il buonsenso quando scegli il tuo aiutante, come quando chiedi consiglio a un amico in carne e ossa. Apri il tuo cuore, placa la mente e ascoltalo... non dovrai aspettare a lungo.

Quindicesimo capitolo

I guaritori

Tra tutte le tipologie di guide, quella dei guaritori è una della più belle che potrai incontrare. Esistono guaritori di due tipi: da una parte, ci sono coloro che in vita si occupavano già di salute, come medici o guaritori, e che ora si dedicano alla cura del tuo corpo; dall'altra, ci sono coloro che provengono da livelli di frequenze più elevati e, anche se non hanno mai assunto una forma umana, possono intervenire per guarire il tuo spirito.

Di norma, usano ogni mezzo a loro disposizione per attirare la tua attenzione; comunicano avvalendosi della telepatia, entrano nei tuoi sogni, ti scuotono fisicamente o provocano altre sensazioni fisiche. Possono anche inviarti un messaggero per entrare in contatto con te ed è risaputo che siano in grado di percorrere lunghissime distanze per raggiungerti nel luogo e nel momento giusto. Usano ogni astuzia per riuscirci.

Questi esseri, all'inizio, sono quasi impercettibili, ma poi alzano il volume della voce e intensificano gli sforzi a seconda della gravità della tua situazione; fanno quanto è in loro potere per arrivare a te. Diversamente dagli aiutanti, non devi invitarli a intervenire perché si impegnano a guidarti per tutta la durata della tua vita.

Le guide di questo gruppo non interferiscono con le tue scelte, ma ti fanno capire quando le decisioni che hai preso potrebbero essere dannose per la tua salute e il tuo benessere. Per esempio, un mio cliente, Tom, aveva scoperto di avere due tipi diversi di diabete. Mi raccontò che, da ormai quindici anni, ogni volta che allungava la mano per prendere una seconda fetta di torta o una terza bottiglia di birra, percepiva una lieve tensione nel corpo e sentiva una voce nell'orecchio sinistro che lo redarguiva.

Cercava di dire a se stesso che era solo la sua coscienza, ma, in fondo, sapeva che era qualcosa di più. Infatti, sia la voce che la tensione non sembravano provenire da dentro, bensì da fuori. Poiché erano sensazioni molto lievi, non dava loro molto peso e nessuno mai gli consigliò di cambiare abitudini.

Quando ricevette la diagnosi dal medico gli chiese: "Com'è potuto accadere?".

Il dottore rispose: "Chi lo sa? Questa malattia potrebbe dipendere da fattori genetici oppure essere scatenata da cattive abitudini. Oppure dall'eccessiva assunzione di certi alimenti che, in altri soggetti, non hanno gravi ripercussioni ma, nel suo caso, hanno alterato l'equilibrio." Le parole "eccessiva assunzione" non stupirono Tom perché le sue guide avevano tentato per anni di metterlo in guardia.

Questi spiriti non solo ti avvisano quando le tue scelte personali possono essere dannose, ma anche quando l'ambiente circostante non è salubre. Quando io e Patrick vivevamo nella nostra prima casa, un edificio di mattoni rossi in un quartiere a nord di Chicago, gli spiriti trasmisero un messaggio di vitale importanza. Entrambi eravamo liberi professionisti e avevamo l'ufficio in casa; il mio era al primo piano e il suo nel seminterrato.

Patrick rimaneva per ore in ufficio. Un giorno gli fu praticamente impossibile rimanere seduto dietro la scrivania. Ricevette per ore lo stesso messaggio che gli diceva di andare nella stanza della caldaia. Lui seguì più volte il consiglio e, anche se sembrava tutto a posto, non riusciva a darsi pace.

Quella sera, prima di andare a letto, mi raccontò quanto era avvenuto di giorno e mi disse: "Non so cosa stia succedendo, ma credo che domani telefonerò a un tecnico perché controlli che non ci siano guasti prima che inizi a fare freddo sul serio."

Il giorno successivo il tecnico arrivò alle dodici e scoprì che la caldaia aveva una piccola perdita di monossido di carbonio. Ci disse che fintano che porte e finestre fossero rimaste aperte non avrebbe potuto essere pericolosa, ma era una fortuna che lo avessimo contattato perché, quando avremmo chiuso la casa in inverno, quel gas avrebbe potuto essere fatale. Grazie al cielo i guaritori di Patrick lo avevano avvisato in tempo!

Consiglieri spirituali

Questi assistenti dello spirito collaborano anche indirettamente con te mettendo sulla tua strada le persone giuste che possono darti le informazioni necessarie per stare in salute; per esempio, ti consigliano di sottoporti a un certo esame o a una cura, oppure ti indirizzano dal medico in grado di guarire la tua malattia. Questi eventi spesso sembrano accidentali, ma non lo sono. Dietro a essi si nasconde un abile regista che vuole essere certo che tu arrivi nel luogo giusto al momento giusto, affinché possa trovare ciò che ti serve.

Per esempio, un giorno ho preso un appuntamento per un trattamento di bellezza al viso, cosa che mi concedo raramente. Anziché andare dall'estetista vicino a dove abito, la mia guida mi ha consigliato di andare da Erica, che riceveva le clienti a casa sua. La conoscevo da anni perché si era rivolta a me per varie consulenze, ma non avevo mai preso in considerazione l'ipotesi di prendere un appuntamento da lei prima che le mie guide mi suggerissero di farlo. Sentii una voce dirmi: "Vai da Erica" ed era così forte e concreta che sembrava provenire da una persona in carne e ossa.

"Erica?" domandai. "Ma non è un po' troppo lontana per una semplice pulizia del viso?".

"Vai da Erica" mi ordinò la voce una seconda volta... così accettai il consiglio.

Erica fu felicissima di vedermi e si occupò della mia pelle in modo attento, affettuoso e professionale. Mentre era all'opera, le raccontai dei problemi della mia figlia minore, Sabrina, che soffriva spesso di un fastidioso mal di testa, dolori all'addome e di notte non riusciva a dormire; nessun medico era riuscito a individuare le cause del suo malessere che la tormentava ormai da anni e aveva reso la sua vita terribile.

"So da chi puoi andare" mi disse Erica, e mi parlò di un famoso nutrizionista che avrebbe potuto aiutare mia figlia. Non avevo mai pensato di affrontare il problema sul fronte dell'alimentazione e provai un grande sollievo quando scoprii una nuova strada che forse avrebbe potuto permettermi di aiutare concretamente Sabrina.

Presi quel consiglio come un messaggio dei miei spiriti guaritori, e il vero motivo per cui mi avevano indotta a rivolgermi a Erica. Accompagnai mia figlia dal nutrizionista che scoprì che era allergica al grano, al latte e ai prodotti caseari, cibi che furono eliminati immediatamente dalla sua dieta. Anche se il cambiamento nell'alimentazione non fu la cura miracolosa che mi aspettavo, nel giro di un mese quasi tutti i problemi di mia figlia scomparvero, comprese le frequenti corse al pronto soccorso.

Come nel caso di Sabrina, spesso queste guide sono molto utili quando soffriamo di malattie strane, sulle quali i medici non sanno come intervenire, e cercano di aiutarli a curarci al meglio. Questo è quanto è accaduto a Louise, una mia cliente che aveva trentasei anni ed era il ritratto della salute; non a caso, era una fanatica del fitness. Faceva jogging con molto impegno, seguiva attentamente una dieta equilibrata e aveva abitudini salutari. Per questo motivo non riusciva a capire perché la sua salute avesse improvvisamente iniziato a deteriorarsi. Era sconvolta per quanto le stava accadendo, nel volgere di un anno questa donna energica e giovanile era diventata quasi un'invalida anche se apparentemente non c'era una ragione precisa. La sua energia si era esaurita e lei era ormai praticamente incapace di alzarsi dal letto; perdeva i capelli, aveva la vista offuscata e non riusciva a concentrarsi.

I medici fornirono le diagnosi più fantasiose: depressione, virus di Epstein-Barr, sindrome da affaticamento cronico, lupus e disordine bipolare; si era sottoposta a un'infinità di esami e visite ma nessuno era riuscito a capire con certezza quali fossero le cause del suo malessere, e la sua situazione peggiorava.

Nel frattempo aveva perso il lavoro, il fidanzato e la voglia di vivere. Disperata, si era rivolta a me per una lettura sperando che io potessi aiutarla.

"Sto perdendo la ragione?" mi chiese in lacrime seduta di fronte a me nel mio studio. "Riesco a malapena ad alzarmi per andare in bagno. I medici mi dicono che sono solo depressa. Tornerò mai quella di prima?".

Interrogai sia i miei guaritori che i suoi per capire la causa della sua debolezza. "La dieta" risposero.

"La dieta?" reagì lei. "Com'è possibile? Mi nutro solo di pesce e verdura. La mia dieta è ottima, migliore di quella della maggior parte delle persone."

"Questo è ciò che mi hanno detto le guide" ribadii.

"Ma non mangio carne, né zucchero né cibi elaborati. Non vedo come la mia alimentazione possa rappresentare un problema."

"Magari è proprio il pesce" ipotizzai.

"Come potrebbe essere il pesce. A nessuno fa male il pesce."

"Non ne ho idea" conclusi. "Chiedi al tuo medico; forse lui sa qualcosa che noi ignoriamo."

Louise si alzò per andarsene. Era delusa perché né le mie guide né le sue avevano dato una spiegazione soddisfacente, e non me lo nascose.

Anche io ero insoddisfatta. Avrei voluto aiutarla, ma non ho il controllo sulle guide né su quello che mi dicono. Tuttavia, il messaggio, per me, era così chiaro che sentivo che alla fine avrebbe acquisito un significato.

"Mi dispiace che tu sia delusa" le dissi mentre usciva dallo studio, "ma non sottovalutare il messaggio che mi hanno trasmesso. La prossima volta prova a parlarne con il medico."

Una settimana dopo, Louise mi telefonò entusiasta: "Sonia, prova a indovinare? I medici finalmente hanno capito cosa mi sta succedendo. È come dicevi tu! È un avvelenamento da mercurio provocato da tutto il pesce che ho mangiato! Non so come ringraziarti!".

"Non devi ringraziare me, ma le tue guide. Sono loro che mi hanno fatto capire quale fosse la causa del tuo malessere."

Le guide, in situazioni come questa, sono straordinarie. Tuttavia, il loro scopo non è solamente migliorare il tuo benessere fisico ma prendersi cura della tua anima che può ammalarsi a causa della depressione, delle droghe, dell'alcol, di traumi e di abusi, soprattutto quelli subiti in tenera età. I guaritori intervengono anche sulle tue energie che possono esaurirsi a causa della scarsa autostima, della stanchezza o quando i confini personali non sono abbastanza stabili.

È quanto hanno fatto per Noah, un mio cliente che aveva sofferto per anni di depressione e che cercava sollievo nelle droghe. La sua sofferenza aveva avuto gravi ripercussioni: sua moglie lo aveva lasciato, aveva perso tutti i soldi e i suoi figli non gli rivolgevano più la parola. Faceva di tutto per disintossicarsi e, come lui tesso diceva, per "crescere". Aveva provato con i farmaci per la depressione, con vari programmi di disintossicazione e anche con la terapia di gruppo. Tuttavia, intimamente, preferiva sempre attribuire agli altri la colpa di ciò che avveniva nella sua vita, anziché assumersi le sue responsabilità. Riuscì a cambiare il proprio punto di vista solo quando il suo compagno di bevute e di lunghe serate dedicate all'autocommiserazione morì all'improvviso a causa di un aneurisma cerebrale.

Devastato, iniziò a vedere il vuoto che avevano lasciato tutti gli anni sprecati nel farsi del male e si buttò sul letto a piangere. Probabilmente per la prima volta nella sua vita chiese sinceramente aiuto a "qualcuno là fuori" per uscire dal tunnel.

Noah si appisolò e, mentre dormiva, fece un sogno visionario. Vide se stesso accanto a un uomo alto, bellissimo e barbuto che indossava un lungo cappotto rosso e grigio e un paio di stivali neri. Sia lui sia lo sconosciuto osservavano il suo corpo addormentato.

Noah disse all'uomo del sogno: "Sono stanco di questa vita. Esiste una cura per cambiarla?".

Sul volto dell'uomo comparve un sorriso sincero e penetrante, poi rispose: "Perdona quanto è avvenuto in passato, aiuta il prossimo, purifica il tuo corpo dalle tossine e servi Dio... e sappi che noi siamo sempre con te per aiutarti."

Quando Noah si svegliò, la voce di quell'uomo echeggiava ancora nelle sue orecchie. Per la prima volta nella sua vita, sentì che qualcuno si stava prendendo cura di lui e che lo sosteneva. Grazie a questa visione, riuscì a mettere la parola fine alla follia che aveva dominato la sua esistenza e interruppe il suo comportamento autodistruttivo. Le sue profonde ferite finalmente guarirono.

Lo definì un miracolo e anche io lo considero tale. All'età di quarantasei anni decise di riprendere gli studi per diventare insegnante e realizzare così un vecchio sogno che non aveva mai avuto il coraggio di seguire.

Ho visto con i miei occhi numerosi miracoli verificarsi grazie all'intervento divino e all'assistenza degli spiriti guaritori. La parte più importante della loro opera consiste nell'insegnarti ad avere fiducia e a cambiare strada se necessario, permettendo alle forze Divine dell'universo di soccorrerti e di guarire il tuo corpo, la tua mente e la tua anima.

La guarigione interattiva

Lo scorso autunno, la mia amica Lilly, che si era da poco trasferita a Chicago dalla Bulgaria, si ruppe un dente e si ritrovò improvvisamente a vivere nel dolore e nel disagio. Poiché aveva bisogno di un dentista al più presto, possibilmente che parlasse la sua lingua, non aveva altra possibilità se non rivolgersi all'unica candidata che, però, non aveva una buona reputazione nel settore. Lilly soffriva così tanto che non voleva aspettare di trovare un professionista più affidabile, perciò prese un appuntamento; prima di accomodarsi sulla poltrona del dentista, iniziò a pregare con fervore le sue guide perché vegliassero su di lei.

Quando aprì la bocca, chiuse gli occhi e subito vide con il suo occhio interiore uno sciamano alto, dall'aspetto fiero e con fiamme rosse al posto dei capelli che si presentò come Zonu. Rasserenata dalla sua presenza, Lilly lo implorò di guidare la dentista affinché facesse un buon lavoro e riuscisse a ricostruire, magari persino a salvare, il suo dente. Pochi secondi dopo arrivò un'altra guida, Madame Q che si consultò con Zonu.

I due si misero a lavorare insieme per guidare la mano della dentista mentre interveniva. Dopo soli venti minuti, con sua grande sorpresa, annunciò che aveva finito. In poco tempo era riuscita non solo a salvare il dente ma a ricostruirlo alla perfezione, cosa che non era mai riuscita a fare nella sua vita.

Lilly, invece, non era sorpresa perché sapeva che Zonu e Madame Q erano sempre stati con lei. Ringraziò la dentista e disse: "Ero certa che sarebbe riuscita a risolvere alla perfezione il mio problema."

La dottoressa, ancora leggermente confusa e incredula per la sua strana rapidità e bravura, confessò: "In realtà, non riesco a capire come ho fatto. Mi imbarazza ammetterlo, ma mentre lavoravo al suo dente pensavo ai lavori di restauro di casa mia e, all'improvviso, mi sono accorta di aver portato a termine l'intervento. Devo dire che è il migliore lavoro che io abbia mai fatto in tutta la mia vita."

Lilly rise e rispose: "Non importa come ha fatto. Ciò che conta è che il suo lavoro è perfetto e ora non sento più dolore. Grazie." Dentro di sé, Lilly rivolgeva i propri ringraziamenti a Zonu e a Madame Q perché era certa che la loro bravura avesse reso possibile la sua rapida e perfetta guarigione. La sorpresa più grande fu scoprire che le guide possono prendere in prestito le mani di qualcuno per operare. Con la loro assistenza, Lilly aveva vissuto un vero miracolo nel campo dell'odontoiatria: il suo dente era tornato come nuovo e non aveva neppure dovuto pagare un conto eccessivamente salato!

Lo scopo delle guide è farti ritrovare la tua consapevolezza e la tua autostima come figlio di Dio, e aiutarti ad accettare l'amore infinito e la benedizione che Dio ti dona. Aprire il cuore e la mente per scoprire il proprio valore è la guarigione migliore.

L'esperienza di Julie, una mia cliente, dimostra questa teoria. Julie aveva trentasette anni ed era appena uscita da un'acrimoniosa causa di divorzio durata cinque anni in cui aveva perso la casa e la custodia dei due figli. Il giudice aveva appena emesso la sentenza quando lei ricevette un'altra notizia terribile: aveva scoperto di avere un cancro al seno al quarto stadio e la prognosi era tutt'altro che rosea. Probabilmente non sarebbe riuscita a sopravvivere. Con tutti i problemi familiari che doveva affrontare, non si sentiva pronta a sostenere anche il carico della malattia. Si sforzò comunque di trovare le forze necessarie per andare avanti e si sottopose alle cure (doppia mastectomia, chemioterapia e radiazioni) che non solo esaurirono tutte le sue energie ma distrussero anche la sua voglia di vivere.

Una notte Julie, mentre si rigirava nel letto in preda alla nausea e alla depressione, decise che non valeva più la pena di lottare e si arrese. Aveva perso il proprio corpo, i figli, la casa e persino la sua identità di moglie e madre. Sentiva che non le rimaneva più niente per cui vivere e tutto ciò che desiderava era morire.

Quando alla fine si addormentò, sognò di essere circondata da dieci meravigliose donne di tutte le età che cantavano dolcemente una ninnananna, le pettinavano i capelli, le massaggiavano i piedi come se fosse la creatura più preziosa della Terra. Julie scoppiò in lacrime e chiese perché fossero così gentili con lei.

La più anziana sorrise e disse che erano venute ad aiutarla a guarire e a ritrovare la gioia. Julie rispose che non aveva più alcun motivo per rimanere in questo mondo e che aveva fallito in ogni campo, ma la donna sorrise semplicemente e continuò a pettinarle i capelli e a cantare con le altre.

Julie si arrese alle loro amorevoli cure e iniziò a rilassarsi a un livello profondo, molto più di quanto fosse mai riuscita nella sua vita. E all'improvviso fu mattino. Il sogno le aveva lasciato una sensazione di calore nel petto e comprese che si era trattato di un evento importante. Stranamente, si sentiva in pace con se stessa e provò il desiderio di vivere. Quelle donne sembravano aver sollevato il peso del suo dolore.

Julie smise di pensare al passato e di provare vergogna, e decise di impegnare tutte le sue forze nella guarigione. Cambiò dieta, trovò un gruppo di sostegno, uno psicoterapeuta e un coach. Due anni dopo è completamente guarita e non ha più avuto ricadute. "Quelle donne hanno fatto un miracolo per me" mi confidò.

"Erano le tue guaritrici" le spiegai, "e hanno davvero fatto un miracolo. Ti hanno fatto capire come amare te stessa, ed è stato proprio l'amore a guarire il tuo corpo."

Sai che i tuoi guaritori...

...ti lasciano sempre una sensazione di pace, di amore e di affetto per te stesso?

...sono gentili, delicati e indulgenti?

...parlano al tuo cuore e non al tuo ego, alla tua essenza immortale e non all'aspetto materiale del sé?

Se non hai fede significa che in qualche momento del tuo percorso esistenziale hai perso la connessione con la sorgente divina e con il Creatore. Come un fiore meraviglioso senza un giardino in cui crescere, una vita senza fede è una lotta per la sopravvivenza. Forse questo è il male peggiore per la tua salute fisica, mentale e spirituale, e dovrebbe essere curato con l'aiuto delle guide.

Ti risponderanno aprendo il tuo cuore, donando pace alla mente e innalzando la frequenza delle tue vibrazioni. Joseph, la mia guida guaritrice, una volta mi ha detto che il suo lavoro è simile a quello di un tecnico che aggiusta computer, rimuove i virus e i programmi inutili: cancella tutti gli schemi negativi per ristabilire l'equilibrio.

I tuoi guaritori possono fare cose straordinarie per te, ma solo se segui le loro indicazioni e ti impegni in prima persona amando te stesso. Inizia a riconoscere la grande opportunità di crescere, amare e rispettare te stesso e ad accettare il consiglio di Dio che si nasconde in ogni malattia. Solo quando l'amore divino fluisce liberamente, avviene la vera guarigione.

Voglio sottolineare che non intendo insinuare che tu abbia fallito solo perché sei malato o stai affrontando una crisi esistenziale. Ogni anima accetta certe sfide per motivi che nessuno è in grado di comprendere completamente né giudicare. Poiché ogni squilibrio è determinato da numerosi fattori, come l'inquinamento ambientale, lo stress e le conseguenze del karma sull'anima che ti portano a dover affrontare le ripercussioni di scelte sbagliate prese in passato, è praticamente impossibile individuare quale sia il fattore che scatena la malattia. Ogni sofferenza è una lezione sia per chi la vive in prima persona sia per chi assiste i propri cari.

Il primo insegnamento che le guide voglio impartirci è questo: "Quando si tratta di malattie (o della vita in generale), non giudicare mai né te stesso né gli altri." La seconda lezione è: "Perdona te stesso e poi tutti gli altri." Se desideri davvero fare questi due passi, permetterai alle guide di intervenire in tuo favore.

È importante sottolineare che i guaritori non possono sostituirsi ai medici, agli psicologi e ad altri professionisti di cui hai bisogno per guarire. Infatti, una parte del loro lavoro consiste proprio nello spingerti a trovare la persona giusta che sappia come curarti.

È ciò che hanno fatto per me dopo la nascita della mia seconda figlia, quando sono crollata a causa di una profonda stanchezza cronica. Per quanto dormissi, mi sentivo sempre peggio. Mi sono sottoposta a infinite visite ed esami ma senza trovare una soluzione.

Così ho chiesto alle mie guide di aiutarmi e, il giorno successivo, mi hanno condotta in una libreria per comprare qualche libro per la mia prima figlia. Mentre curiosavo tra i volumi, un libro sull'ipotiroidismo è caduto dallo scaffale quasi colpendomi in testa. Ovviamente ha attirato la mia attenzione, anche se avevo già fatto gli esami anche per quella malattia. Il medico mi aveva detto che i livelli degli ormoni tiroidei erano nella norma e non costituivano un problema, ma dopo aver letto quel libro, capii che c'era qualcosa di anomalo.

Così i miei guaritori mi indirizzarono da un omeopata che avevo già consultato per avere un altro parere. Lui mi disse che gli ormoni erano nella norma ma di poco, perciò mi prescrisse una cura con un basso dosaggio di ormoni tiroidei. In effetti, funzionò. Un mese dopo ero di nuovo me stessa e la mia vita tornò quella di prima. Anche in questo caso, le guide mi avevano fatto capire quale fosse il mio problema e mi avevano fatto trovare il medico giusto.

Episodi come questo sono assolutamente normali; è così che le guide amano comunicare con noi. Il mio maestro Charlie mi ha detto che se qualcuno ti suggerisce un libro probabilmente si tratta di un messaggio delle guide; se senti parlare dello stesso titolo due volte, allora è sicuramente un loro segnale; se poi capita per ben tre volte, significa che le tue guide stanno facendo i salti mortali per attirare la tua attenzione!

Questi spiriti sono sottoposti alla supervisione degli angeli e lavorano su frequenze molto elevate, con il massimo livello di amore e di compassione. Come gli aiutanti, molti di loro hanno vissuto un'esperienza terrena in forma umana, perciò comprendono alla perfezione le sofferenze degli uomini e conoscono le cause di malattie e disfunzioni. Molte di loro provengono dalle civiltà dimenticate di Atlantide e Lemuria e sono arrivate fino a noi per condividere la saggezza che hanno acquisito, ma che hanno sprecato o usato nel modo sbagliato nel corso delle incarnazioni passate. Tutti i guaritori con cui ho collaborato si sono dimostrati infaticabili, dediti al loro compito e si sono sempre sentiti onorati di aiutare.

Come accade con tutte le altre guide, non possono farti sentire bene e in equilibrio a prescindere; devi essere tu a prendere questa decisione. Rispettano il motto: "Aiutati che il ciel ti aiuta" ma sono i tuoi fedeli alleati nella salute e, se ti affidi a loro, ti indicheranno la strada.

Tocca a te

Per pregare i tuoi guaritori di aprire il tuo cuore e guarire il tuo corpo devi, per prima cosa, provare amore e compassione per te stesso e desiderare la tua guarigione. Se collabori, loro sapranno perfettamente cosa fare.

Se invece vuoi che intervengano per aiutare una terza persona, apri il tuo cuore e inviale amore incondizionato e compassione. Non concentrarti sulla malattia perché sarebbe come innaffiare la gramigna per farla crescere. Piuttosto, pensa solo al benessere in armonia con il disegno di Dio.

In entrambi i casi, il passo successivo è una preghiera alla quale le guide risponderanno subito. Tantissimi studi hanno dimostrato che coloro che pregano, o per i quali altre persone pregano, guariscono più rapidamente e completamente di coloro che non possono contare su questo aiuto.

La mia preghiera preferita è questa:

Madre divina, Padre divino
e tutte voi forze dell'universo,
ristabilite l'equilibrio del mio corpo,
della mente e dello spirito.
Cancellate dalla mia coscienza e dal mio corpo
tutto ciò che non rispetta
il vostro amorevole disegno per me.
Vi accordo il permesso e prometto di collaborare
con tutte le forze di guarigione
della natura divina e amorevole
per servire al mio benessere.
Amen

Sedicesimo capitolo

I maestri

Tra le guide più devote della nostra anima troviamo i maestri. Hanno una frequenza molto elevata e ci sono molto vicini per rafforzare la nostra consapevolezza e comprendere la nostra vera natura spirituale; s'impegnano per aiutarci a scoprire lo scopo nella vita così come il nostro karma, cioè gli insegnamenti. Infatti, il termina karma significa "imparare" e implica l'idea di appartenere a un gruppo di studenti.

A differenza degli apripista e degli aiutanti, queste guide non sono quasi per nulla interessate ai nostri piccoli affari quotidiani. Non intervengono quando abbiamo dubbi su questioni materiali, come quando ci chiediamo: "Mi sposerò mai?" o "Devo comprare un'automobile nuova?". Piuttosto, la loro attenzione si concentra per liberarti dai limiti del tuo ego affinché tu possa ampliare la tua consapevolezza, e godere dell'infinito potenziale che hai a disposizione e vivere nella gioia come ogni altro essere divino. Si impegnano anche per guidarti nella ricerca di un modo per servire gli altri esseri umani. Ti aiutano ad aprire il tuo cuore e a sconfiggere le illusioni, la paura, i giudizi, le idee false e i limiti che ci autoimponiamo.

Spesso i maestri che seguono la tua anima nelle diverse vite sono gli stessi. Si radunano per creare una sorta di scuola per la tua anima in cui ogni periodo che trascorri sulla Terra rappresenta un passo in avanti verso un livello superiore, come quando si viene promossi e si avanza di grado nelle scuole vere.

Alcuni di loro hanno vissuto in passato sul nostro Pianeta come esseri mortali e, grazie a questa loro esperienza, comprendono intimamente le difficoltà che noi umani affrontiamo lungo il cammino. Spesso sono stati saggi, mentori o santi e hanno deciso di portare avanti la loro missione anche adesso che appartengono a un'altra dimensione. Hanno una pazienza e una compassione infinite, hanno un acuto senso dell'umorismo e s'impegnano affinché tu riesca a mantenere la rotta in sintonia con i desideri della tua anima.

Anche se queste guide sono già state tuoi maestri in una vita passata, hanno bisogno del tuo invito per contattarti e ricominciare a occuparsi di te. Alcune di loro possono essere insegnanti che hai incontrato in *questa* stessa vita e che sono morti di recente. Ho avuto occasione, nel corso degli anni, di parlare con molti sensitivi, medium e messaggeri dello spirito e quasi tutti avevano un maestro molto influente che, pur essendo deceduto, continuava a seguirli nella loro crescita spirituale. Queste relazioni indissolubili sono legami che uniscono le anime a livello profondo e che la morte non può dissolvere.

Due miei importanti maestri, Charlie Goodman e il dottor Tully, hanno lasciato questa vita molti anni fa, eppure continuano a lavorare a stretto contatto con me dall'altro mondo. Sento che mi guidano esattamente come quando ero una giovane e timida studentessa che sedeva vicino a loro durante le lezioni.

Charlie, il mio primo maestro, mi ha insegnato quasi tutto quello che so sul mondo dello spirito ed è stato il primo che mi ha fatto conoscere il metodo giusto per lavorare con le mie guide. Sento chiaramente la sua presenza quando insegno ai miei studenti e persino ora, mentre scrivo questo libro. Il suo particolare richiamo era (ed è anche ora) una risata che assomiglia a una cascata vorticosa e piena di energia. Le sue risatine ogni volta mi ricordano che, nel mondo dell'anima, tutto è sempre perfetto e che non dovrei mai lasciarmi coinvolgere troppo dagli eventi.

Volevo molto bene a Charlie e sono felice di sapere che è ancora con me dopo la sua morte. Conosce i miei punti di forza e le mie debolezze e ogni volta che mi lascio depistare dall'insicurezza, dalla paura, dalle critiche, dalla certezza di avere ragione o dalla rabbia, la sua risata infrange l'incantesimo in cui sono caduta. Quando la sento, so che è intervenuto per ristabilire il mio equilibrio.

Con il dottor Tully, l'altro maestro di cui sono stata discepola in passato, ho avuto un rapporto molto meno personale ma ha comunque esercitato una certa influenza sul mio percorso di apprendimento. In diverse occasioni mi ha fatto notare la relazione che intercorre tra i miei pensieri e le mie esperienze. Il suo stile distaccato era uno dei suoi punti di potere e grazie a lui ho imparato a essere meno emotiva e più oggettiva nell'interazione con il mondo, una lezione difficile che sono felice di aver appreso (e che ancora oggi devo approfondire). Si manifesta con la sua voce intensa che interviene nel mio dialogo interiore e lo mette subito a tacere.

Mi ha insegnato ad addomesticare la mente anziché lasciarmi coinvolgere dalla sua confusione. Mi ha anche spiegato che lo scopo della mia anima in questa vita è quello di essere creativa e di accettare la mia totale responsabilità per quello che faccio e genero. Ancora oggi, ogni volta che mi accorgo di avere assunto un infantile atteggiamento da vittima, sento la sua voce che echeggia nella mia testa e mi ricorda ciò che Shakespeare scrisse: "Non esiste il bene e nemmeno il male se non quelli creati dal pensiero." Perciò stai attento a quello che accade nella tua mente.

I miei maestri più imponenti sono i Tre Cardinali. Sono stati con me per varie vite e ho studiato con loro quando ero un prete francese e analizzavo gli antichi misteri nel Medioevo. I Tre Cardinali mi guidano quando devo prendere decisioni, o quando i miei clienti devono fare una scelta importante, e si concentrano sullo sviluppo dell'integrità e del carattere. Sono abbastanza diretti quando evidenziano una pessima decisione e quando viene commesso un errore. Anche se non hanno peli sulla lingua, si rivolgono a me con amore e ironia quando si tratta del mio potenziale più alto o di quello dei miei clienti.

Forse puoi individuare qualcuno che ti sta assistendo in qualità di maestro spirituale. Infatti, a volte queste guide sono ancora vive e non solo comunicano con te quando sei sveglio e cosciente, ma ti fanno visita mentre sogni o si connettono con te mentre fantastichi. La maggior parte dei contatti avviene proprio in questi momenti, perché quando siamo svegli siamo troppo preoccupati per i piccoli problemi che affliggono la nostra vita quotidiana per ricordare le nostre vocazioni più elevate. I maestri vengono a trovarci anche mentre meditiamo ed è un modo meraviglioso di avere un contatto diretto con loro mentre siamo in uno stato cosciente. Molto probabilmente continueranno a prendersi cura di noi anche dopo la morte.

Svolgendo la mia missione di maestra spirituale, ho avuto centinaia di discepoli che mi hanno raccontato di avermi incontrata in sogno e di avermi vista comparire dal nulla. Alcuni addirittura mi vedono in forma di spirito mentre affrontano i loro problemi e io sono certa che sia vero. Lo spirito non è imprigionato nel corpo, perciò non è impossibile che sia in due posti contemporaneamente.

Devo ammettere che a volte, quando mi sveglio, mi sento come se avessi lavorato tutta la notte per aiutare i miei studenti, e i loro racconti confermano la mia sensazione. Forse anche tu hai vissuto un'esperienza simile; la tua anima è un modello per altri e, mentre dormi, hai una vita parallela nel mondo dello spirito.

Due mie guide, tuttora viventi, sono le mie maestre Lu Ann Glatzmaier e Joan Smith, due anime dotate di straordinaria saggezza che conosco da quando avevo quattordici anni. Posso connettermi con loro quando sono sveglia e cosciente e anche mentre sogno. Quando dormo le incontro regolarmente e intessiamo lunghe e interessanti conversazioni che rigenerano la mia anima e per me non sono meno significative di una chiacchierata al telefono o di una visita reale. In questo caso, sono io la studentessa che visita i mastri nottetempo e, a volte, le lezioni si protraggono fino all'alba. Quando accade, al risveglio sono stanchissima; forse anche *tu* a volte ti alzi dal letto devastato dopo aver sognato di seguire o di tenere una lunga lezione.

Potrebbe sorprenderti il pensiero che alcune tue guide siano ancora vive o anche l'idea che tu stesso possa essere un potenziale spirito maestro, ma tutte le anime hanno una storia antica e noi siamo forti, persino esperti, in alcune aree mentre in altre abbiamo ancora molto da imparare. Sia Charlie sia il dottor Tully mi hanno insegnato che ogni persona è contemporaneamente maestro e discepolo perché siamo tutti connessi, come le cellule di un corpo, e tutti possiamo insegnare agli altri come crescere su diversi livelli.

Puoi anche connetterti con gli antichi saggi che hanno ottenuto l'illuminazione e hanno scoperto i mezzi per placare la mente e stabilire un contatto diretto con gli dei. Sono sempre molto gentili, amorevoli ed estremamente pazienti. Compaiono quando inizi a porti domande sul significato e sul fine della vita e vuoi darle un senso più profondo. Poiché sono riusciti, con grande impegno e fatica, a sopprimere il proprio ego, in molti casi preferiscono rimanere anonimi.

Queste guide spesso ti inducono a leggere certi libri, a partecipare a workshop, seminari e raduni spirituali. Molti maestri si sforzano per elevare la coscienza delle masse a una frequenza superiore e, dagli anni Cinquanta, hanno raggiunto importanti traguardi. Gli hippy che, negli anni Sessanta, erano relativamente pochi, oggi sono ormai migliaia e si interessano di questioni di natura spirituale; questo fenomeno è stato possibile anche grazie alle guide che hanno fatto scoprire la meditazione, il rilassamento, il massaggio come terapia e l'esplorazione dell'intuito a un pubblico più ampio. Con l'aiuto dei guaritori, sono riusciti anche a gettare un ponte che unisce la scienza e la religione, a portare alla ribalta la spiritualità, a creare nuove cure integrate come il programma dei dodici passi o la terapia di gruppo e ad aprire la porta alle medicine alternative e olistiche che rappresentano nuove possibilità di apprendimento.

Spesso i maestri si avvalgono dell'ausilio dei messaggeri che ti invitano a interessarti a certi temi. Una volta, nel periodo in cui il mio matrimonio, le mie figlie e il lavoro mi stavano soffocando, ho chiesto ai miei maestri di mostrarmi cosa avevo bisogno di imparare per rendere la mia vita più facile. Il giorno successivo ricevetti un invito per l'Hoffman Quadrinity Process, un corso intensivo di otto giorni durante i quali avrei scoperto nuove strategie per vivere nel mio spirito. In effetti, devo ammettere che sono state le lezioni più illuminanti che io abbia mai seguito. (Se ti interessa, puoi trovare maggiori informazioni nel sito internet www.hoffmaninstitute.org.)

Sai che i maestri...

...si presentano a noi in gruppo per aiutarci a imparare in ogni ambito di conoscenza? Attraverso le particelle subatomiche, per esempio, ci fanno scoprire che anche noi siamo pura energia, puro spirito e non abbiamo alcun limite se non i nostri stessi pensieri. In qualsiasi disciplina facilitano nuove scoperte e spazzano via i vecchi pregiudizi.

...vengono in nostro aiuto quando il mondo affronta momenti di grave crisi, soprattutto per cambiare la nostra visione delle cose?

...il loro scopo principale è spogliarti delle tue false identità che prendono forma a causa dell'ego?

...ti portano a esprimere in modo pieno e sincero il tuo spirito?

Capirai quando i tuoi maestri sono con te perché, all'improvviso, ti sentirai insoddisfatto del modo in cui gestisci la tua vita e proverai il desiderio di imparare nuove cose. Per esempio, Max, a quarant'anni era, almeno in apparenza, il ritratto del successo: affascinante pilota di aerei, single, non gli mancavano un bell'aspetto, soldi e prestigio. Era anche figlio unico e aveva una madre affettuosa, seppur oppressiva a suo avviso. Nonostante le apparenze, Max era triste, inquieto e annoiato e considerava la sua vita priva di significato; alla fine, tutto questo gli provocò una lieve depressione.

Un giorno, mentre sedeva da solo su un aereo vuoto a Cleveland in attesa dei colleghi e dei passeggeri, chiuse gli occhi e cercò di rilassarsi. All'improvviso, percepì la presenza di un essere superiore. Fu come se nella mente si fosse aperta una porta che era rimasta sigillata da molto tempo. Fu come se una forza positiva avesse liberato il suo cuore e i suoi occhi permettendogli di capire che l'insoddisfazione dipendeva dal suo egoismo e dal fatto che pensava solo a se stesso.

Non sentì alcuna voce né vide alcuno Spirito del Natale Passato. Semplicemente, ebbe la sensazione che un nodo interiore si stava sciogliendo... e vide dove lo avrebbero condotto le decisioni che stava prendendo allora. All'improvviso, il suo comportamento negativo gli sembrò insensato e provò vergogna e tristezza.

Provò una felicità così intensa per quella svolta esistenziale che per tutta la giornata fece fatica a rimanere concentrato sul lavoro. Fortunatamente, riuscì a raggiungere Chicago, ma non poté rispettare il piano di volo. Così chiese un permesso per malattia perché non si sentiva bene.

Ciò che seguì fu la sua notte oscura dell'anima. Con i maestri sempre al suo fianco, la nuova consapevolezza continuò a espandersi andando ad abbracciare tutta la sua vita, fino al giorno in cui era morto suo padre, quando lui aveva solo undici anni. Riconobbe che fu proprio quello il momento in cui il suo cuore si era chiuso e aveva deciso di pensare solo a se stesso anziché rischiare di soffrire di nuovo per la perdita di qualcuno.

Quando se ne rese conto, urlò: "Cosa devo fare?". In quel momento la sua domanda non ricevette risposta. Il mattino successivo fece un giro in città e capitò per caso in una minuscola (a quel tempo) libreria chiamata Transition Bookplace specializzata in letteratura New Age e autoaiuto. Per lui, la parola "spirito" significava solo alcol. Tuttavia, rimase molto colpito da quel negozio e vi trascorse tre ore. Comprò dieci libri, alcuni sull'anima, sullo scopo della e sulla meditazione.

Il viaggio spirituale di Max iniziò proprio il giorno in cui le sue guide lo avevano indotto a guardarsi allo specchio per scoprire cosa sarebbe diventato. Poi lo avevano aiutato a trovare i mezzi per vivere un'esistenza più autentica, dapprima accompagnandolo in quella libreria, poi facendogli trovare lezioni, workshop e sedute con mentori e maestri... e infine giunse da me.

La crescita della sue anima fu lenta ma costante: i suoi maestri gli fecero incontrare un'associazione di volontari che aiutava i bambini nei paesi poveri bisognosi di assistenza medica. Max li accompagnò in aereo negli Stati Uniti dove avrebbero ricevuto le cure necessarie. Era così soddisfatto che chiese una riduzione dell'orario di lavoro per dedicare più tempo alla sua nuova passione. Aiutando i piccoli bisognosi, il suo cuore si aprì e ritrovò la capacità di amare senza riserve e barriere. Le sue guide erano state davvero efficienti.

Max comprese quale fosse il loro scopo supremo: insegnarci ad aprire il cuore e a vedere il mondo e noi stessi con amore, capire che siamo tutti parte di una grande famiglia di tanti colori. Se feriamo gli altri, offendiamo noi stessi; se aiutiamo il prossimo, contribuiamo al nostro benessere.

La lezione dei grandi maestri

Oltre a ricevere istruzioni dai nostri maestri del presente o del passato, possiamo anche connetterci con uno, al massimo due, grandi maestri spirituali del passato. Gli spiriti che appartengono a questo gruppo vengono chiamati Maestri Ascesi o Fratellanza della Luce Bianca; essi lavorano con noi direttamente o indirettamente per innalzare la nostra consapevolezza. I più famosi hanno vissuto sulla Terra, come Gesù, Maria Vergine, Qwan Yin, Budda, Maometto, Wakantonka e San Germano, per citarne alcuni.

Molte persone, me compresa, si sentono profondamente attratte da Gesù o da Maria e li scelgono come propri grandi maestri. Ho una cliente che è così legata alla Vergine che recita il rosario tre volte al giorno in suo onore. Questa donna è la persona più affettuosa che io abbia mai conosciuto; ha accudito quattordici bambini e ne ha adottati otto. Crede che la sua infinita energia, la pazienza e la fede necessarie per procedere con gioia su questo cammino le siano state donate da Maria, la madre di tutti gli uomini.

Maurice, un altro mio cliente, parla incessantemente con Gesù di tutto quanto avviene nella sua vita. Dopo essere sopravvissuto a un incendio in cui ha perso la famiglia e ha subito gravi ustioni sul quaranta per cento del corpo, Maurice dice di aver imparato da Gesù a perdonare e ad andare avanti. Ora lavora con i bambini disabili ed è in pace con se stesso e con il mondo.

I maestri all'opera

Puoi capire di essere sotto l'egida di un maestro se il tuo cuore è più leggero e tu sei più tranquillo, più disposto ad ascoltare e meno propenso a parlare. Sei sotto la loro influenza quando desideri leggere libri che trattano di argomenti spirituali, entrare a far parte di un gruppo o di una comunità che possa aiutarti a far evolvere la tua anima e quando hai bisogno di una guida spirituale. Stai certamente seguendo le indicazioni di un maestro guida se senti la vocazione di servire l'umanità in modo profondo e generoso.

Le lezioni dei maestri si adattano a ciò che è meglio per la tua anima. Le guide sanno bene, e anche tu dovresti, che non esiste un metodo universalmente valido quando si parla di crescita spirituale. Per questo motivo, le guide inducono alcune persone ad andare in chiesa, altre invece a non andarci più e a stabilire un rapporto più intimo e diretto con Dio e con il creato.

I maestri vogliono soprattutto che tu sappia che c'è un solo modo *giusto* per entrare in sintonia con la tua anima. Devi ascoltare ciò che ti dice il cuore, seguire il suo consiglio, essere te stesso e vivere amandoti e rispettandoti, anziché temere o cercare di compiacere gli altri.

Non avere paura di invocare troppo spesso l'aiuto dei maestri guida. Sei la loro principale occupazione nei momenti di sconforto. Se li chiami, arriveranno subito.

Tocca a te

Trova un luogo tranquillo e invita cortesemente i tuoi maestri guida. Per prima cosa chiedi al tuo Sé Supremo di aprire il tuo cuore inspirando profondamente. Poi interrogali: "Cosa devo imparare oggi? Come potete aiutarmi per farlo al meglio? Da cosa mi sto nascondendo? Di cosa ho paura?".

Ascolta attentamente e, se riesci a rispondere a queste domande ad alta voce, lascia che il tuo cuore si esprima mentre gli spiriti ti fanno trovare le risposte.

I tuoi maestri, più di altre guide, rispettano alti standard. Non ti emarginano, non ti biasimano e non ti lusingano, anche se lavorano sodo per offrirti un'esperienza di apprendimento positiva. Non faranno confronti tra te e gli altri. Ti daranno solo suggerimenti senza mai metterti alle strette, ma pretenderanno sempre che tu dia il meglio di te. Sono stati loro a farti scegliere questo libro, non credi?

I maestri, come tutte le altre guide, sanno esattamente cosa vuoi. Ti guideranno un passo dopo l'altro nel tuo processo di apprendimento e staranno con te per tutto il tempo necessario. Ricorda che il maestro arriva quando lo studente è pronto. Se tu sei pronto, anche loro lo sono.

Diciassettesimo capitolo

Gli animali guida

Anche se sono tra gli spiriti guida più importanti e potenti, spesso gli animali vengono trascurati e messi in secondo piano. In un tempo lontano, gli uomini erano profondamente connessi con il mondo naturale e consultavano i suoi abitanti perché li ritenevano dotati di saggezza e di grande potere. Anche se oggi questo legame è meno intenso, la connessione non si è interrotta del tutto e numerose creature comunicano con noi sia nel mondo fisico sia nei sogni, nel tentativo di parlare alla nostra anima e al nostro spirito.

Gli animali appartengono al mondo dei maestri. Alcuni ci trasmettono le nozioni e le strategie per sopravvivere, altri invece ci mostrano come trasformarci e adattarci, abilità che a volte si rivelano molto utili. Sono anche divertenti e amano giocare; possono quindi insegnarci ad affrontare la vita con più leggerezza e a ridere di fronte alle difficoltà. Molti animali sono leali e donano il proprio affetto senza condizioni, altri invece rimangono distaccati perché preferiscono essere fedeli a se stessi anziché soddisfare gli altri. Alcuni sono ottimi segugi, mentre altri hanno la facoltà di scomparire. In un modo o nell'altro, ciascuno spirito animale possiede doti straordinarie che risvegliano la nostra anima e permettono loro di comunicare con noi.

Gli animali svolgono la loro funzione di guide in tre modi. Innanzitutto, fanno semplicemente parte delle nostre vite e comunicano con noi direttamente; in secondo luogo, compaiono nei nostri sogni per veicolare messaggi attraverso il piano astrale; infine, ci offrono il loro spirito come totem o porta di accesso a un particolare potere ed energia, permettendoci di realizzare i nostri obiettivi.

Puoi iniziare a connetterti con gli animali guida percependo lo spirito degli animali presenti nella tua vita. Inizia dai tuoi animali domestici (anche da quelli che non sono più con te) e concentrati su ciò che la loro presenza ti dona (o ti ha donato). La mia cagnolina, Miss T, un piccolo barboncino nero, è stupenda, fedele, sensibile e fa di tutto per manifestare il suo amore a ogni membro della famiglia senza distinzioni né preferenze. Per esempio, dorme a turno accanto a ciascuno di noi cambiando posto durante la notte. Si addormenta prima nella mia stanza, poi fa compagnia a Sabrina per alcune ore e infine si accoccola sul letto di Sonia fino al mattino. Durante la giornata sta vicino a tutti: viene con me in ufficio durante le sedute; si siede vicino alla scrivania delle mie figlie quando fanno i compiti e studiano e, talvolta, fa la spola tra le due camere; poi trascorre il pomeriggio nell'ufficio di Patrick. Quando è presente, ci sentiamo tutti più sereni e felici.

Sappiamo bene che è in grado di comunicare con noi a livello spirituale e che lo fa in ogni momento della giornata. Quando sono con lei, mi basta darle un'occhiata per capire se sta bene oppure no. Nelle rare occasioni in cui ringhia o abbaia a qualcuno, intuisco subito che in quella persona c'è qualcosa di strano e che devo stare attenta.

Una volta abbiamo assunto una babysitter in apparenza molto gradevole e con ottime referenze, ma Miss T non si lasciò incantare dall'aspetto. Tollerava a malapena la sua presenza e non le toglieva mai gli occhi di dosso facendoci capire che non era affidabile. La babysitter lavorò per noi alcuni giorni, finché non ci telefonò suo padre infuriato dicendoci che era scappata di casa e pretendeva che la rimandassimo da lui. Noi avevamo solo percepito che qualcosa non andava, ma Miss T lo aveva capito con certezza assoluta.

Miss T è anche una grande giocherellona; danza per noi, ci fa scherzi divertenti e gioca a rincorrerci e a nascondino quando capisce che siamo tristi. Più volte ha aiutato Patrick a rilassarsi; mi ha impedito di lavorare troppo e fa in modo che le mie figlie non si sentano sole o non abbiano paura. I suoi doni sono infiniti.

Alcuni anni fa ebbi la sensazione che questo dolce spirito non fosse più lo stesso, ma pensai che non ci fosse niente di strano. Poi sognai che Miss T mi diceva di essere ammalata e che aveva bisogno di essere visitata da un veterinario. Il mattino successivo, incaricai Patrick di portarla a fare un controllo, ma il medico non trovò nulla di anomalo. Quella stessa notte, si sedette ai piedi del letto di Sonia e le fece capire che non stava bene e che aveva bisogno di aiuto. Sonia le aprì la bocca e scoprì che aveva un piccolo osso di pollo incastrato in gola; glielo rimosse subito. Miss T avrebbe potuto morire ma, non appena l'osso fu tolto, ritrovò tutta la sua vitalità.

I gatti sono ottimi maestri e comunicano facilmente con le nostre anime. Non ho mai posseduto un gatto perché sono allergica, ma mio fratello Anthony ha avuto due tigrati, Summer e Winter [Estate e Inverno], che sono stati per lui un grande sostegno e lo hanno fatto distrarre in situazioni emotivamente difficili in cui era ammalato o stanco. Le loro acrobazie e la presenza rilassante hanno contribuito a mantenere aperto il suo cuore in periodi in cui rischiava di chiudersi di fronte al dolore. Per molti aspetti, lo hanno guarito, come lui stesso ama dire.

Anche gli uccelli sono capaci di comunicare con gli esseri umani. Un mio cliente, Marion, si è affidato a loro perché lo guidassero. Marion stava per intraprendere una nuova attività commerciale nel settore del cinema; aveva infatti deciso di aprire alcune sale cinematografiche con suo cognato. Proprio in quel periodo, vide una civetta nel suo giardino per due notti di fila. Sapendo che questi uccelli sono predatori notturni, interpretò queste apparizioni come un segno che confermava i timori sull'aggressività e l'inaffidabilità del suo futuro socio. Ringraziando la civetta per l'avvertimento, Marion rifiutò la proposta del cognato e abbandonò l'impresa. Dopo questa decisione, l'uccello sparì.

Deluso, suo cognato trovò un nuovo collaboratore ma, alla fine, i due iniziarono a litigare per questioni legate al denaro. Presto si scoprì che entrambi avevano truccato i conti. Le sale furono chiuse e dovettero affrontare una causa in tribunale. Tuttavia, il mio cliente era riuscito a non rovinare il rapporto con suo cognato, grazie all'intervento della civetta.

In passato, gli uccelli mi hanno parlato in modo molto diretto sostenendo le mie scelte e guidando il mio spirito. Alcuni anni fa i genitori di Patrick furono coinvolti in un terribile incidente e, subito dopo, uno stormo di corvi neri si posò sugli alberi di fronte alla nostra casa e iniziarono a gracchiare in coro. Ho sempre considerato questi uccelli depositari di potere e magia, perciò compresi subito che la loro presenza doveva avere un significato.

I corvi continuarono a rumoreggiare per dieci minuti, poi volarono via. Sapevo che volevano dirci che i miei suoceri sarebbero stati bene e che non avevamo motivo di preoccuparci. Ovviamente non conosco il loro linguaggio ma, nel cuore e nell'anima, compresi il motivo per cui erano venuti. Incoraggiata dalla loro saggezza, rassicurai Patrick dicendogli che sicuramente i suoi genitori si sarebbero rimessi anche se le prospettive erano tutt'altro che incoraggianti. Infatti, presto guarirono e sono ancora riconoscente agli uccelli per aver alleviato la nostra angoscia quando la situazione sembrava volgere al peggio.

Gli uccelli si sono rivelati molto utili anche quando non riuscivo a decidere se scrivere la mia autobiografia, come mi aveva proposto una casa editrice, oppure no. In quel periodo ero in vacanza in Francia con mio marito e le mie figlie ed eravamo ospiti della famiglia presso cui avevo alloggiato quando ero ancora studentessa. Incerta sul fatto che la storia della mia vita potesse essere in qualche modo utile agli altri, decisi di interrogare le mie guide e di aspettare un loro segnale prima di decidere. Dopo aver rivolto loro la mia preghiera, andai a dormire.

Alle cinque del mattino mi svegliai all'improvviso da un sonno profondo, come se una forza superiore avesse voluto interrompere il mio riposo, e guardai fuori dalla finestra. Una bellissima colomba bianca volò verso di me e si infilò nella finestra aperta andando a sbattere proprio contro la mia testa. Poiché i miei maestri mi avevano insegnato che gli uccelli sono i messaggeri dell'anima, quel segno stupefacente mi dimostrò che avrei dovuto scrivere il libro per la mia anima, se non volevo farlo per altre persone.

La povera colomba era stordita per il colpo che aveva preso durante il suo maldestro atterraggio e rimase per qualche istante rintronata in un angolo della stanza. In pochi istanti si riprese e volò fuori dalla finestra verso il sole che spuntava all'orizzonte. Alla fine scrissi davvero la mia autobiografia e non so quale significato abbia avuto per chi l'ha letta ma, di certo, per la *mia* anima è stato un bene.

Mio nipote Jacob mi ha raccontato questa storia sugli uccelli. Il giorno in cui ricorreva il primo anniversario della morte di suo padre, si sentiva molto triste e provava un'intensa nostalgia, perciò decise di andare a fare una passeggiata lungo una spiaggia deserta sul lago Michigan, vicino a casa sua. Mentre camminava, una maestosa aquila dalla testa bianca, una specie che non aveva mai visto da quelle parti, arrivò da chissà dove e planò passando sopra la sua testa. Allora Jacob si voltò e vide una rosa imprigionata nel ghiaccio. Questi eventi lo scossero ma, stranamente, gli diedero anche conforto perché sapeva che l'aquila era un messaggero.

Questo tipo di uccello comparve anche in un'altra occasione, quando la mia cara amica Julia Cameron non sapeva decidersi se trasferirsi in un nuovo appartamento in una zona centrale di New York, piuttosto distante dal luogo in cui viveva allora, lungo il fiume. Temeva che abitando in centro avrebbe sentito la mancanza della natura, degli alberi e dei prati che amava tanto. Decise tuttavia di cambiare casa e, nel giorno del trasloco, venne a darle il benvenuto un'aquila meravigliosa, appollaiata vicino all'uscita di emergenza accanto alla finestra del nuovo appartamento. Molte altre persone la videro. Rimase lì per tutto il giorno, come se volesse farle capire che sarebbe stata felice e che l'appartamento l'avrebbe fatta sentire bene. Infatti fu proprio quanto accadde perché Julia, da quando vive lì, ha trovato una nuova vena di ispirazione nella scrittura.

Gli animali hanno sempre qualcosa da insegnarci se prestiamo attenzione alle loro lezioni. Mia sorella Cuky, che si è sempre occupata di noi fratelli e sorelle essendo la figlia maggiore, stava per iniziare una nuova carriera come guaritrice. Tuttavia, quando si trovava di fronte al regno della natura veniva colta dalla paura e si bloccava.

Anche se amava i gatti, aveva sempre evitato di comunicare con la natura e non era mai nemmeno andata in campeggio. Poiché aveva deciso di affrontare le sue paure e diventare una brava guaritrice dell'anima, fece un viaggio in Messico per visitare le rovine di Anasazi con la sua migliore amica, la sciamana Debra Grace.

Mentre attraversavano la foresta, dal fitto del fogliame sbucarono diversi animali, uno dopo l'altro, e sembravano spiarle. In particolare, un vivace scoiattolo fulvo vide Cuky arrivare e si mise a correre verso di lei. Era velocissimo e lei pensò che le sarebbe saltato addosso senza darle il tempo di allontanarsi. Troppo spaventata per urlare, mia sorella rimase paralizzata sussurrando: "Viene verso di me! Viene verso di me!".

Debra confermò il suo timore: "Oh mio Dio! È vero!".

Incerte sul da farsi, rimasero entrambe immobili mentre lo scoiattolo si affrettava verso di loro. All'improvviso, però, si fermò, a pochi centimetri dal volto di Cuky, e le sorrise. Rimase a fissarla per una decina di secondi, poi si voltò e corse via con la stessa rapidità con cui era venuto. Fu una scena così divertente e bizzarra che entrambe scoppiarono a ridere. Quella creatura era così piccola che non c'era alcun motivo di averne paura; anzi, aveva voluto dimostrare a mia sorella che poteva superare la paura della natura se l'avesse guardata dritta negli occhi.

L'anno successivo Cuky andò alle Hawaii dove visse dei prodotti della terra e dormì in tenda per un mese intero mentre imparava l'antica arte medica dei Lomi Lomi da un maestro nativo; prima della sua esperienza in Messico non avrebbe mai fatto nulla del genere.

Tuttavia, gli animali guida non sono sempre così dolci e teneri. Diversi anni fa, Patrick, durante un ritiro di meditazione sui monti della California, decise di andare a fare una passeggiata. Mentre si inerpicava sul sentiero, si rese conto della grande influenza che la paura aveva sulla sua vita. Non appena questo pensiero prese forma nella sua mente, un pitbull inferocito e minaccioso comparve dal nulla e iniziò a mostrare i denti e a ringhiare contro di lui, pronto ad attaccarlo. Mio marito non aveva nulla con cui difendersi e il suo terrore stimolava la ferocia del cane come carne fresca ma, all'improvviso, pensò di avvalersi della sua capacità di meditare così placò la paura con la respirazione e facendo pensieri di pace.

Non appena si rilassò (o almeno provò a farlo), il cane smise di abbaiare, si voltò e corse dal suo padrone che, intanto, era sopraggiunto da chissà dove. Il cane aiutò Patrick ad affrontare le sue paure e a scegliere di prendere il controllo sui sentimenti anziché lasciarsi guidare da loro. Nel momento in cui aveva deciso di farlo, il cane si era ritirato e lui era riuscito a tornare sano e salvo nella sua stanza.

Ho riportato solo alcuni esempi per descrivere il modo in cui gli animali guida possono avvicinarsi ed entrare in contatto con noi e come si mostrano per illuminare aspetti sconosciuti del nostro spirito. Quando inizi a notare questi incontri, la tua mente si apre per accettare le indicazioni offerte dagli animali; non è nemmeno necessario che siano ancora vivi per farlo! Una volta stavo pedalando sul lungolago a Chicago e per poco non passai sopra a un enorme topo schiacciato sull'asfalto. Sterzai per evitarlo e sentii che quello spettacolo raccapricciante era un messaggio preciso e perfettamente puntuale per me. Subito mi vennero in mente due pensieri; da una parte, pensai che i topi non sono per niente gradevoli e, dall'altra, che vivono nel mio ambiente. Compresi che lo spirito del topo morto mi voleva mettere in guardia sulle persone che frequentavo e i guai che avrebbero potuto causarmi se non fossi stata attenta. Infatti, più ci pensavo, più mi accorgevo che molte delle persone con cui avevo a che fare in quel periodo non condividevano i miei principi etici e i miei valori e che, in qualche modo, erano molto simili ai topi. Il roditore che avevo trovato sulla strada era un chiaro messaggio: dovevo allontanarmi da queste persone prima di fare una brutta fine (come era accaduto al topo), e così feci.

Alcuni mesi dopo, venni a sapere che uno di questi sgradevoli "topi" aveva rubato i soldi e le carte di credito di un amico comune e aveva poi lasciato la città per evitare le conseguenze del suo gesto. Fu davvero un pessimo epilogo ma, grazie all'avvertimento del topo che avevo visto, ero riuscita a evitare un grave problema.

Come dimostra l'esperienza, tutti gli animali sono maestri e hanno messaggi di guarigione per noi se solo prestiamo attenzione. Potrei elencare molti altri esempi del loro potere benefico: osservare i pesci in un acquario o in una vaschetta mentre nuotano placidamente dona una profonda sensazione di benessere; le tartarughe ti fanno sentire protetto e ti insegnano a ritirarti dal mondo per rifugiarti in te stesso quando sei stressato o sopraffatto dalla vita. I criceti ti mostrano come collaborare e divertirti mentre li osservi giocare sulle ruote o dormire vicini nelle gabbiette.

Sai che gli animali guida...

...si presentano a noi in gruppo per aiutarci a imp...sono tra le guide più potenti del mondo dello spirito?

...ti donano le qualità con cui rendere più bella la tua vita e migliorare la creatività e l'intuito?

...ti aiutano a ritrovare aspetti della tua anima che avevi scordato e a riconnetterti con il regno della natura?

Quando ti connetti con i tuoi animali guida, fai caso alle diverse creature che comunicano con te nei sogni perché, quando si manifestano, significa che il loro spirito vuole farti sapere qualcosa di molto importante. Spesso vengono a te sotto forma di totem per darti l'energia di cui hai bisogno. Tom, un mio cliente, fece un sogno molto realistico in cui cavalcava un bellissimo stallone bianco per tutta la notte e, al risveglio, si sentì vigoroso come mai gli era accaduto nella sua vita. L'impatto che aveva avuto sul suo umore era così forte che Tom ebbe subito la certezza che il cavallo fosse venuto per un motivo preciso.

Riflettendo su quanto avvenuto, ricordò quanto si era sentito potente nel sogno, una sensazione che non aveva mai provato da sveglio. Lo spirito del cavallo gli aveva fatto visita per donargli la forza. Accettando il suo regalo, Tom trovò l'energia e il coraggio di lasciare un lavoro che non lo avrebbe portato da nessuna parte, troncò una relazione destinata a non evolversi e si trasferì in California come desiderava da tempo. Dopo quel sogno, riuscì a dare una svolta alla sua vita e a realizzare i suoi progetti.

Se ti senti bloccato o hai bisogno di un cambiamento, puoi chiedere agli spiriti degli animali di intervenire per aiutarti a cambiare le tue vibrazioni ed elevare le tue energie. Ricorda solo che, quando ti rivolgi a loro, è l'animale che ti sceglie e non viceversa.

Questo capitolo è solo una breve introduzione sul fantastico mondo degli animali guida. Esistono molti libri che spiegano come interagire con loro e che puoi consultare se desideri approfondire la loro conoscenza. Per ora, inizia a mostrarti aperto sia a quelli che sono con te nella vita quotidiana, sia a quelli che compaiono nei sogni o che ti servono come totem. Devono essere amati, rispettati e tenuti in grande considerazione per il loro aiuto e per il modo in cui sono al servizio della nostra anima. Se permetti loro di farlo, ti saranno molto utili.

Tocca a te

Hai un animale domestico o sei vicino ad altri animali? Se è così, inizia a connetterti con queste guide percependo lo spirito unico del tuo animale domestico o delle altre creature con cui interagisci regolarmente.

Come li descriveresti? Cosa puoi imparare da loro? Quale messaggio o cura ricevi da loro? Lascia che sia il tuo cuore a parlare e non la mente. Fidati di ciò che provi e non censurare le emozioni.

Poi esercitati nel riconoscere gli altri ambiti della tua vita in cui gli animali si manifestano. Per esempio, hai visto un uccello particolare di recente? O un cervo o un cavallo?

Ci sono animali che si presentano a te con un certa frequenza? Forse ti capita spesso di incontrare falchi, conigli o altri animali selvatici. Chiedi al tuo spirito cosa stanno cercando di farti capire e ricorda di fidarti di ciò che senti.

Per sfruttare al meglio i doni che ricevi dagli animali guida, tieni un diario accanto al letto per annotare i sogni che hanno gli uccelli o gli animali come protagonisti. Puoi anche parlarne con qualcuno (purché sia una persona affidabile), perché ricorda che quando queste creature attirano la tua attenzione significa che hanno un importante messaggio per te.

Se vuoi prendere l'iniziativa ed entrare in contatto con i tuoi spiriti totem, usa l'immaginazione. Questo percorso potrebbe esserti utile.

1. Rilassati in un luogo comodo dove nessuno può importunarti.
2. Immagina di entrare in una caverna o nel cavo di un vecchio albero e di sbucare poi in un luogo naturale, come un prato o un bosco.

3. Goditi la pace e il potere della natura circostante.
4. Chiedi al tuo animale guida di comparire in questo luogo meraviglioso e di parlarti. Fidati di lui e del modo che sceglie per comunicare con te. Potresti sentire, percepire, udire, vedere o semplicemente sapere attraverso il tuo cuore che è presente.
5. Dopo aver stabilito la connessione con il tuo animale, usa l'immaginazione e cammina verso la caverna o l'albero per fare ritorno alla realtà. Prenditi qualche minuto per stabilizzarti e poi apri gli occhi.
6. Dopo aver scoperto qual è il tuo animale guida, studialo per saperne il più possibile. Sono stati pubblicati numerosi libri sugli animali, come quelli di Ted Andrews.
7. Quando concludi la connessione, ringrazia lo spirito e chiedigli di mandarti un segnale che ti dia la certezza che sia davvero la tua guida. La sua risposta può assumere le forme più diverse; per esempio potresti vederlo su una cartolina, in una fotografia, in una rivista o in televisione, oppure incontrarne un esemplare. Attendi con pazienza e di certo lui verrà. Per essere sicuro che sia il tuo totem, chiedi più conferme. Vedrai, non si offenderà e ti darà tutte le prove di cui hai bisogno.
8. Sii consapevole della sua costante presenza nella tua vita e del fatto che sfrutta la sua particolare energia per sostenerti e insegnarti. Presta

attenzione a tutte le manifestazioni della sua potenza e ricordati di ringraziarlo sempre per il suo aiuto.

Diciottesimo capitolo

Le guide della gioia

Le guide della gioia sono tra le mie preferite. Sono spiriti bambini che popolano l'universo e il loro compito è mantenere vivo e felice il *tuo* fanciullo interiore. A volte sono anime di bambini morti in tenera età ma, molto spesso, non hanno mai vissuto nella nostra realtà. Hanno una frequenza elevata, leggera e piena di gioia; sono molto vicini alla natura e il loro scopo principale è impedirci di prendere noi stessi e i drammi umani troppo sul serio. Ci aiutano a non sprofondare nella tristezza.

Le guide della gioia si mostrano quando meno te l'aspetti, quando l'ego è così abbattuto a causa delle sofferenze dovute alla nostra presunzione che perdiamo ogni capacità di relativizzare e ci isoliamo. Non voglio dire che il dolore che proviamo dipenda sempre da noi. Ci sono momenti nella vita in cui dobbiamo affrontare vere e proprie sfide e perdite dolorose e, in queste occasioni, i nostri angeli e i guaritori sono pronti a farci superare la sofferenza. Anche allora, comunque, questi deliziosi spiritelli si fanno vivi per distrarci dal dolore con le loro burle e, quando lo fanno, apprezziamo sempre la loro presenza.

Molto spesso, hanno la tendenza a comparire quando l'ego annichilisce la nostra parte migliore e quando siamo esausti, come quando lavoriamo troppo o ci rifiutiamo di vivere in modo equilibrato. Le guide della gioia sono nemiche dello stacanovismo e rappresentano l'antidoto per curare questa terribile dipendenza. Di solito, quando compaiono e ti interrompono, ti irriti. Il loro modo preferito per farlo è inviare da te i tuoi figli che ti chiedono di giocare, chiacchierare e ridere con loro. A volte funziona ma, se li cacci via o se non hai figli, si avvalgono dei tuoi animali domestici per convincerti a fare una pausa.

La mia amica Julia Cameron mi ha confidato che quando è troppo concentrata sul lavoro ed è così coinvolta da perdere persino il senso dell'umorismo, la sua cagnolina Charlotte, un highland terrier, arriva trascinando un giocattolo e insiste perché lei esca in giardino a giocare con lei. Anche Miss T si comporta in modo simile con me. I nostri amici a quattro zampe vengono inviati dalle guide della gioia. Hai notato quanti personaggi di Hollywood, che portano sulle spalle il peso della fama, si fanno accompagnare dai loro minuscoli cagnolini? I loro chihuahua e i loro barboncini hanno ricevuto da Dio l'incarico di rendere meno grave il peso del loro ego.

Se non hai animali, le guide della gioia troveranno altri modi per attirare la tua attenzione; per esempio, quando suona il telefono e non c'è nessuno in linea o quando senti il campanello e fuori dalla porta non vedi nessuno, probabilmente sono le guide che cercano di distrarti.

Si divertono soprattutto a farci ridere della frivolezza del nostro ego. Spesso ci infastidiamo quando la nostra presunzione viene attaccata (il cane ci fa qualche dispetto, il bambino ridacchia, il ragazzino ci dà allegramente il tormento). Ma le guide della gioia sono infaticabili e più opponi resistenza più loro diventano insistenti. Puoi anche perdere le staffe e cercare di farle scappare a gambe levate insieme ai loro adorabili aiutanti ma ti assicuro che poi ti sentirai un meschino ingrato. Sono con te per cercare di farti sentire meglio, non per litigare. Se ti arrendi e fai una risata, ritroverai il tuo equilibrio e uscirai dal vicolo cieco in cui ti sei cacciato.

Non puoi mai sapere dove e quando le incontrerai. Poiché sono spontanee e burlone, preferiscono sfruttare l'effetto sorpresa.

Proprio pochi giorni fa, una mia cliente mi ha raccontato una storia divertente su questi spiriti. Lei e suo marito erano tristi perché il loro matrimonio era un fallimento e sprecavano buona parte delle proprie energie cercando di imporre la propria volontà l'uno sull'altra e litigando. Non andavano d'accordo su nulla, battibeccavano continuamente e stavano per ore lontani l'uno dall'altra lamentandosi del comportamento offensivo dell'altro. Alla fine, il loro rapporto era così deteriorato che entrambi decisero di divorziare.

Finalmente avevano trovato un tema sul quale concordavano. Con grande serenità (almeno per i loro standard) iniziarono a discutere su come affrontare la separazione. Mentre parlavano, una mosca volò tra di loro. Il marito stava parlando con tono grave e serio e l'insetto si posò sul suo naso. Si sbracciò per cacciarla via e la moglie scoppiò a ridere davanti a questa scena ridicola.

La situazione era così assurda che anche lui non riuscì a evitare di sorridere e, mentre cercava di darsi un contegno, la mosca tornò e si appoggiò tra gli occhi. Questa volta ignorò la sua presenza e continuò con la sua filippica mentre la mosca passeggiava tranquilla sulla sua fronte. Sua moglie si mise di nuovo a ridere e lui, per reazione, si colpì con tale violenza che lei perse definitivamente il controllo: aveva fatto ciò che lei desiderava fare da tempo.

Poi toccò a lei dare voce alle sue lamentele. Non appena iniziò il suo lungo elenco di difetti del marito, la mosca atterrò sul *suo* viso. Lei si agitò forsennatamente nel tentativo di allontanarla ma senza successo. Suo marito, ovviamente, si piegò in due dal ridere. A quel punto, l'ilarità era così contagiosa che anche lei non riuscì più a trattenersi. Risero fino alle lacrime. Non si divertivano così tanto insieme da quando erano ancora fidanzati.

Presto i ricordi di quel periodo felice riemersero e trascorsero ore a rievocare i momenti divertenti che avevano condiviso. Alla fine, il marito disse: "Mi dispiace. Non voglio divorziare. Ho solo nostalgia del tempo in cui ci divertivamo insieme." Anche lei la pensava così, perciò contrattarono una tregua e decisero di dare un'altra possibilità al loro matrimonio.

Resteranno insieme? Non lo so. Ma grazie all'intervento delle guide della gioia, almeno hanno avuto un'altra chance.

Sai che le guide della gioia...

...rallegrano la tua vita affinché il tuo cuore si ammorbidisca e il tuo fanciullo interiore si senta soddisfatto?

...ti aiutano a iniziare a comportarti come una persona piena d'amore (indulgente, generosa e tollerante)?

Le guide della gioia hanno un unico scopo: aiutarci a guarire e a ricordare quanto può essere meravigliosa la vita. Si connettono soprattutto con i bambini e con i neonati per divertirli con le loro smorfie buffe che i piccoli spesso imitano. Se ti è capitato di sentire un bimbo ridere o divertirsi da solo, stai pur certo che la stanza è piena di guide della gioia.

Mia figlia Sonia aveva una stretta connessione con questi esseri quando era in tenera età e con il loro aiuto inventava mille giochi per divertirmi. Era molto brava in questo quando ero incinta per la seconda volta, soprattutto nei giorni in cui ero particolarmente stanca ed esausta. Quando aveva solo sette mesi o poco più, spesso vedeva le sue guide, rideva tantissimo con loro ed era consapevole che, in questo modo, rallegrava anche me. Non so quante volte, proprio appena mi sedevo per piangermi addosso e lamentarmi, lei iniziava a fare i suoi versetti e le espressioni che comparivano sul suo faccino erano così buffe che non mi era possibile lasciarmi andare alla depressione. Per suo tramite, sentivo gli spiriti danzare intorno a me e insieme ci divertivamo così tanto che ogni mia preoccupazione svaniva.

Le risate, soprattutto quelle sciocche e isteriche, sono il modo migliore per evocare le guide della gioia. Se vuoi trovarle, ti basta andare dove ci sono molti bambini o animali domestici. Ricorda però che non si occupano solo di animali o dei bambini. Come ho accennato prima, donano il sorriso anche a molti adulti seriosi e intervengono per dare sollievo a chi soffre di stress, soprattutto nelle occasioni solenni in cui il dolore e la tristezza sono troppo pesanti da sopportare. Per questo motivo spesso sono presenti alle veglie funebri e ai funerali.

Una volta ho partecipato al funerale di un'amica di mia madre. Era stata una donna gioviale e franca che voleva sempre avere l'ultima parola. La sua morte improvvisa, a seguito di un attacco di cuore, aveva sconvolto tutti coloro che la conoscevano. Mentre il prete recitava la predica solenne, un cellulare iniziò a squillare ma nessuno si preoccupò di spegnerlo. Il sacerdote passò lo sguardo sui presenti per individuare il colpevole senza riuscire però a capire chi fosse il proprietario del telefono incriminato; così, quando smise di dare fastidio, riprese il suo discorso.

Pochi istanti dopo, un altro telefono si mise a trillare in un altro punto della sala. Anche in questo caso, nessuno fece nulla per farlo smettere e il prete si interruppe e, con sguardo scocciato, aspettò che tornasse il silenzio per ricominciare a parlare con un'espressione di disappunto sul volto.

Per la terza volta, un *altro* cellulare interruppe la cerimonia. Il prete allora perse la pazienza e sbottò: "Per l'amor del Cielo! Cosa succede oggi con questi cellulari?".

Una bambina di quattro anni, Emily, una dei nipotini della donna morta, alzò la mano ed esclamò: "Io lo so! È la nonna che ti telefona perché non hai detto che le piaceva tanto il gelato al cioccolato!".

Tutti i presenti, compreso il severo prete, scoppiarono a ridere. Il dolore si attenuò e l'atmosfera cambiò; il prete smise di essere così cupo e parlò finalmente dei momenti più piacevoli che la nonna aveva donato a tutti coloro che l'avevano amata. Quello fu innegabilmente un intervento delle guide della gioia, i giullari e i commedianti dell'universo.

Poiché amano gli scherzi, uno dei loro giochi preferiti è nascondere le cose, spesso impedendoti di vederle anche se sono in bella vista. Hai mai smarrito le chiavi dell'automobile appena sei uscito di casa o il passaporto prima di imbarcarti su un volo internazionale, o i biglietti del teatro? Disperato, li hai cercati ovunque e poi li hai ritrovati in fondo a una tasca o ti sei accorto che li avevi in mano. Questo è il tipico modo di agire delle guide della gioia che ti dicono di respirare e di rilassarti perché tutto alla fine andrà bene. Non sono maligne o cattive; vogliono solo divertirsi con te per farti sorridere.

Provano gusto anche a nascondere i gioielli, le scarpe, i portafogli, le borsette, i documenti sui quali stai lavorando, i libri della biblioteca, il costume da bagno e il cellulare: tutto ciò che può farti smettere di agire automaticamente e farti ritornare al presente. Se ascolti con attenzione, li sentirai ridacchiare mentre ti guardano impazzire cercando in ogni angolo della casa.

Puoi risparmiarti un sacco di stress accettando la loro presenza e stando al gioco. Prova a dire: "Va bene, mi arrendo. Ho bisogno di rilassarmi. Grazie per avermelo ricordato." Se lo fai, gli oggetti che cerchi disperatamente ricompariranno subito come per magia. Poiché hanno una natura fanciullesca, adorano giocare a nascondino con i tuoi apripista: nascondono le cose e gli apripista le ritrovano. Devi solo divertirti con loro.

Oltre a impedirti di prendere la vita troppo sul serio, questi spiriti possono connetterti con ciò che ti rende felice. Ti porteranno in un colorificio o in un negozio di giocattoli o di musica, a un corso di danza o di recitazione, a un concerto di percussioni o in un'agenzia turistica dove prenotare il viaggio che continui a rimandare.

Sono la voce nella testa che ti dice che hai il diritto di concederti qualche coccola e un po' di piacere, come giocare con i tuoi bambini il sabato pomeriggio, o spassartela come se fossi tu stesso un bambino, passare un pomeriggio al bar con gli amici a chiacchierare o trascorrere la serata facendo un gioco di società con la tua famiglia anziché guardare la televisione in silenzio. Ti spingono a fare una passeggiata in bicicletta, a seguire il corso di decoupage e sdraiarti sul divano per leggere un libro senza sentirti in colpa.

Inizia a notare la loro presenza. Apri gli occhi e il cuore per percepirli. "Vai oltre te stessa ed entra nel tuo spirito" mi diceva sempre Charlie, e non concentrarti sui piccoli difetti, come suggerisce l'ego, ma pensa agli aspetti *positivi* che vengono rivelati dallo spirito.

Nutri il bambino che c'è in te con la creatività e la gioia e queste guide entreranno in scena danzando. A mia mamma piaceva affidare loro alcuni incarichi chiedendo regali spesso e apertamente (e consigliava anche a noi di chiederli). Quando ci salutava al mattino mentre uscivamo di casa per andare a scuola, ci ricordava di invocarle e aspettare la loro risposta. "Non si sa mai quando arrivano" ci diceva.

Io seguivo le sue istruzioni, allora come oggi. Quando mi sveglio, recito questa breve preghiera: "Divina Madre, divino Padre e Dio, sono grata di avervi nella mia vita. Guide della gioia, sono grata dei doni che ricevo da voi nel corso della giornata. Grazie."

Adoro giocare con loro e lasciare che mi riempiano di doni. Una volta andai in Kansas a trovare mia sorella e decidemmo di seguire il consiglio di nostra madre e uscire per pranzo, aspettandoci di trovare qualche sorpresa. Al ristorante che avevamo scelto aspettammo a lungo prima che il cameriere ci facesse accomodare al tavolo, ma eravamo così prese dalla conversazione che non ci facemmo caso. Alla fine, il direttore si accorse del ritardo e, per scusarsi con noi, ci regalò un buono omaggio per una cena!

Felici per la fortuna che avevamo avuto, andammo nel negozio di abbigliamento accanto. Mia sorella trovò un paio di pantaloni bellissimi che le stavano a pennello ma che avevano una piccola macchia (nulla che una lavanderia a secco non potesse rimuovere). Mostrò il difetto al commesso che si scusò e le disse che, se avesse acquistato un altro capo, le avrebbe regalato i pantaloni. Lei scelse una giacca e uscì dal negozio con un completo perfetto.

Fuori trovammo due ragazzi che lavavano la nostra automobile. Quando chiedemmo loro spiegazioni, ci dissero che era il giorno dedicato al servizio della comunità. Offrimmo loro una mancia che rifiutarono. Noi sorridemmo e cantammo per tutto il tragitto verso casa. Grazie, care guide della gioia!

Tocca a te

Evoca ogni giorno le guide della gioia. Dai loro un nome. Divertiti con i loro lazzi. Chiedi loro qualche regalo e aiutale ricordando sempre che non esiste nulla al mondo per cui valga la pena perdere il senso dell'umorismo. Se non sei sicuro di quali doni desideri, allora chiedi loro di farti una sorpresa e loro ti accontenteranno. Sono il ponte che porta in paradiso.

Diciannovesimo capitolo

Gli esseri di luce

Lo scorso aprile, mentre ero sull'isola di Kauai con la mia squadra di guaritori e aiutanti per tenere un workshop intensivo di sei giorni, intitolato *Transulcent You,* che avevo messo a punto per guarire i nostri clienti a un livello profondo dell'anima, fui contattata da una nuova e potentissima forma di guida. Mi accorsi di questa intensa energia spirituale per la prima volta nel pomeriggio del terzo giorno, quando ero con un gruppo, formato da trenta persone, per la meditazione pomeridiana.

Mentre mi rilassavo sulle note della meravigliosa melodia composta dal mio amico musicista Mark Welch, dissi al gruppo di chiudere delicatamente gli occhi e di concentrarsi sull'aria che entrava e usciva dal loro corpo. Pochi istanti dopo, dimenticai completamente i presenti e, all'improvviso, vidi con l'occhio della mente una sorta di esercito di esseri blu, alti, di forma cilindrica, che si avvicinavano a me a braccia aperte e percepii una enorme quantità di amore nell'aria. La loro vibrazione era così alta che fui assorbita completamente dalla loro energia di guarigione.

Lentamente, sentii la testa piegarsi all'indietro e la consapevolezza del mio ego farsi da parte mentre questa schiera di esseri di luce si avvicinava e penetrava nel mio corpo per parlare al gruppo di discepoli tramite la canalizzazione. Ero cosciente, ma mi sentivo distaccata dal corpo, come se stessi osservando qualcuno dall'esterno, affascinata come tutti gli altri per l'evento a cui stavo assistendo.

Queste creature si presentarono come gli Emissari del Terzo Raggio e chiesero con rispetto il permesso di rivolgersi al gruppo. I miei alunni non capivano bene cosa stesse accadendo ma, percependo la medesima vibrazione di profondo amore che io stessa sentivo in tutto il corpo, accettarono.

Poi gli esseri di luce iniziarono a diffondere un messaggio chiaro e importante. Attraverso la mia voce ci dissero che noi tutti eravamo amati e preziosi, ma che dovevamo cambiare la nostra vibrazione, dalla paura all'amore se volevamo avere la speranza di sopravvivere come individui e come specie umana. Con grande compassione, gli Emissari dissero che si erano connessi con i presenti attraverso di me per assisterci nell'attuare questa evoluzione. Mentre parlavano usando il mio corpo, la mia voce e la mia pronuncia erano radicalmente cambiate. Fu strano, ma non fastidioso.

La potenza dell'energia che attraversava il mio corpo era sorprendente. La loro luce e il loro amore erano così intensi che era come se una scarica da diecimila watt attraversasse un circuito in grado di sostenerne solo duecento, e temevo che potessero dilaniarmi da un momento all'altro. Invece, il mio cuore si aprì come non era mai successo prima. Fui preda di una meravigliosa esaltazione, perché mi trovavo sulla cresta di questa grande onda d'amore. Ogni cellula del mio corpo era rigenerata, colma di nuova energia; i dolori e la rigidità lasciarono posto alla pace e alla calma; tutte le preoccupazioni e le ansie della mia vita scomparvero e una pace perfetta scese su di me. Grazie all'intervento di questi esseri di luce, mi sentii in perfetta armonia con l'universo e con Dio.

Parlarono solo per pochi secondi, ma le parole non erano la cosa più importante. Infatti, trasmisero una tale vibrazione di guarigione che le parole non sarebbero state in grado di veicolare il loro messaggio e successivamente scoprii che tutti i presenti avevano provato la stessa cosa. Gli Emissari del Terzo Raggio, trasmettendo questa potente vibrazione d'amore, avevano aperto il chakra del cuore più di quanto noi ritenessimo possibile. Il loro messaggio era giunto a destinazione perché noi tutti lo avevamo percepito.

Dopo avermi usata come canale per alcuni minuti, si ritirarono ringraziandoci per averli ascoltati e dicendoci che, se avessimo voluto godere ancora della loro presenza, avremmo dovuto semplicemente aprire il nostro cuore e lasciarli fluire attraverso le mani. Poi, lentamente, mi ripresi e tornai cosciente.

Mi era già capitato di canalizzare le guide prima di allora per dare loro la possibilità di comunicare con gli esseri umani, in particolare i Tre Cardinali, i miei maestri, ma mai nella mia vita avevo raggiunto uno stato di alterazione psichica così profondo né mi ero sentita così coinvolta fisicamente.

Quando ci lasciarono, restammo tutti seduti in silenzio. Percepivamo che l'energia nell'aria era radicalmente cambiata ed eravamo esaltati per l'avvenuta liberazione dalla paura. Questa vibrazione di forza piena e amorevole era così diversa da qualsiasi vibrazione a cui eravamo abituati che rimanemmo tutti senza parole. Non c'era nulla da dire... eravamo in uno stato di pura beatitudine.

Il primo contatto con gli Emissari fu piuttosto eccitante. Nei cinque anni precedenti avevo avuto più volte la sensazione che stessero cercando di manifestarsi, ma i miei canali non erano abbastanza aperti e stabili perché loro riuscissero a connettersi. Mi domandai se sarei riuscita a stabilire di nuovo il contatto con loro e anche tutti i presenti erano curiosi di saperlo.

Il giorno successivo, durante la consueta sessione di meditazione pomeridiana, gli Emissari del Terzo Raggio tornarono. Non appena la loro straordinaria vibrazione mi colmò di luce e amore, mi sentii quasi svenire. Questa volta, un rappresentante dell'esercito blu si fece avanti e si presentò; disse di chiamarsi Joachim.

Ci salutò con lo stesso rispetto e calore che ci avevano riservato i suoi compagni e ci chiese il permesso di parlare: glielo accordammo senza esitare. Iniziò quindi a trasmettere, attraverso la mia voce, un messaggio che definì urgente. Parlando con lentezza e in modo esplicito, sinceramente, ci disse che la specie umana non ha alcuna possibilità di sopravvivere se continueremo a concentrarci esclusivamente sulla nostra mera sopravvivenza, che il Pianeta non sarà in grado di sopportare ancora per molto la paura che stiamo generando, e che moltissime persone consumate dal terrore dovrebbero lasciare il Pianeta per permettergli di ritrovare l'equilibrio.

Secondo Joachim, questo non sarebbe necessario se ciascun essere umano impiegasse le proprie energia vitali per amare e donare anziché per provare paura e per tenere tutto per sé. Non solo le persone sarebbero protette e al sicuro in questo momento di grande pericolo per l'umanità, ma si trasformerebbero nei progenitori di una nuova generazione di esseri superiori. Mentre parlava, provai di nuovo una sensazione di pace estrema e di calma, come era accaduto il giorno prima, e fu così anche per il gruppo.

Usando il mio corpo e la mia mano, Joachim ci mostrò come generare questa potente energia del chakra del cuore. Chiese a tutti i presenti di aprire il proprio cuore e tendere le mani in avanti per poter riversare un fiume d'amore su di loro e nel mondo. Da quel momento, avremmo potuto creare e attirare a noi tutto ciò che desideravamo.

Sentendo una potente vibrazione percorrere tutto il mio essere mentre seguivo queste indicazioni (e anche gli altri in seguito mi dissero che avevano provato la stessa sensazione), compresi che quanto aveva detto poteva essere la verità. Questo flusso senza limiti di energia che gli Emissari del Terzo Raggio stavano trasmettendo al mondo attraverso il nostro essere, era così intenso e pacifico che seppi, senza ombra di dubbio, che era la stessa vibrazione che Gesù usava per operare le sue guarigioni. Se fossimo riusciti a sfruttarlo e ad appropriarcene, anche noi saremmo stati in grado di fare miracoli.

Joachim ci spiegò che gli Emissari erano venuti per aiutarci a introdurre nel mondo il miracolo dell'amore senza limiti di cui l'umanità ha un disperato bisogno. Poi lui e gli altri Esseri di Luce ci condussero in una meditazione profonda che ci fece rimanere in uno stato alterato per diverse ore. Ci disse che una mente serena e un cuore aperto sono il primo passo per riformare il genere umano e che loro erano venuti per mostrarci come piantare questi semi.

Infine, dopo averci benedetti, Joachim si ritirò ma non prima di averci assicurato che gli Emissari del Terzo Raggio e molti altri eserciti di esseri di luce erano a disposizione in ogni momento per guidare chiunque desiderasse liberarsi dalla paura e immergersi nell'energia dell'amore.

Joachim e gli Emissari sono sempre stati connessi con me. Mi hanno detto che il mio spirito ha accettato di assumere il ruolo di levatrice della nuova umanità che sta per nascere e che sarà fondata sull'amore, non sulla paura. La mia missione è quindi aiutare le persone ad attivare ed espandere il chakra del cuore per affondare le radici in questo terreno. Sono certa che sia vero perché è da quando ero bambina che mi preparo per questa missione. Loro, e gli altri esseri di luce, stanno reclutando le persone pronte a portare il mondo verso l'amore, perché senza la collaborazione del maggior numero possibile di esseri umani non riusciremo a portare a termine la missione.

Sai che gli esseri di luce...

...ci dicono che l'universo ha un piano spirituale per innalzare le frequenze del nostro Pianeta a un livello superiore di armonia e di equilibrio?

...oggi sono connessi con noi più di quanto lo fossero in passato per assicurarci una visione più completa della realtà e una dose di amore sufficiente per affrontare i cambiamenti che stanno prendendo piede nella nostra epoca?

...ci assistono mentre il Pianeta si depura da tutte le scorie di negatività che si sono accumulate a causa della nostra confusione?

...ci guideranno in questa fase di evoluzione?

Forse anche tu sei stato contattato. Puoi capire se hai ricevuto una visita degli esseri di luce se provi un improvviso e urgente bisogno di perdonare i sentimenti dolorosi basati sull'ego e le offese del passato e scegli di amare te stesso, gli altri e la vita con tutto il cuore e l'anima.

Anche se non hai avuto una connessione diretta con loro, come è accaduto a me, puoi sempre raggiungerli, e lo farai, se senti di aver ricevuto la loro chiamata e vuoi davvero partecipare a questa missione. Quando avviene, il tuo cuore prova sollievo e inizi a sentirti parte della vita e dello spirito che accomuna tutti noi. Non riuscirai mai più a guardare un'altra persona e a sentirti separato da lei o a giudicarla e odiarla. Questo non significa che non sarai mai più triste o irritato, ma questi sentimenti e vibrazioni, basate sulla paura, non saranno più così importanti per te da sentire il bisogno di rimanervi ancorato.

All'inizio ho avuto qualche esitazione nel parlare ad altri della mia connessione con gli Emissari del Terzo Raggio, soprattutto in una fase ancora così precoce della mia esperienza. Loro però mi hanno incoraggiata a farlo perché il messaggio è importante: "Supera la paura radicando l'energia e sostituendola con l'amore." Sono consapevole dell'urgenza di questo messaggio e spero che anche tu lo sia.

Tocca a te

Apri il tuo cuore agli esseri di luce e permetti loro di entrare in sintonia con te; è facile. Chiedi di aiutarti ogni volta che la paura si manifesta esplicitamente o in forma di rabbia, critiche, tristezza o assumendo qualsiasi altro aspetto. Inspira lentamente, apri il tuo cuore e porta in avanti le mani. All'inizio forse non sentirai nulla, ma non scoraggiarti. Continua a respirare e mantieni aperto il tuo centro.

Presto percepirai il sostegno che ti offrono perché le loro forze gentili sono molto potenti. Prova adesso e vedi cosa accade. Se riesci, goditi le loro vibrazioni di guarigione; in caso contrario, respira e rilascia la paura.

Anche se non sei consapevole della loro presenza, gli esseri di luce sono sempre presenti. A livello personale, ti donano un profondo senso di pace che rimane vivo indipendentemente da quanto accade nella tua vita. A livello cosmico, ti unirai alle forze che desiderano che noi amiamo noi stessi e che salviamo questo meraviglioso Pianeta. Spero con tutta me stessa che anche tu possa unirti a me e agli altri per realizzare questo sogno.

Ventesimo capitolo

Le entità negative

Quando decidi di evocare gli spiriti guida è fondamentale essere ben radicato e saper distinguere le diverse forze per poter entrare in contatto solo con gli spiriti dotati di vibrazioni elevate in grado di darti supporto, ed evitare invece le entità negative con vibrazioni inferiori perché sono solo un elemento di disturbo che distorce le cose e causa problemi.

Di certo non inviteresti a casa uno sconosciuto accordandogli il permesso di fare tutto ciò che desidera. In modo analogo, non dovresti accettare nemmeno la presenza di ogni tipo di guida partendo dal presupposto che tutte siano utili e affidabili, senza averle prima osservate attentamente. Nella maggior parte dei casi si tratta di meravigliosi esseri di luce, ma ci sono anche spiriti che non hanno frequenze sufficientemente elevate. Vagano smarriti e confusi nella speranza di trovare qualcuno a cui aggrapparsi per gestirne l'esistenza anziché fluttuare senza scopo nell'etere. Spesso questi spiriti inferiori sono innocui ma fastidiosi e possiamo riconoscerli facilmente dalle loro vibrazioni.

Le guide dalle vibrazioni superiori sono sottili, pazienti, calme, amorevoli e non ti dicono cosa devi fare. Piuttosto, ti fanno proposte delicate, di solito dietro una tua richiesta, ti sostengono e ti lasciano con una sensazione di pace. Le entità inferiori, invece, sono insistenti, invadenti, negative e fanno di tutto per dominarti, anche lusingandoti, criticando gli altri o sottomettendoti psicologicamente perché tu faccia ciò che vogliono, ovvero creare drammi e problemi.

Vorrebbero che tu le considerassi esseri potenti ai quali obbedire anche se, in realtà, non hanno alcun potere e puoi liberartene facilmente. Per riuscirci, devi solo mandarli nella luce con la tua forza di volontà e chiedere loro con fermezza di andarsene. Sono quasi sempre esseri pestiferi che si divertono a tue spese e compaiono nel tuo campo di consapevolezza quando non sei attento e concentrato.

Una delle loro caratteristiche è che sono molto seducenti. Ti suggeriscono di fare cose che ti fanno sentire più importante, intrigante o speciale rispetto agli altri. Una guida di livello superiore non ti consiglierebbe mai di fare questo genere di cose perché sa che, nel mondo dello spirito, siamo tutti uguali, anche se ciascuno manifesta diversi gradi di consapevolezza. Nessuno è speciale perché siamo tutti connessi. Le entità inferiori si rivolgono al tuo ego; gli spiriti elevati si connettono con il tuo spirito.

A questi esseri piace attribuire la colpa dei tuoi guai agli altri e ti incoraggiano ad assumere il ruolo della vittima e a piangerti addosso; vogliono che tu mantenga le distanze dalle persone. Le guide affidabili, d'altra parte, ti incoraggiano ad affrontare le difficoltà e le sfide e a considerarle preziose occasioni di crescita per l'anima. Ti chiedono di trarre insegnamento da ogni situazione e, quando hai appreso la lezione, puoi andare avanti con la tua vita. Non scaricano la colpa sugli altri e ti inducono a perdonare e a guardare le persone con compassione.

Le entità negative ti importunano e ti perseguitano continuamente. Dal momento che desiderano influenzarti, diventano moleste, al contrario delle guide con vibrazioni elevate che sono delicate ed entrano nella tua realtà con calma e rispetto, e solo se sei tu a chiamarle.

Cosa attira le entità negative

Molte persone, per paura di incontrare spiriti molesti, preferiscono non aprirsi alle guide e prendono le distanze dalle proprie sorgenti interiori di spiritualità. In realtà, non è così facile attirare le entità di basso livello e, quando accade, non è difficile cacciarle. Tuttavia, è utile sapere cosa le attrae per evitare di richiamarle senza volerlo.

Probabilmente le esche più potenti sono le dipendenze di ogni genere, dall'alcolismo allo stacanovismo, che indeboliscono l'aura, confondono la volontà, disturbano lo spirito e sabotano la creatività. Scatenano il caos nel tuo campo energetico, come quando uno sconosciuto invade la tua casa. Le persone che hanno una dipendenza non hanno alcun controllo sulla propria vita, perciò è normale che le entità negative approfittino della loro debolezza per infiltrarsi. L'unico modo per liberarsene è riconoscere il problema e risolverlo.

Anche la passività e l'incapacità di concentrarsi sulle priorità e sugli obiettivi sono una calamita per queste entità. Non significa che tu debba sempre sapere ciò che vuoi, ma devi avere almeno valori saldi per impedire a te stesso di scivolare inconsapevolmente nella negatività. Se sei il tipo di persona che ha la tendenza a lasciarsi trascinare dagli altri e non si assume le proprie responsabilità, le entità negative si prenderanno gioco di te, esattamente come fanno le persone.

Inoltre, una legge universale afferma che "chi si somiglia si piglia". Se sei iracondo, critico, aggressivo, geloso e meschino, anche nel mondo immateriale incontrerai esseri con questi difetti. Non mi riferisco a quando si ha un brutto momento o a quando succede di comportarsi in modo spiacevole: è umano sbagliare. Sto parlando di persone sempre pessimiste e negative, la cui vibrazione richiama le energie delle entità negative.

Se sei esausto, stressato e in uno stato di prostrazione emotiva, è facile incontrare un'entità malevola in un luogo pubblico: è un po' come prendere il raffreddore. Per esempio, io le ho trovate spesso sugli aerei o nelle stanze degli alberghi, nei ristoranti e persino negli ospedali.

Queste energie irritanti compaiono ogni volta che si accorgono che una persona è stanca o stressata da tempo. Si aggrappano a una vibrazione più elevata e la seguono di nascosto. Di solito non hanno intenzione di provocare danni; semplicemente, sperano di uscire dal limbo in cui si trovano.

Sai che le entità negative...

...ti spingono a criticare e a giudicare tutto e tutti?

...sono energie molto deboli e non possono sopraffare lo spirito umano?

I sintomi che segnalano la loro presenza sono un improvviso malumore, il nervosismo, il desiderio di offendere le persone, l'incertezza e una visione triste o cinica del mondo, soprattutto se queste caratteristiche non fanno parte del tuo comportamento normale.

Hollywood ha fatto di tutto per creare una visione spaventosa di questi esseri e di ciò che possono fare quando si avvicinano agli uomini, ma non lasciarti incantare. Ciò che vedi sullo schermo al cinema non solo è frutto della fantasia, ma è anche assurdo. Le entità negative sono come falene attirate dalla luce e non hanno nulla in comune con i mostri terribili che vedi nei film dell'orrore. A onor del vero, non ho mai visto un'entità possedere un essere umano come accade nei film. Potrebbero spaventarti, ma il nostro spirito è piuttosto forte e non si lascia sconfiggere facilmente.

Come bandire le entità negative dalla tua vita

Di solito, le entità negative svaniscono non appena entri in un campo di energia positiva. Tuttavia, se sospetti di essere perseguitato da una di loro, non preoccuparti. Sono come i virus perciò, se inizi subito a combatterle, puoi sconfiggerle semplicemente innalzando le tue vibrazioni con pensieri positivi, facendo ciò che ti piace e frequentando le persone che ami.

Se un'entità rimane legata a te a lungo o si dimostra particolarmente tenace, a volte è necessario eseguire un rito per allontanarla. Per prima cosa, chiedi agli angeli e agli arcangeli di purificare la tua aura da tutte le energie negative. Poi, fai un lungo bagno caldo con il sale di Epsom per ripulire ogni detrito psichico. Infine, chiedi al tuo Sé Supremo di rimuovere tutte le energie sgradevoli che rimangono, dicendo ad alta voce: "Ora invio tutte le entità negative nella luce. Sono libero e purificato dalle scorie psichiche." Queste operazioni dovrebbero essere sufficienti per ristabilire l'equilibrio; io ottengo sempre ottimi risultati.

Ho notato che le persone che tendono ad attirare le entità negative di solito sono proprio quelle che hanno confini deboli e meno sani. Così come i ladri entrano più facilmente in casa tua se lasci le porte e le finestre spalancate, allo stesso modo, la tua aura, se è aperta, può dare la possibilità di insinuarsi agli intrusi della psiche. Le vibrazioni più elevate non oserebbero mai violare i tuoi confini, nemmeno se sono vaghi e deboli, ma gli esseri inferiori lo fanno.

Per fissare limiti invalicabili, recita queste parole a voce alta: "Rivendico la mia vita, i miei confini e il diritto di essere me stesso in ogni istante. Invito solo gli aiutanti più elevati a connettersi con il mio cuore sia nella realtà terrena sia nel mondo dello spirito. Sono protetto da qualsiasi influenza che non mi serva per ottenere il meglio." Devi crederci sinceramente quando pronunci questa formula.

Impara a non assumerti la responsabilità di ciò che non dipende da te. Se qualcuno non è positivo, allora inviagli il tuo amore ma non assorbire la sua negatività. Se necessario, allontanati fisicamente dalle sue vibrazioni. Accendi una luce bianca nell'occhio della mente e usala come scudo per proteggerti dalle negatività.

Stabilisci confini netti quando chiedi un consiglio alle guide o apri i tuoi canali spirituali. Come un filtro progettato per rimuovere tutte le impurità, devi decidere quali guide fare entrare nella tua vita e quali rifiutare. Per farlo, accetta solo quelle più amorevoli e non permettere ad altre di influenzare le tue energie. È sufficiente per evitare ogni problema.

In alcune rare occasioni, è possibile incontrare un'entità particolarmente ostinata che si incolla a noi e inizia a provocare danni. Ho conosciuto alcune persone a cui è successo ed è davvero fastidioso. Sono come monelli psichici che non ti danno tregua e fanno di tutto per metterti alla prova. Succede soprattutto agli adolescenti che fanno uso di droghe o si annoiano e che non si impegnano in nulla, e alle persone senza interessi che sperano di mettere un po' di pepe nella loro esistenza con un'esperienza spirituale.

Anche in questi casi, le entità negative possono essere cacciate facilmente chiedendo aiuto ad altre persone, immergendosi nella preghiera, incaricando altri di pregare per noi e ridefinendo i propri obiettivi. Se credi che qualche tuo conoscente sia tormentato da un essere invisibile, puoi lottare al suo posto contro questa entità e imporle di allontanarsi, inviandola nella luce nel nome di Dio. Non potrà evitare di obbedire perché non c'è nulla di più grande di Dio.

Non sprecare troppo tempo discutendo con loro perché amano le chiacchiere. Sono come teppisti che si divertono a compiere atti di vandalismo: amano spaventare gli esseri umani e sono felici quando sono al centro dell'attenzione. Anziché diventare una loro preda, convincili ad andare via; questo sarà sufficiente per svilire rapidamente il loro misero potere.

Ho deciso di scrivere di queste creature perché sono fastidiose e possono provocarti problemi, ma non devi prenderle troppo sul serio. Ricorda di essere selettivo quando apri i tuoi canali spirituali e stabilisci con fermezza i tuoi limiti. Se sei radicato e ti lasci circondare dalla luce e dalla protezione divina, non correrai alcun pericolo.

Tocca a te

Se incontri un'entità negativa, questi sono i provvedimenti che devi prendere.

- Sii radicato.
- Fissa i tuoi confini.
- Invoca gli angeli e gli arcangeli perché purifichino la tua aura.
- Fai una bagno caldo con il sale di Epsom.

- Chiedi agli amici di aiutarti e di pregare per te.
- Stabilisci nuovamente i tuoi obiettivi.

Dovrebbe essere sufficiente per eliminare il problema alla radice. Inoltre, puoi anche seguire questi consigli come misura preventiva per evitare di incontrarle.

Abbiamo esaminato le diverse guide e il loro ruolo nella tua vita. Ora le conosci bene e sei pronto per fare un altro passo e scoprire come riconoscere il modo in cui collaborano con noi.

Quinta parte

Come collaborare direttamente con gli spiriti guida

Ventunesimo capitolo

Gli spiriti guida sono più vicini di quanto pensi

Ora conosci molti degli spiriti guida a cui puoi fare ricorso e sei pronto per imparare come collaborare con loro. Sono certa che l'ostacolo principale che ti impedisce di condividere la loro saggezza è che non sai come comunicare con loro. Non mi stancherò mai di ripetere che gli spiriti guida sono sottili e i loro segni sfuggono facilmente o vengono ignorati.

Tuttavia, devo anche ammettere che, quando li inviti ad assisterti, sfruttano ogni occasione e usano ogni mezzo a loro disposizione per attirare la tua attenzione. Si tratta semplicemente di riconoscere i loro sforzi e capire quanto sono vicini e quanto si impegnano per comunicare con te.

Uno dei mezzi che preferiscono per comunicare con gli esseri umani è l'ispirazione. Sono loro che fanno nascere in te nuove idee, ti fanno trovare soluzioni innovative, danno nuovo corso alle tue azioni e ti forniscono gli strumenti per esprimerti artisticamente. La parola *ispirazione* deriva direttamente da spirito, perciò, quando sei in questo stato, comunichi direttamente con i tuoi assistenti.

Claire, una cantante e autrice di successo, si era rivolta a me per una consulenza professionale e mi raccontò una storia incredibile. Mi disse che quando frequentava l'università era andata a studiare in Francia per un certo periodo, come avevo fatto io. Poiché si sentiva molto sola e fuori luogo, in un cupo giorno di dicembre pensò di tornare a casa. Mentre progettava il rientro, decise di prendere la metro per tornare a casa, anche se di solito percorreva a piedi la breve distanza che separava l'università dal suo quartiere.

Non appena arrivò di fronte alla stazione della metropolitana, fu colta dall'ispirazione. Decise di salire sul treno immediatamente, senza nemmeno assicurarsi che fosse quello giusto. Mentre scendeva le scale della stazione, sentì una musica meravigliosa: alcuni ragazzi stavano cantando e suonando una canzone in inglese. Sorrise per la prima volta dopo tanto tempo. Rapita dalla melodia e dall'energia che rischiarava una giornata tanto triste, Claire si diresse verso la banchina e fece amicizia con i tre simpatici ragazzi che suonavano per raggranellare qualche soldo. Iniziarono a chiacchierare e Claire scoprì che due di loro, Jay e Skip, erano di Londra mentre il terzo, Tony (che le sembrava molto attraente) veniva dalla Nuova Zelanda.

La invitarono a restare con loro per cantare e le proposero perfino di dividere i soldi che avrebbero raccolto. Poiché non aveva altro da fare, accettò. Senza che se ne rendesse conto, trascorsero sei ore, le più belle della sua vita. Decisero di incontrarsi ancora il giorno successivo e si frequentarono fino alla fine dell'anno; nel frattempo Claire portò a termine i suoi studi e si innamorò di Tony. Negli anni successivi si sono sposati e si sono trasferiti in Nuova Zelanda dove hanno fondato una etichetta indipendente per produrre i loro dischi.

La parte più sorprendente di tutta questa vicenda, come dice Claire, è che lei non sospettava nemmeno che le piacesse cantare! Tutto questo era accaduto solo perché quel giorno aveva seguito l'ispirazione e aveva preso la metropolitana, anziché andare a piedi.

Un altro mio cliente, Jacob, che aveva studiato per diventare direttore artistico nel settore della pubblicità, ma che per natura era un musicista dotato, viveva una vita assolutamente normale. Una volta conclusi gli studi, aveva trovato subito lavoro in un'agenzia pubblicitaria dove era rimasto per venticinque anni. Si era sposato, viveva in un quartiere grazioso di Chicago e aveva due figli.

Il suo amore per la musica era stato accantonato a favore della carriera e della famiglia, anche se Jacob ci pensava ogni giorno con una punta di rimorso. Il contrasto tra il suo ruolo di padre e marito e il suo desiderio di diventare un musicista lo aveva fatto sprofondare nella depressione.

Poi, un giorno, gli venne l'ispirazione di proporre al proprietario del ristorante in cui spesso andava a cena con la sua famiglia di suonare nel locale il fine settimana. La sua idea era di creare uno spettacolo musicale con altri suoi amici per intrattenere e divertire le famiglie mentre cenavano. Anche se pensava che non avesse molte possibilità di riuscire a convincerlo, Jacob fece comunque un tentativo.

Il proprietario del ristorante, invece, fu subito entusiasta e la prima serata riscosse un tale successo che il gestore lo invitò ancora a suonare. Anche gli altri ristoranti del vicinato iniziarono a ingaggiarlo e riuscì quindi a creare una seconda attività nel fine settimana, senza dover lasciare il suo lavoro all'agenzia.

Sai che gli spiriti guida...

ove idee che entrano nella tua consapevolezza in forma di ispirazione?

...possono ispirarti in modi che non puoi nemmeno immaginare?

Per riconoscere le ispirazioni e realizzarle, è necessario avere una mente aperta. Le guide dello spirito possono essere d'aiuto solo a coloro che sono disposti ad aiutare se stessi. Forniscono uno stimolo, ma sei tu che devi accettarlo e metterlo a frutto.

Per esempio, vent'anni fa Patrick, che è appassionato di ciclismo, all'improvviso ebbe l'ispirazione di importare dalla Francia e dall'Italia le magliette e i pantaloncini da ciclista per venderli sul mercato americano dove erano praticamente inesistenti. Pensai che fosse un'idea geniale e lo incoraggiai a mettersi subito all'opera. Lui però si bloccò quando un suo amico gli fece notare che era un progetto ridicolo perché nessun uomo americano avrebbe mai indossato abitini aderenti, perciò Patrick lasciò perdere.

Due anni dopo, questo tessuto invase i negozi degli Stati Uniti e ovunque si potevano trovare tenute da ciclismo francesi e italiane. Patrick aveva avuto l'ispirazione giusta ma l'aveva accantonata e, ovviamente, fu trasmessa a qualcuno che invece ebbe il coraggio di arrivare fino in fondo.

Il caso di Patrick non è unico. Lavorando come sensitiva, incontro spesso persone che si lamentano perché credono che qualcuno abbia "rubato" la loro idea. In realtà, nessuno ha rubato niente. Le guide ti ispirano nel momento in cui un particolare progetto è adatto a essere sviluppato nel mondo, ma se tu le ignori, lo doneranno a un'altra anima più aperta disposta ad accoglierlo e a realizzarlo. Ho perso il conto delle persone che si lamentano e rimpiangono le occasioni perdute e le loro grandi intuizioni perché hanno preferito non seguire l'ispirazione.

Alcune delle grandi opere musicali, artistiche, letterarie e perfino scientifiche sono state ispirate dalle guide e accettate a cuore aperto dai rispettivi creatori. Per questo motivo è importante prestare attenzione alle idee; soprattutto, cerca di capire quali di queste sono doni dello spirito. Credi che siano regali elargiti dalle tue guide che quindi valga la pena concretizzarle? Oppure le accantoni perché le ritieni progetti assurdi e preferisci rimanere nel tuo brodo?

Queste domande mi ricordano una storiella su un uomo che lavorava instancabilmente in chiesa convinto che Dio si sarebbe preso cura di lui e lo avrebbe protetto in ogni circostanza. Un anno, una terribile alluvione sconvolse la sua città e tutti gli abitanti furono evacuati. Lui invece decise di rimanere perché era certo che Dio avrebbe risolto ogni problema. L'acqua arrivò presto al primo piano della chiesa e un'automobile venne a salvarlo, ma lui rifiutò dicendo che si fidava ciecamente del Signore.

L'acqua continuò a salire, perciò lui si rifugiò sul palco del coro. Prima che se ne rendesse conto, tutto l'edificio era allagato. Arrivò allora una barca per aiutarlo, ma lui non si mosse perché era ancora convinto che Dio fosse con lui. Corse infine sul tetto; presto un elicottero arrivò sulla chiesa e dal portellone fu calata una scala perché lui potesse arrampicarsi. Ma, ancora una volta, l'uomo rifiutò l'aiuto che gli veniva offerto e, alla fine, annegò.

Quando arrivò in cielo si rivolse a Dio e, infuriato, gli chiese: "Perché non hai fatto nulla per me?" Allora Dio rispose: "Cosa dici? Ti ho mandato un'automobile, una barca e perfino un elicottero!".

Ti ho raccontato questa storiella perché descrive molto bene la realtà e il modo in cui le forze superiori si connettono con noi. Cercano di catturare la nostra attenzione in ogni modo, una volta, due o anche di più. Il mio maestro Charlie una volta mi disse: "Se un'idea ti passa per la testa due volte, sicuramente è un'ispirazione. Se accade tre o più volte, le guide stanno davvero facendo di tutto per attirare la tua attenzione." In altre parole, puoi sempre affidarti alle guide ma il modo in cui ti aiutano è imprevedibile e non è necessariamente ciò che ti aspetti.

Tocca a te

Se desideri trarre beneficio dai consigli dei tuoi aiutanti spirituali, rispetta il loro modo di operare e non rifiutarne l'aiuto solo perché non fanno le cose come vorresti tu.

Accetta ogni ispirazione, stimolo e idea innovativa come un messaggio importante che proviene dall'alto e non sprecare il tuo tempo discutendo, facendo congetture o criticando... altrimenti rischi di perdere l'ultimo elicottero inviato per salvarti.

Ventiduesimo capitolo

Le guide lavorano anche con i messaggeri

Le guide cercano sempre di attirare la tua attenzione, ma il tuo stato emotivo può rappresentare un ostacolo che ti impedisce di percepire i loro richiami. Se sei stressato, preoccupato o emotivamente turbato per qualsiasi motivo, le guide faranno fatica a entrare in contatto con te, proprio nel momento in cui hai più bisogno di loro.

Cosa possono fare le guide in questi casi? Anziché continuare a sforzarsi di comunicare con te o di ispirarti direttamente, si avvalgono dell'aiuto di qualcuno che ti è vicino e può trasmetterti i loro messaggi di conforto. Infatti, è probabile che in passato le guide di persone amiche ti abbiano usato per aiutarle.

Per esempio, non ti è mai capitato di sentire il bisogno di prendere in mano il telefono, senza un motivo, perché avevi voglia di sentire una particolare persona per poi scoprire che la tua telefonata non poteva capitare in un momento migliore? Un mio cliente, Jeff, mi ha raccontato di recente che un mattino, verso le sei, stava andando nel cantiere in cui lavorava e aveva provato il bisogno di chiamare sua nonna, che lui adorava ma che non sentiva da quasi un anno. L'urgenza di parlarle era così impellente che non badò nemmeno all'orario sconveniente e la chiamò subito. Lei rispose singhiozzando.

"Va tutto bene?".

"Oh, Jeff, pensavo che fosse il veterinario. No, non sto bene. Il mio gatto è appena morto. È stato il mio migliore amico per vent'anni e mi ha fatto così tanta compagnia. Ora non ho nessuno. Sono così triste."

Commosso dal dolore che trapelava dalla voce dell'anziana donna, Jeff cercò di consolarla: "Mi dispiace così tanto per il tuo gatto, nonna. Però su una cosa ti sbagli: non sei sola. Questo fine settimana sarò libero e verrò a trovarti. Aspettami. Sarò da te questa sera e ti starò vicino." Nel tardo pomeriggio, appena finito il turno, Jeff partì per andare a consolare la nonna.

Un'altra mia cliente, Jesse, mi raccontò che un mattino era seduta tranquillamente da Starbucks e stava scrivendo un rapporto per il lavoro quando, in modo piuttosto anomalo per lei, chiese alla donna seduta al tavolo accanto al suo se stesse bene.

Lei rispose: "In realtà no. Cioè, sì. Cioè, no. Voglio dire... mi sono appena trasferita dall'Indiana e sono in città da soli tre giorni. Al momento mi ospita un amico del college ma sto cercando un appartamento in questo quartiere. Mi piacerebbe vivere qui ma mi hanno detto che è difficile trovare casa in questo periodo dell'anno."

Jesse rise e le disse: "È buffo. Proprio questa mattina la proprietaria di casa mia mi ha chiesto se conosco qualcuno che cerca un appartamento perché deve affittarne uno ma non ha voglia di occuparsi della ricerca. Io ho vissuto lì per cinque anni ed è un posto delizioso. È a pochi isolati da qui. Se vuoi ti posso lasciare il suo numero."

Quella stessa mattina, la sconosciuta del bar e la proprietaria si incontrarono e firmarono un contratto. Le sue guide le avevano dato la possibilità di incontrare Jesse perché sapevano che poteva aiutarla.

Prendiamo anche l'esempio di un mio caro amico. Bill lavorava come conduttore televisivo, era scapolo e desiderava con tutto se stesso trovare la donna dei suoi sogni; dopo una lunga attesa, trovò l'anima gemella. Un bellissima donna, Angela, era andata da lui per un'intervista che sarebbe stata pubblicata su un giornale locale. Era evidente che tra i due si fosse creata un'alchimia. Bill, però, temendo che potesse essere uno scherzo del destino, mentre usciva dall'ufficio per incontrarla a pranzo, chiese alle sue guide di dargli un segno per confermargli che era tutto vero.

Quando entrò nel ristorante, il cameriere gli diede una rosa. Lui chiese perché gli avesse donato un fiore e il cameriere rispose: "Non lo so. Qualcuno mi ha detto di darla a lei." Pensando che la rosa fosse proprio il segno che aveva richiesto alle guide, Bill la accettò e la donò ad Angela. Un anno dopo, erano sposati.

"La rosa fu la conferma di cui avevo bisogno" mi disse Bill. "Quando l'ho vista, ho capito che di lì a poco il mio sogno sarebbe diventato realtà. E così è stato."

Sai che...

...ogni messaggio che cattura la tua attenzione ha un preciso significato, indipendentemente da chi lo recapita?

Tocca a te

Pensa a un'occasione in cui hai spontaneamente ricoperto il ruolo del messaggero e della guida per qualcuno, in cui hai telefonato con un tempismo perfetto, hai detto la cosa giusta o hai trovato la soluzione a un problema. Cosa è accaduto? Quando è successo? Come sono andate le cose? Chi era coinvolto? Quali sono state le conseguenze? Hai percepito un'influenza superiore? Racconta ad almeno una persona questa esperienza e osserva gli effetti che ha su di te.

In queste situazioni, le guide degli altri ti hanno preso in prestito per un momento e ti hanno usato per consegnare un messaggio utile. L'universo pieno d'amore è capace anche di compiere miracoli di questo tipo. Siamo tutti connessi gli uni con gli altri e possiamo aiutare ed essere aiutati nello stesso momento.

Ventitreesimo capitolo

Il linguaggio degli spiriti

Le guide non solo usano un linguaggio sottile ma possono anche avvalersi di indovinelli, metafore, simboli e sogni per parlare con noi. Devi saper riconoscere le sottili variazioni delle vibrazioni e, inoltre, ricordare anche che il mondo dello spirito ha un proprio linguaggio che devi imparare a comprendere.

Non spaventarti. Le tue guide non hanno intenzione di giocarti brutti tiri né di confonderti. Infatti, spesso si esprimono in modo chiaro, esplicito e divertente ma non tramite un messaggio diretto.

Una mia cliente lavorava come assistente di volo ed era ghiotta di dolci. Un mattino, alle quattro, mentre si stava preparando per raggiungere l'aeroporto, che distava sessanta chilometri da casa sua, sentì una voce che le diceva: "Non è una giornata perfetta per qualche ciambella?".

Poiché era abituata a dialogare con le sue guide e non le sarebbe per nulla dispiaciuto mangiare una bella ciambella appena sfornata, rispose: "Sì, ma sono in ritardo. Non posso fermarmi questa mattina."

Appena entrò in automobile, udì per la seconda volta la stessa frase: "Non è una giornata perfetta per qualche ciambella?". Ridendo, ribadì che non poteva fare una sosta per comprarle perché rischiava di arrivare tardi. Mentre stava per prendere l'autostrada, vide un furgone che trasportava ciambelle entrare nella stazione di servizio.

Le sue guide insinuarono ancora una volta: "Non è una giornata perfetta per qualche ciambella?".

"Va bene, mi arrendo. Ma devo fare alla svelta." Svoltò per seguire il furgone e, fermandosi nella stazione di servizio, si accorse che la macchina era in riserva. Rimase a bocca aperta e si rese conto che avrebbe potuto rimanere a secco sull'autostrada e perdere il volo. Le guide dissero all'unisono: "Lo vedi? Non è una giornata perfetta per qualche ciambella?".

Un mattino Fred, un mio cliente, stava facendo la doccia prima di andare al lavoro, quando sentì: "Esci dalla corsia, in fretta!". Fred pensò che fosse un messaggio metaforico delle sue guide per consigliargli di prendere la vita con più calma. Poco più tardi avrebbe scoperto che aveva ben altro significato. Mentre percorreva i quaranta chilometri di strada che lo portavano al lavoro, si infilò, come al solito, nella corsia di sorpasso. All'improvviso la gomma della ruota anteriore esplose e lui quasi perse il controllo del veicolo.

"Per fortuna, sono riuscito a mantenere il controllo e a spostarmi sulla destra attraversando le corsie senza provocare incidenti" mi disse. "È stato un vero miracolo. Quando sono uscito dalla macchina ho dato un'occhiata al copertone e ho visto che era a brandelli. Poi mi sono ricordato della voce che avevo sentito mentre mi lavavo. Ho detto alle mie guide: 'Non avete usato mezzi termini oggi'."

Mi raccontò anche che, mentre si incamminava verso l'uscita dell'autostrada, per terra vide due monete, una da cinque centesimi e l'altra da uno. Chinandosi per raccoglierle, disse ad alta voce: "Tu guarda. Sei centesimi." Comprese allora che le sue guide si stavano amichevolmente burlando di lui.

"Sei centesimi. Sesto senso. Ho capito. Grazie ancora. Adesso, per favore, mandate qualcuno ad aiutarmi." Imparare a comunicare con lo spirito è un processo difficile durante il quale commetterai molti errori. Dovrai quindi armarti di pazienza e di senso dell'umorismo. Le guide amano divertirsi e cercano di farti ridere. Più le assecondi, più le tue vibrazioni si elevano e più sono felici di percepire le tue frequenze, perciò giocano con te ogni volta che ne hanno la possibilità.

Una volta stavo tenendo una lezione sulla comunicazione con le guide presso l'Omega Institute di New York. Proposi un esercizio in cui gli studenti dovevano lavorare a coppie e cercare di parlare con le guide. Un'alunna che si aspettava di avere una grande illuminazione, alzò la mano frustrata e disse: "Non capisco il senso di tutto questo. Le mie guide continuano a ripetere: 'Caramelle. Consiglia al tuo compagno di divertirsi con le caramelle'."

Non appena pronunciò quelle parole, il suo compagno si illuminò e disse: "Oh, mio Dio! Cos'hai detto? È tutta la mattina che mi chiedo se devo adottare un cucciolo per non sentirmi più così solo, visto che la cagna della mia vicina ha appena partorito. Si chiama proprio Caramella! Questa è la risposta che cercavo."

A volte le guide vengono a te in forma di simboli. Una mia cliente mi chiese perché vedeva ovunque immagini di farfalle. "Il mio vicino di casa mi ha chiamato per chiedermi se voglio un albero delle farfalle per il mio compleanno. Non so nemmeno cosa sia quella roba!".

Le consigliai di prendere nota in un diario ogni volta che vedeva una farfalla e descrivere cosa stava accadendo in quel momento. Quando iniziò a documentare le apparizioni delle farfalle, comprese che comparivano quando chiedeva all'universo e alle sue guide se era sulla strada giusta; il segno si manifestava sempre entro un'ora. In questo modo le guide la rassicuravano e le facevano sapere che tutto sarebbe andato bene.

Un'altra donna, che aveva partecipato a un mio corso, mi disse che ogni volta che stava per commettere un errore sentiva nella testa la canzone di Elton John *Don't Let the Sun Go Down on Me* [Non permettere al sole di scendere su di me]. L'ultima volta che le era accaduto aveva appena cominciato a uscire con un uomo di cui era pazza, o meglio, era pazza del suo aspetto e dei suoi soldi (era un bellissimo atleta professionista). Il giorno successivo al loro primo appuntamento, mentre era alla guida, alla radio trasmisero un brano di Elton John: era proprio quella canzone.

Lei strillò e spense subito l'apparecchio, ma dentro di sé sapeva che era un segno che avrebbe dovuto metterla in guardia. Dopo una storia turbolenta durata sei mesi, si lasciarono. Una delle ultime cose che le disse durante una lite sciocca fu: "E un'altra cosa: io odio Elton John!".

Spesso le guide scelgono simboli con cui ti sei già connesso in altre occasioni. Per esempio, quando mia figlia Sonia era piccola, adorava un libro intitolato *The Runaway Rabbit* [Il coniglietto fuggitivo], che parlava di un coniglietto che scappava di casa. Ogni volta che Sonia faceva i capricci, le chiedevo se era il mio coniglio fuggitivo. Quando arrivò l'epoca dell'adolescenza, durante la quale sfidava sempre i limiti, ogni volta che esagerava e faceva qualcosa di eccessivo compariva un coniglietto di qualche tipo.

Una volta stava pensando di mentirmi dicendo che avrebbe dormito da un'amica per andare di nascosto a un concerto al quale io e mio marito le avevamo proibito di partecipare, perché ritenevamo che fosse ancora troppo piccola. Poiché un coniglio le passò davanti quando uscì da scuola, decise di chiederci il permesso. Io e Patrick decidemmo di lasciarla andare se lei avesse accettato di farsi accompagnare e venire a prendere da noi. Un'altra volta, dopo una furiosa litigata con me, uscì di casa per fare una passeggiata. Mentre camminava vide due impronte di coniglio in due posti diversi, così al rientro si scusò con me. Inoltre, mentre lei era fuori, un coniglio di legno che tenevo nel mio ufficio cadde dalla mensola senza motivo. Anche io le chiesi scusa. Infine, quando stava decidendo se fare un viaggio con una sua amica, in dubbio se avesse veramente voglia di passare tutto quel tempo con lei, Patrick arrivò dalla cantina con la sua vecchia copia rovinata di *The Runaway Rabbit*. Ovviamente, rimase a casa.

Cosa attira la tua attenzione? Se adesso non sai rispondere a questa domanda, non ti preoccupare. Nei prossimi giorni concentrati su questo tema e in breve tempo troverai la risposta.

Una mia cliente, che stava iniziando a lavorare con i segni e con i simboli, mi ha raccontato questo interessante aneddoto. Un giorno, proprio quando stava per uscire con un'amica per andare a fare compere, sentì la voce di una guida che le diceva: "Non puoi andare se prima non mischi le carte." Pensò che fosse un'idea assurda e continuò a prepararsi senza darle alcun peso. Pochi secondi dopo, udì nuovamente le stesse parole, questa volta pronunciate con un tono scherzoso. Le venne in mente che forse le guide stavano parlando del nuovo mazzo di tarocchi che aveva acquistato da poco e al quale aveva dato un'occhiata in mattinata. Poiché in quel momento non aveva alcuna voglia di pensare alle carte, ignorò il messaggio, prese la borsetta e andò verso la porta.

Di nuovo, la voce pronunciò in modo chiaro e comprensibile quella frase: "Non puoi andare se prima non mischi le carte." All'improvviso sentì uno strano odore. Guardò in ufficio attraverso il vetro della porta e scoprì che la stanza era piena di fumo. La aprì e notò che una candela votiva che aveva acceso qualche tempo prima stava ancora bruciando. Il contenitore di vetro era diventato così caldo che stava annerendo il legno del tavolo. Soffiò sulla fiammella e spense le bruciature nel legno.

"Avrebbe potuto incendiare tutta la casa" disse ad alta voce. Poi notò che, proprio accanto alla candela, era posato il suo mazzo di tarocchi. Ringraziando le guide per l'avvertimento, prese le carte e le mischiò. "Grazie" disse. "Fatemi sempre sapere quando volete che io mescoli le carte." Dal mazzo uscì una carta: era un asso di cuori, il cui significato è "sei protetto dall'amore".

Quando inizi a connetterti consapevolmente con il mondo parallelo, puoi imparare a parlare e a comprendere il suo linguaggio. È pieno di simboli, profumi, enigmi, scherzi e persino suoni; tutti hanno un preciso significato per te. Prima che tu abbia il tempo di rendertene conto, conoscerai alla perfezione cosa vogliono comunicarti.

Sai che...

...in larga misura, imparare a comunicare con le guide significa padroneggiare la sottile arte dei segni e dei simboli e reagire quando compaiono? Più ti eserciti, più acquisiranno significato per te.

Tocca a te

Annota in un taccuino tutti gli oggetti, gli impulsi, le immagini, le frasi, le melodie, le idee e perfino i pensieri casuali che sembrano comparire inaspettatamente e con una certa frequenza nella tua vita. Dopo due settimane, riguarda gli appunti. Emerge qualche schema ricorrente? Riconosci particolari significati o uno spirito nascosto che sembra volerti dire qualcosa? Presta attenzione e nota ciò che accade.

Ventiquattresimo capitolo

I nomi delle tue guide

Una delle domande che i miei clienti mi rivolgono più spesso è: "Come si chiama la mia guida?" Spero che ormai ti sia chiaro che, nel corso della vita, ci connettiamo con molte guide, non con una sola. Quando lasciano il corpo, spesso gli spiriti smettono di avere un nome e un sesso perché esistono solo a livello energetico. Tuttavia, per aiutarti a connetterti meglio, a volte prendono un nome e perfino un genere. Di solito assumono l'identità che avevano quando li hai conosciuti in vita, affinché tu riesca a riconoscerli più facilmente e a riconnetterti a livello cosciente.

Altre guide, in particolare quelle che provengono da un'altra galassia, si attribuiscono il nome che meglio descrive le loro vibrazioni. Di solito le vocali e i suoni aperti hanno una frequenza più alta rispetto alle consonanti; questo spiega perché incontrerai molte guide che hanno nomi ariosi, come Ariel, Abu e altre parole brevi e aperte.

Alcune guide sono persone che amiamo, familiari o amici ormai defunti che continuano a operare nel campo energetico con la stessa frequenza o con una simile a quella che avevano quando erano vivi. Usano anche il loro nome terrestre perché tu possa riconoscerli più facilmente. Se ti capita di pensare spesso al loro nome, significa che sono con te. È normale pensare spesso a persone che sono morte da poco. Per capire quando il loro nome ti torna in mente solo perché ti hanno lasciato di recente o quando effettivamente si tratta di una guida che vuole mettersi in contatto con te, cerca altri segnali, per esempio la percezione del loro spirito, in modo da avere la conferma che siete davvero connessi. Se trovi altri segnali, allora è molto probabile che il loro spirito stia cercando di entrare in contatto con te. Se invece non hai altre conferme, probabilmente stai pensando a loro solo perché provi nostalgia.

Una mia cliente, Edith, era stata sposata per più di quaranta anni con Stanley; si erano amati profondamente e avevano condiviso la vita insieme nel Michigan. Quando lui morì all'improvviso a causa di un infarto, Edith fu distrutta dal dolore. Molte settimane dopo il funerale, quando Edith stava cercando a fatica di riprendere la sua vita, iniziò a sentire la sue presenza ovunque, ma era particolarmente intensa nel portico dove aveva l'abitudine di rilassarsi sulla sua sedia a dondolo. Un giorno Edith sorprese un uccellino, un esemplare di cardinale rosso, appollaiato sulla sedia di Stanley ed esclamò: "Cosa ci fai seduto al suo posto?". L'uccello non si mosse. Lei si avvicinò e chiese: "Perché sei qui?".

Poi ricordò quanto Stanley amasse gli uccelli, perciò quel fatto le fece scendere una lacrima sul viso. Il giorno successivo ebbe ancora la sensazione che suo marito fosse vicino e sentì l'urgenza di andare sul portico, dove trovò di nuovo il cardinale rosso del giorno prima coraggiosamente posato sulla sedia a dondolo.

Per dieci giorni continuò a tornare finché Edith, finalmente, gli chiese: "Stanley. Sei tu? Stai cercando di dirmi qualcosa?". L'uccellino non si mosse. "Sei davvero tu, Stanley?". La donna ebbe la netta sensazione che fosse proprio lui e che l'avrebbe ascoltata, così si lasciò andare.

Così poté dire addio a suo marito, che era stato strappato alla vita in modo improvviso, tanto da non permettere nemmeno alla moglie di salutarlo un'ultima volta. L'uccello allora volò via e non tornò mai più. La connessione, però, era stata stabilita. Stanley sarebbe rimasto per sempre con lei, aiutandola ad andare avanti.

Una cliente, che di recente ha preso parte a un mio seminario, voleva disperatamente connettersi con le sue guide perché la aiutassero a superare i suoi problemi matrimoniali. Non appena chiese il loro intervento, nella sua mente comparve James che, come raccontò, aveva "gli occhi blu e una vivace parlantina". Poiché non credeva che evocare le guide potesse essere così facile, chiese a James un segno che le confermasse che il suo nome era proprio quello e che si era connessa con una forza benefica. Nella sua mente prese subito forma questa frase: "Scrivi a tuo marito una lettera per comunicare con lui. Non parlare." Lei pensò a questo suggerimento per diversi giorni e poi seguì il consiglio di James. Scrisse a suo marito una lettera lunga dieci pagine per spiegargli esattamente cosa desiderava cambiare nella loro relazione e cosa, secondo lei, funzionava, e gli chiese di fare lo stesso. Poi la inviò.

Due giorni dopo, mentre era ancora al seminario, ricevette un mazzo di fiori e una lettera di risposta in cui il marito le spiegava che ora riusciva a capirla molto meglio e che era disposto a impegnarsi per risolvere i problemi che lei aveva messo in luce; fu sorprendente, soprattutto se si pensa che quell'uomo era abituato a intimidirla verbalmente ed emotivamente. Così James era proprio il nome della sua guida e dimostrò di essere una forza positiva potente, visto il suggerimento che le aveva dato.

A volte non ci viene detto nessun nome perché non abbiamo a che fare con una sola guida, ma con un gruppo. Come ho detto prima, io mi connetto con tre guide che parlano sempre a turno e che io ho definito i Tre Cardinali. Sono anche in contatto con le Sorelle Pleiadi, due bellissimi angeli che, a volte, sono accompagnati da altre guide e parlano all'unisono.

La mia cara amica Julia Cameron, anni fa, mentre stava lavorando a un film, scriveva spesso alle sue guide e loro le rispondevano sempre al plurale, senza mai rivelare i propri nomi. Un'altra mia amica chiama le sue guide Le Luminose.

A volte si presentano usando la scrittura automatica. Quando lo fanno, chiedi come puoi chiamarle quando ti rivolgi a loro; lo scoprirai leggendo ciò che esce dalla tua penna.

Se nel tempo il nome cambia, significa che la guida si è ritirata e un'altra ha preso il suo posto, oppure che le sue vibrazioni si sono spostate su un'altra frequenza creando un nuovo nome.

Tu stesso puoi *dare* un nome alle tue guide. Questo non cambierà la vostra relazione. Il nome che scegli le renderà più care, così come quando attribuiamo un nome ai nostri animali domestici o un soprannome a qualcuno che amiamo. Per citare un passo di *Romeo e Giulietta* di Shakespeare "In fondo cos'è un nome? Quella che noi chiamiamo rosa, con un qualsiasi altro nome, emanerebbe pur sempre lo stesso dolce profumo".

Sai che...

...il modo migliore per scoprire il nome di una guida, se non si tratta di un amico o di un parente deceduto, è chiederlo telepaticamente? La prima parola che compare nella tua mente è il suo nome.

Tocca a te

Per connetterti con il nome della tua guida (o guide), chiudi gli occhi e inspira profondamente. Poi chiedile di farsi avanti. Quando senti che è arrivata, chiedile: "Come devo rivolgermi a te?". Accetta il primo nome che compare nella tua mente. Se non emerge nulla, non preoccuparti. Piuttosto, trova un modo per invocarla. Non pensarci troppo. Divertiti. La tua guida sicuramente apprezzerà il nome che hai scelto per lei.

Se senti di essere connesso con un gruppo di spiriti, chiedi il nome che usano collettivamente. Fidati della loro risposta. Dopo aver definito questo dettaglio, rivolgiti a loro usando quel nome ogni volta che desideri connetterti. In questo modo è più facile ottenere il loro intervento, la connessione diventa più intima e i canali restano aperti. In ogni caso è più importante usare sempre lo stesso appellativo. Se sei coerente, crei una relazione forte e potenzi le tue capacità di ricevere il loro aiuto. Goditi i tuoi nuovi sostenitori.

Venticinquesimo capitolo

Le guide ti aiutano, ma il protagonista sei tu

È estremamente importante capire quale sia il ruolo delle guide nella tua vita se vuoi che la loro presenza si piacevole. Gli spiriti sono sempre felici di aiutarti e non si infastidiscono mai quando li invochi. Tuttavia, non possono, e non vogliono, sbrigare tutto il lavoro per te. Ho scoperto questo tratto del loro carattere quando la mia migliore amica Lu Ann e io avevamo messo tutti i miei bagagli in macchina a Chicago ed eravamo partite per Denver. Era metà gennaio e io, dopo aver trascorso un anno e mezzo da sola, avevo deciso di tornare a casa.

Mentre guidavo, Lu Ann mi chiese se avevo una mappa. "No" risposi io con una punta di arroganza. "Non ne ho bisogno: le guide mi mostreranno la strada che devo prendere."

Un'ora dopo ci fermammo in una stazione di servizio per fare benzina e mi accorsi che eravamo a Milwaukee: avevo viaggiato nella direzione sbagliata per quasi centocinquanta chilometri! Lasciai che il benzinaio ridesse del mio sciocco errore e comprai umilmente una mappa.

Non importa chi sono le tue guide o quanto sono esperte: quando ti apri alla loro influenza, è importante che tu sappia che sono sempre a tua disposizione per aiutarti, ma non possono prendere il timone della tua vita e sostituirsi alla tua volontà. Il loro ruolo consiste nell'offrirti amorevolmente gli indizi e le indicazioni che daranno sollievo alle tue ansie, e ti permetteranno di sfruttare pienamente il tempo che ti è concesso su questa Terra per far evolvere la tua anima. Anche se tutti provano il desiderio di delegare a un essere superiore la conduzione della propria esistenza per evitare di commettere errori, alla fine diventerebbe insopportabile. Dopo tutto, siamo qui per imparare e il solo modo per farlo è provare e sbagliare. Le guide non vogliono lavorare al posto tuo, ma desiderano aiutarti a imparare le tue lezioni il più rapidamente possibile e al meglio mentre ti diverti.

In altre parole: non essere pigro (come lo sono stata io quel giorno) e non pensare di poterti affidare a un pilota automatico che conduca la tua vita e smettere così di impegnarti perché ti aspetti che le guide faranno quanto necessario. Gli spiriti più elevati non possono e non vogliono sostituirsi a te. L'unica cosa che possono fare è assisterti e incoraggiarti. Come nel caso della mappa, ti indicano il modo migliore per raggiungere la meta, ma non si metteranno al volante al posto tuo.

Devo avvertirti che, comunque, esistono molte entità di basso rango legate all'ego che sono felici di gestire la tua vita se tu permetti loro di farlo. Ho avuto una cliente, Denise, che cercava sempre l'aiuto di una guida perché aveva accumulato molti debiti e voleva un rimedio veloce per risolvere la situazione. Anziché chiedere aiuto per imparare a gestire meglio il suo denaro, lei credeva che la guida dovesse aiutarla a fare soldi il più rapidamente possibile. Per prima cosa le chiese se dovesse giocare d'azzardo nel nuovo casinò che avevano aperto lungo il fiume per raggranellare subito una certa quantità di contanti, come le era stato suggerito da un amico, anche lui pieno di debiti fino al collo.

Ovviamente accorse subito in suo aiuto una guida fasulla che la incoraggiò a portare a termine questo piano assurdo. Denise era convinta di avere incontrato una guida affidabile che l'avrebbe aiutata a vincere una fortuna, perciò andò regolarmente al casinò ogni settimana come le aveva suggerito lo spirito malandrino che aveva trovato, anche se ogni volta perdeva e ci rimetteva molto denaro. Nel giro di sei settimane, perse la casa e accumulò debiti per settantacinquemila dollari con le carte di credito, oltre ai cinquantamila dollari che già doveva ai creditori.

Spiegare al marito sconvolto che tutto questo era accaduto perché aveva seguito il consiglio di una guida non migliorò la sua situazione e di certo non salvò i suoi beni; inoltre aveva anche fatto la figura della stupida. Anziché ammettere onestamente che aveva un problema, aveva affidato tutto il suo potere, a scatola chiusa, a una guida che aveva provocato solo guai, persino più grandi di quelli che già aveva. Così aveva perso tutto.

Il modo migliore per lavorare con le guide è chiedere il loro aiuto. Ricorda sempre che, al massimo, possono darci consigli attraverso una garbata indicazione, l'ispirazione o un'improvvisa illuminazione. Sta a noi decidere se accettare i loro consigli oppure no e agire in base a quanto ci hanno detto. Indipendentemente da quanto ti suggeriscono, usa sempre il buon senso e ricorda che il tuo rapporto con le guide non cambierà, sia che tu scelga di ascoltarle oppure no. Le guide non possono fare nulla di concreto per te, né cambiare le cose o creare eventi magici. Possono solo renderti consapevole della magia che pervade l'universo e della sua benevolenza per indurti ad allinearti con essa.

Di seguito riporto quattro domande fondamentali che ti aiuteranno a decidere se seguire un loro consiglio oppure no.

1. Il suggerimento è sensato e non sembra minaccioso?
2. Mi fa sentire bene e amato?
3. Prende in considerazione tutte le persone coinvolte?
4. Mi aiuta senza danneggiare gli altri?

Se puoi rispondere in modo affermativo a tutte e quattro le domande, allora vale la pena prendere in considerazione il consiglio. In caso contrario, hai ricevuto indicazioni da uno spirito di livello inferiore e non vale la pena seguirle.

Comunque cerca di non vivere il rapporto con le guide con ansia. Se ciò che ti consigliano di fare è negativo, non è in armonia con i tuoi principi o ti infastidisce, non ascoltarle. Le guide non desiderano adularti né condividere il tuo punto di vista. Il loro compito è guidarti e, a volte, questo le costringe a stuzzicarti. Se il loro consiglio è negativo, ovvero ti spinge a fare cose spiacevoli per te o per gli altri, ti fa sentire minacciato o attaccato, svilisce il tuo spirito o ti incoraggia ad andare contro il tuo giudizio anziché farti sentire più tranquillo, allora è meglio rifiutarlo e non dargli peso. Potresti aver attirato senza accorgertene un'entità negativa che si è infiltrata nella tua consapevolezza e che si diverte a giocare con la tua vita oppure, più probabilmente, la tua scarsa autostima ha preso il sopravvento e sta creando un'interferenza.

Poco tempo fa ho tenuto una presentazione per l'uscita di un libro a Chicago e, mentre firmavo autografi, ho conosciuto una giovane donna sconvolta perché una guida aveva predetto la sua morte e quella della sua migliore amica in un incidente stradale. Voleva sapere cosa pensassi di quella premonizione. Le spiegai subito che non credo in queste assurdità e che non avrebbe dovuto sprecare altro tempo preoccupandosene. Le dissi anche di stare attenta quando guida e che, quando è al volante, deve usare sempre il buon senso. "Non bere alcol. Non viaggiare a velocità troppo elevate. Rispetta le regole della strada e prega le guide perché ti proteggano prima di iniziare un viaggio" le dissi. "E rilassati. Hai solo ricevuto il consiglio di uno spirito meschino che voleva spaventarti per divertirsi alle tue spalle."

Sembrò subito sollevata e io me ne rallegrai. Non aveva motivo di tormentarsi pensando alla sua morte imminente. Nessuna guida degna di questo nome farebbe mai una cosa del genere. La morte è un rapporto sacro tra te e Dio e le guide non osano interferire in questo campo. Quelle di livello elevato non sono avvezze a tormentare né te né gli altri comunicandoti informazioni così terribili. Se quella donna fosse stata davvero in pericolo, o se avesse cercato di mettersi nei guai, le sue guide l'avrebbero messa in guardia affinché guidasse con più prudenza, ma non avrebbero mai predetto la sua morte.

Le guide con vibrazioni superiori vedono in te una meravigliosa creatura divina, amabile e preziosa, che deve seguire un difficile percorso di formazione sulla Terra. Capiscono le tue difficoltà, provano compassione per le tue fatiche, ti amano e ti rispettano davvero molto. Per loro è un privilegio assisterti e cercano di farlo in modo positivo, con rispetto e compassione.

Quando ti rivolgi a loro, non chiedere cosa dovresti fare ma di consigliarti su cosa è meglio per la tua anima e di aiutarti a prendere le decisioni più sensate. Se pretendi che ti dicano cosa devi fare, non fai che delegare loro le tue responsabilità, cosa che non sono disposte ad accettare. Se vuoi che gestiscano la tua vita in questo modo, prenderanno le distanze allontanandosi dalla tua frequenza e tu dovrai stabilire una nuova connessione.

Inoltre, è importante riconoscere la differenza tra consigli e desideri. Le vere guide ti mandano segnali sottili che prendono in considerazione tutti e cercano sempre di indurti ad assumerti le tue responsabilità, a crescere spiritualmente e a mostrarti integro. Se ricevi un "consiglio" che non rispetta queste condizioni, consideralo con sospetto. È probabile che non sia un messaggio delle guide ma del tuo ego che cerca di assoggettarti ai suoi desideri.

Una volta una mia cliente chiese alla sua guida se dovesse divorziare dal momento che in occasione di un matrimonio aveva conosciuto un uomo interessante che l'aveva corteggiata. In realtà, essendo sposata con un alcolizzato e poiché lei stessa era dipendente dallo shopping, stava cercando una soluzione facile ai suoi problemi. La guida era rimasta in disparte, ma la sua mente infelice aveva subito detto: "Sì, lascia tuo marito perché quest'uomo è innamorato di te." Poiché era certa di aver trovato il principe azzurro e di avere il benestare divino, si rivolse a un avvocato per divorziare dal Signor Sbagliato.

Suo marito la implorò di non abbandonarlo e le propose perfino di chiedere aiuto a un consulente matrimoniale, ma lei aveva già preso la sua decisione e non voleva nemmeno provare a salvare il loro rapporto perché era certa che questo fosse il consiglio della sua guida. In poco tempo ottenne il divorzio e cercò l'uomo che l'aveva corteggiata al matrimonio. Questi però le fece subito capire che non era realmente interessato a lei e la liquidò. Ovviamente lei ne fu sconvolta. Piangendo si sfogò con me: "La guida mi aveva detto di divorziare. Io mi fidavo. Come ha potuto farmi commettere un errore così grande?".

"Nessuna guida vorrebbe o può fare una cosa del genere" le spiegai. "Sei sicura che non fosse l'espressione di un tuo desiderio nascosto?".

"Credo che fosse proprio la mia guida" rispose lei titubante. "Mi è sembrato che fosse proprio lei a dirmi di lasciare mio marito." Ma quando le posi le quattro domande discriminanti, le non fu in grado di darmi quattro risposte affermative.

"Non credo che tu abbia sentito la tua guida" riflettei ad alta voce, "perché non avrebbe preso quella decisione per te e non avrebbe trascurato i sentimenti di tuo marito. Forse non era nemmeno una guida. Forse era il tuo ego che cercava una via di uscita rapida."

"Forse" borbottò lei pensando al caos in cui aveva gettato la sua vita a causa di azioni commesse senza riflettere con calma. "Forse."

Un piccolo indizio che può farti capire se hai incontrato una vera guida oppure se sei in balia del tuo ego o di un'entità inferiore, è la sensazione di pace e soddisfazione che ti donano sempre e inevitabilmente le guide, anche quando non ottieni esattamente ciò che speravi. "Tintinna" o risuona con vigore in tutto il tuo corpo, indipendentemente dal tipo di messaggio che hai ricevuto. Se non è il consiglio di una vera guida non si deposita nel corpo, ma vaga nel cervello come un pallone che rotola qua e là. Perciò in queste situazioni ascolta il tuo corpo con i sensi, anziché pensare, e presto capirai la differenza.

Non permettere alla paura, alle basse vibrazioni o al potere del tuo ego di impedirti di chiedere liberamente aiuto ogni volta che ti senti intrappolato. Lo scopo delle guide è aiutarti a raggiungere ciò che è bene per te e sono felici di contribuire alla tua felicità. Più lavori con loro, più la tua bussola interiore e l'intuito si rafforzano. Questa è un'ulteriore conferma del fatto che le tue guide stanno lavorando efficacemente con te.

Sai che le guide di livello elevato...

...ti *aiutano*, ma non *gestiscono* la tua vita?

...ti ispirano, ma non prendono decisioni per te?

...ti danno indicazioni discrete che non provocano danni a nessuno?

...non sono mai invadenti?

...rafforzano il tuo intuito?

...ti fanno sentire in pace e sorretto?

Tocca a te

Per evitare qualsiasi malinteso quando comunichi con le guide, e per distinguerle dal tuo ego, evita sempre di chiedere cosa dovresti fare. Domanda invece quali sono le alternative migliori. Sii paziente e ascolta. Se formuli le domande in questo modo, il canale che ti mette in comunicazione con loro sarà sempre più aperto e stabile. Ogni volta che cerchi di farti dire cosa devi fare, inviti una forza esterna a prendere il controllo. Le guide superiori certamente rifiuteranno di rispondere perché la considerano una cosa irrispettosa nei tuoi confronti. Il tuo ego, invece, sarà pronto a farsi avanti per prendere le redini della situazione, se gli lasci lo spazio per farlo.

Servono pratica e attenzione per comunicare con le guide nel modo corretto e con la giusta intenzione. Ti propongo un facile trucco per non sbagliare: ogni mattina, quando ti alzi, dì alle tue guide: "Se mi confondo e vi chiedo di darmi un ordine, sappiate che in realtà vi sto chiedendo solo un consiglio." Questo ricorda agli spiriti che non vuoi delegare loro le tue responsabilità. Stai imparando come essere consapevole ed è normale che tu commetta errori. Una o due settimane di esercizio saranno sufficienti per smettere di rivolgerti a loro in questo modo.

Ventiseiesimo capitolo

Gli oracoli per comunicare con le tue guide

Quando avevo dodici anni, mi sono connessa con le guide tramite il mio primo oracolo. Era un comune mazzo di carte da gioco. Anche se alla maggior parte delle persone possono sembrare un semplice oggetto ludico, le carte, in realtà, discendono da un oracolo numerologico inventato dall'antica civiltà di Atlantide e trasmesso di generazione in generazione. Ogni carta ha un significato speciale che ho appreso da mia madre mentre mi esercitavo a fare le letture seduta al tavolo della sala da pranzo.

Quando ero alle prime armi, per quanto mi sforzassi, facevo tutto il possibile per ricordare il loro significato ma in pochi istanti qualcosa cambiava impercettibilmente e ricevevo nuovi messaggi dalle carte stesse. Molti anni dopo, quando ho incontrato il mio maestro spirituale Charlie Goodman, mi rivelò che era dovuto al fatto che le mie guide mi parlavano attraverso le carte. Mi sembrò una spiegazione sensata perché, quando le consultavo, mi trasmettevano molto più di quanto ci si potesse aspettare.

Ricordo una lettura che avevo fatto per la mia migliore amica Vicky, che all'epoca era piuttosto scettica. Mentre fissavamo le carte, ebbi la netta sensazione che presto avrebbe avuto una nuova automobile. Due giorni dopo, infatti, suo padre la sorprese regalandole una Road Runner del 1969. Anche se le avevo rovinato l'effetto sorpresa, ero felice di non averla delusa. Anche lei ne fu entusiasta. Per tutta quella calda estate girammo per Denver sulla sua nuova automobile.

Più leggevo le carte, più mi era chiaro che la guida in esse nascosta stesse collaborando con me. Alla fine scoprii che si chiamava Joseph. Appena prendevo in mano il mazzo e iniziavo a mescolarlo sentivo la sua presenza dietro di me.

Le carte non sono l'unico strumento tramite il quale possiamo comunicare con gli spiriti. Esistono infatti molti altri oracoli. Che si tratti di tarocchi, del pendolino, delle rune, dell'I Ching cinesi o delle versioni moderne di questi antichi oggetti, tutti gli oracoli creano un legame diretto tra la tua mente consapevole e il tuo Sé superiore, il tuo spirito e tutte le forze divine che popolano l'universo.

Gli oracoli esistono da quando è nato il genere umano. Secondo le leggende, i dipinti rupestri preistorici trovati in Francia erano stati creati dall'antico popolo dei Lemuria che li usava come oracolo per comunicare con il mondo ultraterreno.

Anche se non è necessario usare un oracolo per comunicare con le guide, per loro è molto più facile se hanno un supporto, come quando i bambini imparano ad andare in bicicletta e hanno bisogno delle rotelle. Tuttavia, così come è possibile imparare ad andare in bicicletta anche senza usare le rotelle, puoi iniziare a comunicare con le guide anche senza un oracolo. Tieni presente solo che, soprattutto all'inizio, usare gli oracoli facilita il processo di connessione.

Puoi scegliere il tuo oracolo tra numerosi oggetti; la scelta è sempre personale. Ci sono le rune, l'I Ching cinese, l'astrologia, i pendolini e, ovviamente, i miei preferiti di sempre, ovvero le carte da divinazione, come i tarocchi. Credo che tutti gli oracoli abbiano una propria forza intrinseca perché offrono un mezzo per potenziare la nostra comunicazione con le guide. Attraverso gli oracoli, le guide possono indirizzarti, invitarti a esaminare qualcosa che hai trattato con superficialità e ricordarti cosa conta davvero; tutte queste cose rendono il tuo viaggio spirituale molto più semplice da affrontare.

Gli oracoli funzionano perché forniscono alle tue guide un mezzo per esprimersi che tu puoi comprendere facilmente e, se usati nel modo corretto, sono straordinariamente efficienti per connettersi direttamente con le guide e con il Sé Supremo.

Gli oracoli sono strumenti meravigliosi che ti aiutano a seguire i consigli delle guide anziché lasciarli fluttuare nella mente senza uno scopo, inascoltati e ignorati. Quando lavori con gli oracoli, più rifletti sul loro significato ad alta voce, più riesci a recepire le indicazioni che vengono emesse dai regni più elevati.

Mia madre aveva una cara amica sensitiva, Mary, che usava le carte da gioco come oracolo.

Il suo mazzo era così vecchio e consunto che ogni volta avevo paura che le carte potessero sbriciolarsi tra le sue mani. Quando faceva una seduta, continuava a mescolarle finché sentiva la presenza di una guida e solo allora iniziava la divinazione. Mary era un'anziana donna cattolica di origini ispaniche e mi confidò che le sue guide erano San Francesco e Sant'Alfonso. Appena i suoi due santi si presentavano, lei disponeva le carte sul tavolo una dopo l'altra e quei semplici pezzi di carta stampata le svelavano misteri che non si potevano carpire semplicemente osservando le loro figure.

Mary fu la prima persona, oltre a mia madre, che mi fece una lettura usando le carte da gioco. Mi rivelò che le sue guide le avevano detto che un giorno sarei diventata famosa. All'epoca avevo solo tredici anni, perciò pensai che fosse impossibile. Osservando il suo mazzo sparpagliato sul tavolo, le chiesi quale carta le avesse svelato questo segreto. Lei scosse il capo e mi spiegò che non era l'oggetto fisico in sé che le aveva mostrato il mio futuro; le carte erano solo il mezzo tramite il quale San Francesco le aveva comunicato questo messaggio. Non so se oggi posso definirmi famosa, ma i miei libri sono letti in tutto il mondo, come aveva predetto San Francesco. Fino ad oggi, ogni volta che una mia opera viene pubblicata in un Paese straniero, ringrazio San Francesco e penso a Mary.

Quando si lavora con un mazzo di carte, o con un qualsiasi altro oracolo, non si deve mai ripetere una domanda nella speranza di ricevere una risposta diversa dalla prima, solo perché non la riteniamo soddisfacente. Se cerchi di manipolare l'oracolo anziché permettergli di esprimersi liberamente, le guide si allontanano, l'oggetto perde il suo potere magico e smetterà di servirti.

Questo significa, fondamentalmente, che per riuscire a trarre il meglio dagli oracoli, devi essere sincero e usare il buon senso. Sii disposto a imparare e rispetta ciò che percepisci. Il mio maestro Charlie mi disse: "Se sei spiritualmente maturo, gli oracoli possono operare miracoli e guidarti come una luce nell'oscurità. Se invece non sei pronto, le energie inferiori si impossessano dell'oggetto per prendersi gioco di te e ridere alle tue spalle."

Molti sensitivi, e le persone intuitive, amano usare anche altri oracoli, oltre alle carte da gioco, come mezzo per connettersi con le proprie guide. Conoscevo una donna, Hanna Kroeger, ormai defunta, che viveva a Boulder, una cittadina in Colorado. Hanna era famosa perché era abilissima nell'individuare e curare le malattie usando il suo oracolo, un pendolino appeso a una catenina. Tenendo il pendolo proprio sopra il corpo del malato, riusciva a capire quale fosse l'origine del suo male, sia a livello fisico che emotivo, e consigliava la cura adeguata a seconda del caso.

Lu Ann, una mia cara amica sensitiva, nonché mia mentore da ormai trent'anni (la stessa Lu Ann che era venuta a Denver con me), spesso usa le carte per connettersi con le sue guide. Anche se preferisce l'I Ching, l'antico strumento di divinazione cinese, e lo trova più efficace. Lo consulta ogni mattina perché la guidi durante la giornata e lo usa per le sue letture. Tiene un diario aggiornato di tutte le sedute con l'I Ching e ormai fa parte di tutte le conversazioni mattutine con le sue guide.

Joan Smith, la migliore amica di Lu Ann, nonché mentore di mia madre, preferisce usare l'astronomia come oracolo per connettersi con le guide. Anche se fa affidamento sugli astri solo per consigli elementari, nel tempo ha iniziato a ricevere informazioni che la aiutano a dare un giudizio più affinato su particolari circostanze, eventi e persino sugli appuntamenti galanti, cosa che le stelle non sono in grado di fornire. Perciò, indipendentemente da quali oracoli decidi di provare e usare, se sei sincero quando li consulti, sicuramente riceverai consigli fenomenali.

Per motivi che non mi sono del tutto chiari, le diverse tipologie di oracoli tendono ad attirare guide diverse. L'I Ching, le rune celtiche, i tarocchi e le carte divinatorie richiamano guide di alto livello che offrono molti consigli e istruzioni.

Il pendolo, invece, può essere tanto efficace quanto dannoso perché non sempre attrae guide elevate; infatti può subire l'influenza di essere infimi. Credo che questo accada perché il pendolo può essere facilmente manipolato dalla mente cosciente di chi lo usa, causando confusione. Non voglio dire che questo strumento non possa essere un oracolo di straordinaria potenza quando hai bisogno di connetterti con le guide, ma ricorda che può essere incostante e che serve una grande concentrazione per attirare le guide.

Sono una grande fan dell'astronomia e della numerologia perché fondono l'uso di una logica raffinata con i canali dell'intuito e possono evocare l'influenza di guide meravigliose, se chi le usa è aperto e disposto a riceverle. Tuttavia, è possibile avvicinarsi a questi due oracoli anche senza aprire i propri canali intuitivi, perciò non sono necessariamente un mezzo di contatto diretto con le guide.

Sai che...

...i tarocchi, l'I Ching, l'astrologia, la numerologia, il pendolo, i cristalli, le rune, l'*Ouija* e le carte per la divinazione sono gli oracoli più comuni?

Tocca a te

Indipendentemente dall'oracolo che preferisci usare, ricorda sempre che si tratta di strumenti per rendere più forti e stabili i canali che connettono il cuore con il tuo Sé Supremo e le guide. Sono neutrali, esattamente come un telefono.

Componi il numero e l'universo risponde. Segui queste semplici regole.

- Cerca di conoscere bene e di sentirti a tuo agio con il tuo oracolo.
- Quando possibile, custodiscilo in una pezza o in una borsa di seta.
- Non permettere ad altri di usarlo.
- Sii sincero.
- Ascolta, impara e distingui.
- Non ripetere mai la stessa domanda.

- Affida al tuo Sé Supremo il compito di dare un giudizio definitivo.
- Divertiti.

Se rispetti queste semplici regole, qualsiasi oracolo può essere un potente mezzo per dialogare con le guide. Gli oracoli mi aiutano da trentasette anni e hanno sempre qualcosa da insegnarmi.

Se sei attratto da un oracolo in particolare, provalo. Con l'approccio e l'intenzione appropriati, sicuramente funzionerà. Se vuoi approfondire questo argomento, esistono numerosi libri, compreso il mio primo scritto, *The Psychic Pathway* [Il sentiero intuitivo]. Come ho detto, non è necessario avvalersi del supporto degli oracoli, ma sono molto divertenti, soprattutto le carte divinatorie, il mio oracolo preferito, di cui parleremo più approfonditamente nel prossimo capitolo.

Ventisettesimo capitolo

Le carte divinatorie

Le carte divinatorie, come i tarocchi, sono un mezzo perfetto per comunicare con le guide. Un mazzo di questo tipo di solito conta dalle quarantaquattro alle settantadue carte, a seconda; ciascuna carta ha un particolare significato e veicola uno specifico messaggio a chi pone la domanda. Alcuni mazzi divinatori, come il classico mazzo di tarocchi, sono molti sofisticati e complessi e si concentrano sull'evoluzione dell'anima, mentre altri sono più semplici, come quelli usati dai gitani per predire il futuro e che si esprimono su questioni più semplici e pragmatiche, come per esempio capire se il vicino di casa è una persona affidabile.

Per usare questo oracolo, per prima cosa devi mescolarlo mentre ti concentri intensamente su una particolare domanda, su un problema o su una persona; poi estrai le carte a caso e appoggiale in uno schema che hai definito a priori per trovare le risposte che cerchi sul tema che hai scelto.

Esistono letteralmente centinaia di mazzi oracolari tra i quali scegliere, comprese le normali carte da gioco. Di solito si basano sui quattro elementi, aria, acqua, terra e fuoco, e i loro corrispondenti aspetti: fisico, mentale, emotivo e spirituale.

Questi oracoli esistono da secoli e hanno una lunga e ricca storia che affonda le proprie radici nel Medioevo. Alcuni mazzi esistono da un'epoca ancora più antica e si dice che siano originari del grande impero scomparso di Atlantide. I filosofi metafisici del passato hanno preservato l'insegnamento spirituale dei maestri creando un sistema di simboli universalmente riconosciuti e l'hanno inserito nelle carte che sono arrivate, per diverse strade, fino a noi.

Il mazzo più tradizionale è quello dei tarocchi suddiviso in due porzioni, o arcani: i tarocchi maggiori sono ventidue; i tarocchi minori cinquantasei; ciascun gruppo rappresenta una forma di comunicazione con il tuo Sé Supremo e le tue guide. Gli arcani maggiori rappresentano le leggi spirituali che noi tutti dobbiamo apprendere; quelli minori, invece, simboleggiano le infinite vie attraverso le quali apprenderemo queste leggi.

I tarocchi contengono un'infinità di consigli e informazioni, ma è necessario studiare a lungo per imparare a usarli nel modo corretto. Io li uso ormai da più di trent'anni e sto cominciando solo ora a capire a fondo il loro complesso significato. Tuttavia, non devi saper gestire tutte le carte e memorizzare la loro simbologia per usarle. Puoi sempre avvalerti dell'aiuto di una miriade di libri pubblicati sull'argomento. Poiché le forze universali della luce vogliono che noi sfruttiamo le nostre guide spirituali il più rapidamente possibile, molte persone intuitive e molti artisti (me compresa) hanno ricevuto l'ordine di creare una versione semplificata e accessibile a tutti dell'antico sistema. Per questo motivo oggi puoi trovare molti mazzi facili e comprensibili, come il mio mazzo *Ask Your Guides* [Chiedi alle tue guide] che ho creato basandomi sugli arcani minori dei tarocchi tradizionali e che è molto facile da usare.

Indipendentemente dalla versione che decidi di usare, puoi connetterti con le tue guide formulando le domande e prendendo le carte che ti forniranno la risposta. L'oracolo può risponderti in molti modi diversi. Per esempio, puoi avere una risposta in una sola carta: fai la domanda o solleva un problema e poi estrai una singola carta per avere un'idea. Se invece hai un dubbio più complesso, puoi prelevare più carte che devono essere disposte secondo uno schema preciso.

Io ho ottenuto grandi successi con questo oracolo e ho scoperto che rappresenta un canale fantastico. Sono anche molto utili per ottenere un consiglio su problemi sentimentali sui quali non sei in grado di ragionare con oggettività perché sei coinvolto in prima persona, come quando, per esempio, devi decidere se continuare a frequentare qualcuno che conosci da poco e di cui non ti fidi del tutto, oppure se comprare una casa che ti piace ma che non puoi permetterti. L'oracolo ti fa andare oltre la parte soggettiva del tuo cervello, che sente esattamente solo ciò che vuoi sentire tu per primo, e ti fornisce una prospettiva più distaccata. Detto ciò, penso che sia comunque poco saggio consultare un oracolo o cercare di interagire con le guide se sei preda delle emozioni perché, in queste condizioni, è facile fraintendere i loro segnali o, nel caso degli oracoli, ignorare ciò che si riceve.

Se invece desideri aprirti davvero a un'influenza superiore, le carte funzioneranno a dovere.

Anche in questo caso, dipende dalle tue intenzioni. Sei in cerca di risposte o vuoi sentire solo quello che ti fa comodo? Se hai bisogno di un vero consiglio, le carte sono uno strumento perfetto. Se invece vuoi una soluzione rapida o essere compatito, non funzioneranno.

La bellezza dei tarocchi consiste nel fatto che usano le immagini al posto delle parole, parlano direttamente al nostro subconscio e lo mettono in comunicazione con la coscienza superiore. I tarocchi instaurano un dialogo con l'universo e liberano la tua creatività. Il grande psicologo Carl Jung una volta disse che se fosse stato rinchiuso in una prigione e avesse potuto portare con sé un solo oggetto, avrebbe scelto i tarocchi perché racchiudono tutta la saggezza dell'universo.

Se desideri esplorare usando le carte oracolari, per prima cosa devi scegliere quelle che ti sembrano più in sintonia con il tuo spirito. Puoi prenderne uno o più mazzi perché il dialogo con lo spirito è un'arte e non una scienza perfetta. Amo tantissimo le carte e ho un'intera collezione di mazzi che uso in diversi momenti.

Alcuni sembrano indirizzare la conversazione verso un tema specifico mentre altri sono specializzati in altre discipline. Per esempio, un mazzo classico come i tarocchi di Rider-Waite è utile per le questioni spirituali, ma potrebbe confonderti quando chiedi consigli o indicazioni su un viaggio. Un mazzo dedicato agli angeli è perfetto quando cerchi una risposta per i tuoi problemi emotivi ma non sono in grado di aiutarti se rivolgi loro domande sul lavoro.

Io ho creato diversi mazzi divinatori proprio per soddisfare tutte le esigenze. Per esempio, il mazzo *Trust Your Vibes* [Fidati delle tue sensazioni] è stato ideato appositamente per aiutarti a prendere le decisioni e per sviluppare e rafforzare il tuo intuito, mentre il mio oracolo *Ask Your Guides* è stato progettato per permetterti di stabilire un dialogo diretto con le tue guide. Ho preparato anche un mazzo divinatorio per aiutarti a realizzare la missione e le lezioni dell'anima e sta per essere pubblicato. Forse in futuro deciderò di continuare questa opera e creare altri mazzi.

Betsy, una mia cliente, un giorno mi telefonò tutta eccitata per dirmi che era riuscita, grazie ai consigli del mazzo *Trust Your Vibes*, a scrivere un libro per bambini. Ogni volta che si bloccava o si sentiva insicura, estraeva una carta dal mazzo e, senza nemmeno rendersene conto, ritrovava la forza e il coraggio per andare avanti. Poi iniziò a usare il mazzo *Ask Your Guides* per convincere una casa editrice a pubblicarlo. Prima di contattare un potenziale agente o un editore, estraeva una carta per capire se sarebbe stato quello che avrebbe dato un'occasione al suo libro. Con sua grande sorpresa e soddisfazione, semplicemente consultando il mazzo, trovò un agente al terzo tentativo e, in soli due mesi, vendette i diritti del libro. Mi garantì che, se le carte non l'avessero guidata, avrebbe quasi certamente perso coraggio e avrebbe abbandonato l'impresa senza concludere nulla. Grazie al loro aiuto, invece, aveva realizzato il suo sogno.

Un altro mio cliente, Marcus, ogni mattina parla direttamente con le sue guide. Dopo aver mescolato accuratamente il mazzo di tarocchi, prende una carta e chiede alle guide di fare le "previsioni del tempo" per la giornata appena iniziata. Una volta, si trovò tra le mani il tarocco che rappresenta la torre, un temibile simbolo di distruzione e sconvolgimento. Quello stesso giorno il suo capo gli fece sapere che la società sarebbe stata acquisita e che avrebbero eliminato la sua posizione entro la fine del mese. Di solito, un fatto così grave lo avrebbe fatto precipitare in una spirale di ansia, ma l'avvertimento che aveva ricevuto al mattino prima di uscire di casa lo aveva preparato al peggio.

Poco dopo, estrasse dal mazzo il tarocco della stella, una carta che preannuncia nuove sorprese. Infatti, il cognato di Marcus lo contattò per proporgli di gestire il suo ristornate messicano nell'Iowa. Come aveva predetto la carta della stella, era arrivata una buona notizia inaspettata e non avrebbe potuto capitare in un momento migliore. L'ultima volta che l'ho sentito, Marcus stava benissimo e so che continua a consultare ogni giorno le sue guide attraverso le carte.

Il segreto per usare al meglio le carte oracolari e ottenere consigli dalle guide consiste nel fare tentativi con diversi mazzi fino a quando non trovi quello che funziona meglio per te. Dopo averlo scelto, usalo per un certo periodo di tempo, scopri tutte le sue sfaccettature, impara a usarlo. Immagina che sia come usare un nuovo computer che ti permette di comunicare immediatamente con altre persone in tutto il mondo. In modo analogo, con un mazzo di carte oracolari, puoi comunicare con tutti gli esseri che popolano l'universo.

Spesso le persone mi chiedono se devono imparare a memoria il significato delle carte prima di iniziare a consultarle. Molti esperti di divinazione risponderebbero che è necessario, ma, secondo me, non è vero. Penso invece che dovresti cercare di interpretare l'oracolo prima di consultare il manuale. Cosa vede il tuo spirito quando osserva la carta? Cosa dice la tua voce interiore? Puoi anche avvalerti dell'ausilio di un manuale, ma fidati sempre del tuo istinto. E ascolta le guide. Puoi anche chiedere loro come interpretare una carta se non hai la minima idea di come fare o non riesci a capirne completamente il significato. Leggere un mazzo divinatorio è un processo organico e puoi fare esperimenti fino a quando scopri il metodo che funziona meglio per te.

Non usare mai un mazzo se non sei completamente sincero. Non prenderlo in giro e non riderne per nessun motivo. Se lo fai, attirerai le entità di basso livello che, come ho detto prima, tendono a fornirti messaggi oscuri e inquietanti che ti confonderanno e ti faranno stare male. Di solito sono innocue, ma interferiscono con lo spirito e non devono essere evocate consultando gli oracoli senza la dovuta serietà.

Non intendo dire che non debba divertirti usando le carte. In realtà, è proprio ciò che devi fare perché, oltre a darti indicazioni, sono anche una grande fonte di conforto. Devi solo essere sincero. Nient'altro.

Ho avuto una cliente, si chiamava MK, che usava il mio mazzo per conoscere lo scopo della sua vita. Il mazzo le suggerì di fare qualcosa che riguardasse i bambini e la scrittura. Erano entrambi ambiti per i quali non aveva mai provato il minimo interesse e, in quel momento, la risposta non ebbe alcun senso. Tuttavia, un anno dopo, nel cuore della notte le venne all'improvviso l'idea di scrivere un libro per bambini e si immerse subito nel progetto. Sei mesi dopo, il suo libro era pronto. Lo intitolò *Will You Dance?... A Children Story for Audults* [Ballerai?... Una storia per bambini dedicata agli adulti]. Ora tiene workshop sull'autostima per gli adulti in tutti gli Stati Uniti, esattamente come aveva suggerito l'oracolo.

Puoi consultare le carte divinatorie ogni giorno, se lo desideri, ma non chiedere mai più di una domanda alla volta. Solo se le circostanze cambiano puoi porre nuovamente un quesito. Per esempio, l'anno scorso avevo consultato le carte per decidere se iscrivere mia figlia in una certa scuola quando, all'improvviso, qualcosa mi suggerì di farle seguire le lezioni a casa. Anche se le carte mi dicevano che la scuola che avevo scelto era ottima per mia figlia, le circostanze mi indussero a chiedere una seconda consultazione. In questo caso, fu portata avanti l'idea di farla studiare a casa e con maggiore entusiasmo rispetto a prima. Seguendo le indicazioni che avevo ottenuto, organizzammo le lezioni a domicilio e, per la prima volta, mia figlia mostrò interesse per lo studio.

Uso le mie carte divinatorie in ogni occasione perché sono efficaci e divertenti. Il fatto che sia piacevole, tuttavia, non le rende meno profonde o sagge né significa che io le usi per gioco. Ottenere il loro responso è sempre un'esperienza eccitante e divertente che risparmia fatiche e tormento al tuo spirito. In ogni caso, l'efficacia della divinazione dipende solo da te e non dal mazzo. Più sei ricettivo, più puoi aspettarti che questo mezzo di comunicazione tra te e le guide si dimostri efficace.

Sai che...

...tutti i mazzi per la divinazione sono ottimi e la tua scelta dipende essenzialmente dalle tue preferenze?

Tocca a te

Mescola bene le carte prima di usarle. Questo gesto infonde nel mazzo le tue vibrazioni personali e richiama le guide. Cerca di sentire l'anima del mazzo e la presenza delle guide. Non permettere mai a nessuno di usarle. Conservale in un luogo sicuro, preferibilmente avvolte nella seta o nel satin per preservare la loro vibrazione. Devi sentirti a tuo agio con le tue carte e trattarle come un caro amico. Sono uno strumento che inizierai presto ad amare, se lo usi correttamente. Quando sei pronto per consultarle, concentrati su una singola domanda, una per volta, mentre continui a mescolare. Con una sola domanda in mente, seleziona le carte dal mazzo e poi segui il manuale per interpretare il loro significato. Come sempre, quando chiedi consiglio alle guide, non formulare mai le tue domande chiedendo cosa dovresti fare; cerca piuttosto di indurle a mostrarti quali sono le diverse possibilità che puoi seguire e a svelarti ciò che ti serve sapere su un certo argomento. Poi coinvolgi il tuo oracolo per ottenere idee e indicazioni.

Usa il mazzo come un trampolino di lancio per connetterti con le tue guide e accetta i loro consigli anche se sul momento non ne capisci il senso. Concedi all'oracolo la possibilità di esplicarsi. Di solito, il senso del loro messaggio diventa chiaro nel corso del tempo. Gli oracoli portano in luce ciò che la tua mente non sa, ma dovrebbe conoscere.

Ormai hai imparato come le tue guide collaborano con te e possiamo procedere per scoprire come vivere nella grazia di una vita guidata dallo spirito.

Sesta parte

Una vita guidata dallo spirito

Ventottesimo capitolo

Il tuo Sé Supremo: la guida più importante

Tra tutte le guide sulle quali puoi fare affidamento, la più importante è il tuo Sé Supremo, la voce e la frequenza della tua parte divina, completamente realizzata ed eterna, il tuo contatto diretto con il creatore, con Dio. È la connessione più potente, concreta, amorevole e immediata con tutto ciò che desideri e che devi imparare e offrire al mondo.

Lo scopo principale delle altre guide e degli angeli consiste nel rinforzare la connessione consapevole con il tuo Sé Supremo affinché possa condurre la tua vita al posto dell'ego, che agisce in base alla paura e a una visione limitata della realtà. Le altre guide si sentono pienamente realizzate quando il tuo Sé Supremo vede attraverso i tuoi occhi, interagisce con gli altri, prende le decisione e valuta i tuoi progressi.

La voce del tuo Sé Supremo, a differenza di quella delle altre entità, è la parte più autentica di te che ti guida. Quando sei connesso con il tuo Sé Supremo, non senti altre voci nella testa. Ti concentri esclusivamente sulla creatività e sulla gioia.

Le preoccupazioni del tuo ego svaniscono mentre il tuo cuore si espande.

Devi considerare le altre guide come semplici messaggeri e istruttori, che ti assistono in ogni difficoltà che incontri nella vita lungo il cammino verso la tua vera essenza. Il Sé Supremo, d'altro canto, non è un ambasciatore ma la massima espressione di te stesso. Le tue guide sono semplici intermediari, mentre il Sé Supremo è la sorgente di ciò che sei davvero. Il compito delle guide consiste nel farti connettere con il tuo Sé Supremo, il cui ruolo è metterti in contatto con Dio.

Se lavori con le guide, non devi abbandonarti nelle loro mani aspettandoti che possano gestire la tua esistenza. Quando invece ti connetti con il Sé Supremo, non solo è legittimo delegargli il tuo potere, ma è anche auspicabile, perché non è una forza esterna ma una parte di te.

Un cliente mi ha chiesto perché abbiamo bisogno di tutte le altre guide se il Sé Supremo è così potente. In realtà, non ne abbiamo bisogno. Le guide sono solo assistenti, compagni e amici. Sono aiutanti opzionali, ma non indispensabili nel nostro viaggio. D'altra parte, abbiamo bisogno del nostro Sé Supremo. Senza, ti senti perso, consumato dalla paura e dall'ansia, come possono testimoniare coloro che sono disconnessi da esso o non lo conoscono bene. In questi casi, l'ego prende il sopravvento e sei roso dall'insicurezza e dal dubbio. Nonostante tutte le strategie che l'ego elabora per evitare questo destino, non riuscirà mai a sfuggire alla morte. Anche se diventi ricco, famoso e potente, non potrai mai sfuggire alla nera signora. Più il tuo ego ci prova, più stai male.

L'ego si esalta quando ottiene il controllo, perciò ti isola dagli altri avvalendosi di menzogne, proiezioni e giudizi negativi sugli altri e su di te. Farà quanto è in suo potere per evitare che tu ti senta vulnerabile e chieda aiuto alle guide. Inoltre, le manovre dell'ego sono così estenuanti e tenaci che esauriscono quasi tutte le tue energie e tu non hai più la forza per goderti le meraviglie della vita. Sei stanco, affaticato, malato e invecchi molto rapidamente. Non è possibile invertire questo processo: se sei in balia dell'ego limitato e pauroso, la tua vita è destinata all'infelicità.

L'unico antidoto per questa malattia terminale dell'anima è la connessione con la voce e con la vibrazione del tuo Sé Supremo. Devi farti guidare da lui. È una parte immortale di te che vive semplicemente e in eterno.

Come puoi connetterti con questa entità? Per prima cosa, devi mettere a tacere l'ego. Sai di cosa sto parlando: è la voce che si lamenta, critica, difende, giudica, giustifica, si lagna, non sa perdonare, si aspetta sempre il peggio e non si fida di nessuno. Fino a quando le darai ascolto, non riuscirai mai a sentire il tuo Sé Supremo.

La voce del Sé Supremo è molto esile, molto più di quella delle altre guide, almeno nei primi tempi, quando inizi a stabilire la connessione. Una volta che sei riuscito a metterti in contatto con lui, il segnale diventa sempre più forte e stabile e sarà impossibile ignorarlo. È come assaggiare lo zucchero per la prima volta; è così dolce e gustoso che non ti sazia mai.

Il modo migliore per sentire il Sé Supremo e frenare l'insistente monologo dell'ego è la meditazione; prenditi dieci o quindici minuti ogni giorno per tranquillizzare la mente, placare le paure e cambiare consapevolmente l'oggetto dei tuoi pensieri. Non è difficile. Devi solo escludere il mondo esterno per quel breve periodo di tempo e concentrarti sui pensieri e sulla respirazione, inspirando lentamente ed espirando contando fino a quattro. È tutto.

Se la tua mente si distrae, non irritarti. Continua a respirare ritmicamente. È un esercizio semplice, ma perché sia efficace è necessario essere molto disciplinati ed esercitarsi a lungo. La mente non ama essere controllata, perciò farà di tutto per ribellarsi. Devi essere pronto ad affrontarla e abbastanza determinato da meditare disciplinatamente ogni giorno, meglio se alla stessa ora. Più ti abitui a rispettare questo impegno, più sarà facile svolgere l'esercizio. L'inconscio si adatterà a questa routine e agirà nel rispetto della tua volontà. Se sei costante, dopo un paio di settimane sarai impaziente e non vedrai l'ora che arrivi il tuo appuntamento quotidiano con la meditazione.

In secondo luogo, dedicati a quelle che io definisco le pratiche meditative. Con questo termine indico tutte quelle azioni quotidiane eseguite con l'intenzione di quietare la mente, come fare una passeggiata, piegare la biancheria, lavorare a maglia, curare il giardino e dipingere; lavoretti simili distraggono la mente dal dialogo interiore e ti danno un attimo di tregua.

Queste pratiche ti permetteranno di connetterti con il tuo Sé Supremo. Ti aiuteranno a riconoscerlo e a confidare nel fatto di avere un Sé Supremo che può condurre alla perfezione la tua vita; si assumerà la completa responsabilità per tutto ciò che ti accade e tu smetterai di delegare a terzi le tue scelte e di rimproverare gli altri perché ti senti gestito da loro.

Se sei connesso con il tuo Sé Supremo, ti accorgi subito quando esci di strada. A volte lo capisci attraverso una sensazione fisica, come se il tuo Sé Supremo battesse alla porta del cuore, o ti pungolasse il cervello, o ancora ti stringesse lo stomaco fino quando non ti decidi a prestargli attenzione. In questo modo, se stai andando nella direzione sbagliata ti impedisce di stare bene e in pace con te stesso. Come un sasso nella scarpa e una scheggia nel dito, il tuo Sé Supremo ti irrita e ti provoca disagio se non corrispondi al tuo vero sé, onesto e amorevole.

Purtroppo moltissime persone sono disposte a tollerare il fastidio che provoca e preferiscono ignorarlo o affrontare infinite noie pur di non dare retta ai segnali che invia, distraendosi con preoccupazione materiali o persino con una dipendenza.

Nel momento in cui decidi di prendere atto di questi sintomi, nel momento in cui decidi di fare tutto ciò che serve per ritornare sulla tua strada, stabilisci una perfetta connessione con il tuo Sé Supremo. Se metti da parte il tuo ego a favore di forze benefiche, la vita inizia a scorrere senza ostacoli.

Un altro modo per connetterti è far esercitare il tuo subconscio affinché impari ad aggirare le barriere dell'ego così da affidare il controllo al Sé Supremo; puoi riuscirci semplicemente ripetendo ad alta voce: "Subconscio, portami ora e sempre dal mio Sé Supremo." Ripeti questa frase ogni volta che sei ansioso, irritato, insicuro, arrabbiato, offeso, confuso, vendicativo o apatico.

Per rendere la connessione ancora più forte, quando ti svegli al mattino prega il tuo subconscio in questo modo: "Ti prego, lascia che sia il mio Sé Supremo, e solo lui, a guidarmi oggi."

Il mio amico Nelson ha usato questa strategia alla fine del suo triste matrimonio. Anche se sia lui che la moglie pensavano che fosse ormai giunto il momento di separarsi, il loro ego continuava a infiammarsi. La decisione più difficile fu quella di vendere la casa e dividere il ricavato in modo equo. Il giorno in cui misero in vendita la casa, un potenziale acquirente offrì loro di comprarla al prezzo stabilito a patto che accettassero l'offerta entro due giorni e lasciassero libera la casa entro un mese. Nelson era felicissimo ed era pronto a trasferirsi al più presto. Era certo che anche sua moglie condividesse il suo punto di vista, ma non era così. Infatti lei preferì rifiutare l'offerta e non si mostrò minimamente disposta a collaborare.

Lui era furioso; in fondo era stata lei a chiedere il divorzio. Temendo di perdere l'occasione di concludere un ottimo affare, il suo ego insisteva perché Nelson ricorresse alla forza. Allora lui mi telefonò per chiedermi cosa fare.

Gli consigliai di sottoporre il problema al suo Sé Supremo. "Ma non ho tempo" si agitò. "Dobbiamo dare una risposta all'acquirente entro domani. Condivido l'idea di affidarmi al mio Sé Supremo, ma temo che non sarà in grado di convincere la mia ex moglie a firmare il contratto."

"Provaci," insistetti. Lui rimase in silenzio per almeno cinque minuti.

"Cosa ti suggerisce?" domandai.

"Non mi ha detto nulla" si lamentò lui.

"Riesci a capire?" gli dissi. "Dopo tutto, mi sembra una reazione sensata. Ti sta dicendo che non puoi farci niente. Tua moglie deve accettare la situazione da sola."

"Mi sembra logico" ammise. "Non sono mai riuscito a convincerla, quindi perché dovrei farcela proprio adesso?".

Nelson, come gli era stato suggerito, non fece nulla. Dieci minuti prima della scadenza del termine, sua moglie telefonò; gli comunicò che avrebbe accettato tutte le condizioni e riagganciò. Il giorno successivo firmarono i documenti e vendettero la casa senza altri litigi. Il suo Sé Supremo aveva ragione.

Mary Ellen, una mia cliente, era fuori di sé quando scoprì, per puro caso, che il suo capo e due colleghi rubavano denaro dai fondi della società per la quale lavorava. Mary Ellen amava il suo lavoro, ma era l'ultima arrivata e, per di più, l'unica donna, perciò si sentiva poco apprezzata da molti suoi collaboratori. Aveva paura di raccontare quello che aveva scoperto perché temeva delle ripercussioni, ma sapeva di non poter tacere perché sarebbe stata complice del crimine.

Quando mi chiamò era irritata, preoccupata, indignata e spaventata.

"Cosa ti suggerisce il tuo Sé Supremo?".

"Non saprei. Non dice nulla. Se affronto apertamente il mio capo, perdo il lavoro; tutti mi considereranno una spiona e nessuno mi assumerà più."

Le consigliai ancora una volta di tranquillizzarsi e di ascoltare il suo Sé Supremo.

Dopo un lungo silenzio mi disse: "Il mio Sé Supremo mi suggerisce di dimettermi tramite una lettera in cui spiego le mie ragioni sia al mio capo che al suo, senza fare nomi, e di avere fiducia perché troverò un altro lavoro."

Trascorse un altro mese senza che facesse niente, ma la situazione era insostenibile così decise di licenziarsi; come le era stato consigliato dal suo Sé Supremo, scrisse una lettera. Andò via senza liquidazione e senza lettere di raccomandazione. Non osò nemmeno chiederle.

Tre mesi dopo, fu contattata dall'azienda che aveva lasciato perché il proprietario aveva deciso di licenziare il suo vecchio capo e i due dipendenti coinvolti nella frode e desiderava riassumerla con un aumento di stipendio. Nessuno parlò mai delle sue dimissioni né delle accuse che aveva mosso.

Quando ti affidi al tuo Sé Supremo e metti a tacere l'ego, all'inizio ti sembra di saltare nel vuoto, con gli occhi bendati. L'ego provoca questa fastidiosa sensazione perché vuole che tu mantenga saldamente il controllo. Invece, quando lo fai, scopri che, essendo uno spirito, sai volare. Ti liberi dalla paura causata dall'ego e inizi a vivere rispettando i desideri della tua anima.

Sai che...

...quando scegli di seguire i consigli del tuo Sé Supremo diventi più libero di quanto potessi immaginare? Puoi iniziare a vivere una vita autentica, piena di amore e senza paure. Nulla può darti un potere maggiore. Decidi semplicemente di affidarti al Sé Supremo e affermalo senza mezzi termini. È il modo più semplice per realizzare i tuoi sogni.

Tocca a te

Il modo migliore per stabilire un contatto con il tuo Sé Supremo è meditare. La meditazione è un'attività complessa. Inizia subito respirando lentamente. Osserva quanto riesca a espandersi la tua consapevolezza respirando più a fondo. Fallo di nuovo. Questa volta, inspira contando fino a quattro, trattieni il fiato per un istante e, infine, espira sempre contando fino a quattro. Prenditi il tempo necessario. Continua fino a quando non avrai trovato un ritmo che ti fa sentire a tuo agio. Se preferisci, puoi anche accompagnarti con un sottofondo musicale; la musica barocca è particolarmente indicata perché ha un ritmo che accompagna perfettamente la meditazione profonda e aiuta la mente a rilassarsi.

Continua a respirare in questo modo fino a quando non riesci a rallentare il ritmo. Mentre lo fai, ripeti a te stesso "Io sono...", mentre inspiri, e "...in pace", mentre espiri. Se la mente inizia a vagare senza meta, non preoccuparti. È normale. In questo caso, devi solo riportare la tua attenzione sulla respirazione e recitare la frase che ti ho suggerito. È tutto. Stai meditando. Esegui questa pratica per quindici minuti ogni giorno. In una settimana o poco più diventerà il momento preferito di tutta la giornata, perché ti aiuta a rilassare la mente e, quando la mente è serena, entri in contatto con il tuo spirito.

Ventinovesimo capitolo

Seguire le guide può essere difficile

Quando lavori con le guide, la cosa più difficile è imparare ad accettare e a fidarti di ciò che ti dicono, soprattutto quando non trovi nella realtà conferme della validità dei loro consigli. Per vivere seguendo l'intuito, il sesto senso e le guide serve una buona dose di coraggio. Le guide ti mostrano la direzione migliore che devi seguire per procedere sul tuo cammino, realizzare i tuoi sogni e semplificarti la vita, ma solo tu puoi decidere di accettare le loro indicazioni.

Un mio cliente, Paul, lavorava in un panificio nel New Jersey ed era anche medium e sensitivo straordinario. Era felicemente sposato e aveva due figli, ma il suo lavoro non gli donava alcuna soddisfazione. Le sue guide gli consigliarono di trasferirsi a Columbus, nell'Ohio, dove viveva sua sorella, e di aprire uno studio di consulenze in quella città. L'idea in parte lo eccitava e in parte lo terrorizzava a morte.

"Realizzerei il sogno della mia vita!" pensò. "Sarebbe un modo meraviglioso per aiutare gli altri! Ma poi come pagherò le bollette? Come potrò comprare una casa?".

Tutte le persone che lo circondavano pensavano che fosse una follia e gli dicevano di non farlo. Sua moglie, invece, lo incoraggiò: "Proviamoci!". Perciò si dimise; disse al suo capo che era un sensitivo e che aveva deciso di seguire la sua strada. Questi non solo accettò le sue dimissioni, ma diventò anche il suo primo cliente. Pochi mesi dopo aver inaugurato la sua nuova vita, un'emittente radiofonica gli propose di partecipare a un programma. Ebbe così successo che lo invitarono molte altre volte. Poco dopo, i clienti iniziarono a contattarlo per le letture e la sua carriera prese il volo. Entro la fine dell'anno, lavorava a tempo pieno come medium. Fidarsi del consiglio delle sue guide fu difficile perché gli proponevano di compiere un passo rischioso ma, quando decise di assecondarle e di fidarsi, prese una decisione che si sarebbe rivelata la migliore di tutta la sua vita.

Un'altra cliente, Jocelyn, vedova, aveva guide meravigliose che le parlavano sempre. Una volta le consigliarono di fare una crociera con le sue amiche durante le vacanze di Natale, anche se non aveva molti soldi e questa spesa avrebbe ridotto all'osso i suoi risparmi. I suoi figli pensarono che fosse un capriccio e la criticarono severamente per aver deciso di partire, perché la ritenevano un'irresponsabile. Lei temeva che avessero ragione ed ebbe un attimo di ripensamento in cui fu sul punto di disdire la prenotazione. Non appena questa idea balenò nella sua mente, le guide le urlarono di non farlo. All'ultimo minuto, Jocelyn decise di andare fino in fondo e partire. Per essere certa che i suoi figli non le rovinassero la festa, non permise loro nemmeno di accompagnarla in aeroporto.

Sulla nave incontrò un uomo meraviglioso che abitava a sole tre miglia da lei. Anche lui era vedovo ed era da poco andato in pensione dopo aver lavorato per anni come chiropratico. Tra i due si accese subito una scintilla. La loro amicizia continuò anche dopo il viaggio e due anni dopo si sposarono. La parte più bella è che anche i suoi figli si sono affezionati a lui. Quell'incontro fu una benedizione per tutti. Jocelyn a volte prende in giro i figli perché volevano impedirle di partire e loro negano di aver fatto una cosa del genere.

Sai che...

...lavorare con le guide è una scelta di vita? Se decidi di accettare l'aiuto che proviene da fonti più elevate, ti lasci alle spalle la tua vecchia esistenza piena di paura e la mancanza di controllo. Coloro che lo fanno, almeno secondo quanto ho potuto constatare nella mia esperienza personale, godono di una vita beata, felice e prodiga di doni.

Tocca a te

Affidarsi alle guide può essere difficile, persino spaventoso, se le persone e la realtà circostanti di dicono di non farlo. Tutto quello che posso suggerirti è di fidarti di ciò che senti, di ascoltare il tuo cuore e di non chiedere conferme agli altri. Dopo tutto, gli spiriti guida appartengono a un livello superiore, perciò non è necessario fare confronti. Se hai dei dubbi, le opinioni degli altri non faranno che peggiorare la situazione. Fidati degli spiriti guida e vedrai accadere cose meravigliose, forse non presto quanto pensi, ma di sicuro succederanno.

Trentesimo capitolo

La differenza tra buone notizie e consigli delle guide

Quando lavori con le guide è molto importante accettare ciò che trasmettono e non cercare di manipolare i loro messaggi per renderli compatibili con i tuoi progetti. Ovviamente, quando cerchiamo indicazioni spirituali speriamo di ottenere un aiuto per avere risultati migliori e un lieto fine alle nostre vicende. Tuttavia, il modo per raggiungere questi obiettivi potrebbe essere molto diverso rispetto a quello che avevi immaginato. Il vero motivo per cui cerchiamo una guida è che vogliamo aprirci a una nuova visione della realtà e a nuove informazioni capaci di influenzare la nostra comprensione della situazione, portandoci a prendere decisioni più sagge. Bisogna quindi evitare di pretendere che le guide o il Sé Supremo appoggino le nostre decisioni o sostengano un pensiero già impostato a priori, anche se lo riteniamo giusto.

Uno degli aspetti più difficili in questa ricerca è essere disposti a ricevere consigli quando è faticoso sentirli o accettarli. Una cliente, consultando le guide tramite un oracolo per ottenere un consiglio sul suo matrimonio, aveva ricevuto espliciti avvertimenti su un futuro tradimento e una perdita.

Irritata per quanto aveva scoperto, gettò via il mazzo. Suo marito, che lavorava in una banca, era, secondo la sua descrizione, "il ritratto del decoro" e non l'avrebbe mai delusa. Inoltre, sosteneva che non aveva nemmeno il tempo per intessere una relazione extraconiugale. Tornava a casa puntualmente ogni sera e lei era sicura della sua fedeltà. Puoi immaginare come si sentì alcuni mesi dopo quando suo marito fu arrestato per frode e appropriazione indebita e poi condannato a cinque anni di detenzione per i suoi reati.

Lei si sentì mortificata e offesa oltre ogni limite e non riusciva a credere che lui avesse potuto coinvolgere nello scandalo la sua famiglia, per non parlare dei problemi economici che aveva provocato a tutti loro. Si disse: "Quello stupido mazzo mi aveva avvisata. Non avrei mai dovuto usarlo" come se le carte fossero responsabili delle azioni criminose del marito.

"È una prospettiva interessante" dissi. "Sembra che le tue guide abbiano cercato di avvisarti attraverso l'oracolo. Perché ti sei arrabbiata? Loro hanno fatto di tutto per metterti in guardia affinché tu avessi la possibilità di discuterne con tuo marito. Tu, invece, hai gettato via il mazzo. Hai mai sospettato che lui stesse tramando alle tue spalle?".

"In realtà sì" ammise lei timidamente. "Da qualche tempo era insolitamente stressato, perdeva spesso il controllo e sembrava chiuso in se stesso. Non era da lui. Per questo avevo consultato l'oracolo. Avevo sentito che qualcosa non andava e volevo scoprire cosa."

"Dalla tua reazione, direi che, quando hai buttato via le carte, hai fatto un errore piuttosto comune: hai incolpato il messaggero e hai ignorato le guide" spiegai.

"Cosa avresti fatto al mio posto?" mi chiese mettendosi sulla difensiva.

"Se fossi stata in te, vista la situazione, avrei affrontato apertamente mio marito per parlargli delle mie sensazioni e chiedergli cosa stesse combinando."

"Ci avevo pensato, ma avevo paura. A essere sincera, non volevo scoprirlo. Avevo qualche sospetto su come potessimo permetterci il nostro stile di vita, ma non volevo vedere la realtà. Vorrei solo avere avuto il coraggio di farlo."

Quando chiedi un consiglio, non solo di sapere la verità per mezzo degli oracoli, le regole fondamentali sono queste: non porre domande di cui non vuoi sapere la risposta e, se il consiglio non ti soddisfa, non prendertela con il messaggero.

Le guide (quelle dei livelli superiori) possono dirti solo la verità. Sei tu poi a decidere come usare queste informazioni. Se ricevi cattive notizie, sii onesto con te stesso prima di reagire. Tu o qualcuno che ti è vicino state facendo qualcosa che possa causare un evento negativo? Stai negando la realtà dei fatti, giudichi in modo inappropriato o ignori qualcosa che potrebbe tornare per tormentarti? Sei circondato da persone che turbano e sconvolgono il tuo spirito? Se è così, fai attenzione. È quello che le guide ti stanno dicendo.

Nei trentasette anni di esperienza in questo campo, posso dire in tutta onestà di non avere mai sorpreso un cliente quando gli ho rivelato le cattive notizie trasmesse dalle sue guide. Siamo molto più consapevoli di quanto vogliamo ammettere, ma spesso preferiamo censurare i fatti sgradevoli. Se chiedi, le guide ti risponderanno, ma ciò che ti diranno è oggettivo e non sempre corrisponde a quello che vuoi sentire.

Una volta una cliente mi disse: "Qualsiasi cosa tu faccia, non darmi cattive notizie. Non sarei in grado di sopportarle."

Assecondando la sua richiesta, le nascosi il suo prossimo licenziamento (che avevo visto) e la incoraggiai a seguire il suo istinto e a iniziare a cercare il lavoro dei suoi sogni il prima possibile, perché era il momento giusto per farlo. Dieci giorni dopo perse il posto e mi chiamò infuriata urlando che avrei dovuto avvertirla.

"Visti i limiti che mi hai imposto, non avevo molta scelta" le ho detto. "Ho provato. Abbiamo parlato a lungo del tuo lavoro e le tue guide ti hanno consigliato di cercare un nuovo lavoro. Ora sai perché." Lei riagganciò irata. Tre settimane dopo mi scrisse una cartolina per scusarsi della sua reazione esagerata e per dirmi che aveva appena trovato un lavoro straordinario.

A volte è facile cedere alla tentazione di scartare i consigli che non ci soddisfano o non sono coerenti con il nostro punto di vista, soprattutto quando si usa un oracolo. Molti miei clienti mescolano le carte e le estraggono per cercare indicazioni e, se non le trovano adeguate, le ignorano. Una donna,

Gina, aveva pescato tre carte dai suoi tarocchi per sapere se avrebbe dovuto aprire un suo ristorante. Le guide le dissero di non avere troppa fretta e di non stringere rapporti poco stabili con le persone sbagliate, ma lei non volle ascoltarle. Poiché aveva già deciso cosa fare riguardo l'attività e i soci ancora prima di consultare l'oracolo, la risposta che ottenne dalle guide la infastidì e si rifiutò di cambiare i suoi progetti.

Andò avanti per la sua strada: firmò un contratto d'affitto nel primo locale che trovò a disposizione e fondò una società con un uomo che conosceva a malapena.

Il ristorante fallì dopo sette mesi e lei ora è in causa con il suo socio per essersene andato lasciandole tutti i debiti da pagare. Tornò ancora a farmi visita, demoralizzata per quanto le era successo; non riusciva a credere che le cose fossero andate così male.

"Eri stata avvisata" le ricordai. "Non hai voluto ascoltare."

"Lo so" si lamentò lei. "Non ero disposta a farlo. Speravo solo che tu mi dicessi che tutto sarebbe stato perfetto e che il mio ristorante avrebbe avuto successo."

Per questo motivo il mio maestro Charlie mi diceva sempre di non chiedere mai un consiglio alle guide se non ero pronta ad accettarlo. Se ti rivolgi a loro e non le ascolti mai, iniziano a pensare che tu non sia sincero e smettono di accorrere in tuo aiuto, come nella favola dell'uomo che gridava al lupo.

Sai che...

...non essere ricettivo nei confronti delle guide è probabilmente l'ostacolo più grande da superare per comunicare con loro? Dopo tutto, è difficile accettare un consiglio se hai già preso una decisione.

Tocca a te

Il modo migliore per costruire un buon rapporto con le guide e stabilire un flusso di comunicazione agevole è seguire questi quattro passi:

- **Primo passo**: sii aperto ai consigli. Devi affrontare ogni tua giornata con il cuore e la mente disposti a ricevere aiuto.
- **Secondo passo**: aspettati di essere aiutato. Come sempre nella vita, più ti aspetti qualcosa, più lo attrai.
- **Terzo passo**: fidati dei consigli che ricevi. Ripetili ad alta voce ogni volta che hai la possibilità di farlo e cerca di capire quali emozioni scatenano. (Trascriverli non è esattamente la stessa cosa, ma è un altro modo per creare un flusso di comunicazione armonico tra te e le guide.) Anche se ricevi un avvertimento, o notizie difficili, quando le esprimi ad alta voce riuscirai a sentirle dentro di te e, se sono veritiere, proverai un senso di sollievo. Se il consiglio è valido, lo capirai nell'esatto istante in cui lo esprimi a voce.

- **Quarto passo**: inizia ad agire in base ai consigli ricevuti il più rapidamente possibile. Potresti pensare che ti stia invitando a gettarti nel vuoto da un grattacielo ma non è così. Secondo me, ignorare le guide e procedere nella direzione sbagliata è persino più pericoloso di quanto non sia assecondarle. Per riuscirci dovrai esercitarti a lungo, perciò rilassati. Prenditi tutto il tempo necessario e divertiti. Inizia da piccole cose per acquisire fiducia un poco per volta, finché ti fidi delle tue guide abbastanza da seguirle. Solo allora potrai metterti serenamente nelle loro mani anche per quanto riguarda faccende più importanti. Presto stabilirai un rapporto costante con le tue guide e la tua vita procederà senza problemi. Fidati di me: funziona!

Trentunesimo capitolo

Trova qualcuno che "ci crede"

Mentre impari a fidarti delle guide, può esserti d'aiuto trovare uno o due amici aperti e ricettivi per condividere con loro i consigli ricevuti dall'alto. Hai bisogno di qualcuno che ti sostenga senza giudicarti o mettere in discussione i consigli che ricevi. Dovrebbero essere persone dotate di una mentalità aperta e capaci di credere: il genere di persone che ti capiscono e ti incoraggiano a seguire questo percorso e che, allo stesso tempo, ti conoscono abbastanza bene da capire subito quali dei tuoi difetti possono interferire nella comunicazione con le guide.

Io sono stata molto fortunata perché quando ero piccola potevo sempre parlare con mia madre e i miei fratelli delle mie guide senza temere di essere derisa o messa a tacere. Quando mi sentivo stressata, insicura o indecisa sui messaggi che ricevevo dalle guide o sulle paure dell'ego, mia madre o uno dei miei fratelli e sorelle mi aiutavano a orientarmi nella confusione semplicemente ascoltandomi e parlando con me.

Anche il mio maestro Charlie era sempre disposto ad aiutarmi e non si preoccupava tanto di verificare i consigli, quanto piuttosto di incoraggiarmi a fidarmi di quello che ricevevo, per quanto vago e difficile da comprendere, e ad accettare tutto ciò che proveniva dai miei canali intuitivi in fase di evoluzione.

Avevo e ho tuttora alcune care amiche come le mie mentori Lu Ann e Joan, la mia migliore amica Julia Cameron e la mia amica sciamana Debra Grace. Ci sono ovviamente anche mio marito Patrick e le nostre figlie Sonia e Sabrina. In famiglia parliamo molto delle nostre guide con la stessa naturalezza con cui discutiamo del tempo. Poter descrivere agli altri la mia relazione con le guide rinforza molto i miei rapporti con ciascuno di loro.

Forse anche tu conosci qualcuno con cui parlare liberamente delle tue esperienze con le guide. Se è così, sai bene quanto è importante.

Se invece stai esplorando questo affascinante universo e non hai nessuno con cui condividere la tua avventura, chiedi ai tuoi spiriti aiutanti di portarti qualcuno che colmi questo vuoto. Un modo molto efficace per capire se una persona fa al caso tuo è prendere un mazzo di carte oracolari, come il mio mazzo *Ask Your Guides,* mostrarlo e rendere noto ai tuoi amici e parenti che hai un nuovo interesse. Coloro che sono in grado di offrirti il loro aiuto e il loro incoraggiamento te lo faranno capire subito. Coloro che invece si mostrano scettici non condividono il tuo punto di vista, perciò non cercare di convincerli perché non ci riuscirai. Piuttosto, investi le tue energie per cercare qualcuno che sia disposto ad ascoltarti senza pregiudizi.

La connessione con le guide è un'esperienza estremamente soggettiva; raramente due opinioni divergenti trovano un terreno comune su questo tema. Usa il buon senso e osserva con attenzione prima di svelare la tua esperienza agli altri. Non boicottare la delicata connessione energetica che stai creando con le tue guide permettendo agli altri di bombardarti di giudizi negativi.

Sai che...

...puoi ottenere il sostegno degli altri se parli apertamente delle tue guide e condividi ciò che senti e che ricevi da loro? Il segreto per riuscirci è scegliere il modo giusto di farlo. Se sei convinto, positivo e grato susciterai l'interesse e otterrai la fiducia delle persone giuste. Non perdere tempo per discutere con chi non è interessato.

Tocca a te

Credo che avere qualcuno con cui condividere l'esperienza spirituale con le guide sia fondamentale per seguire con successo questo cammino, così, grazie ai miei corsi on line, ho fondato alcuni gruppi dove le persone di tutto il mondo possono pubblicare le proprie storie. Questi spazi di incontro si sono dimostrati di grande aiuto per coloro che scelgono di vivere serenamente la propria vita extrasensoriale.

Conduco anche un programma radiofonico settimanale dove tutti possono intervenire per parlare delle proprie connessioni attraverso il sito www.hayhouseradio.comTM o il mio portale www.trustyourvibes.com.

Nel mio sito è presente una sezione in cui è possibile scrivere le proprie esperienze psichiche affinché tutti possano leggerle e trarne conforto. Ti invito a partecipare!

Questi sono solo alcuni modi per conoscere altre persone "che credono" e aiutarti a squarciare il velo che separa la terza e la quarta dimensione. Questo ti aiuterà a rendere la comunicazione con le tue guide più facile e naturale. Cercare aiuto apertamente potrebbe metterti a disagio ma il rischio sarà abbondantemente ricompensato da tutte le gratificazioni che riceverai da persone che condividono la tua stessa visione del mondo.

Conclusioni

Ringrazia le tue guide

Quando chiedi l'intervento delle tue guide, è importante mostrare loro la tua riconoscenza apertamente per averti aiutato e ringraziarle per tutto ciò che fanno per te.

Queste attenzioni da parte tua le gratificano molto perché rendono onore ai loro sforzi per aiutarti e semplificare la tua vita. Inoltre, si rallegrano soprattutto del fatto che, prendendoti il tempo necessario per apprezzare e riconoscere l'importanza del loro intervento nella tua vita, tu abbia la possibilità di ricevere il loro amore e il sostegno divino. Più lo fai, più le guide ti saranno vicine e maggiori saranno le possibilità di ricevere il loro aiuto.

Esistono diversi modi per ringraziarle. Il modo più semplice (e quello che viene dimenticato più facilmente) è dire un semplice grazie ad alta voce ogni volta che percepisci la loro presenza. Ancora meglio, puoi esprimere la tua gratitudine in anticipo. Un ringraziamento sincero ha profonde ripercussioni nel mondo dello spirito perché manifesta la tua consapevolezza dell'intervento delle guide e il loro contributo alla tua vita, e sostiene il Disegno Divino finalizzato all'evoluzione della tua anima sotto ogni aspetto.

Tuttavia, ho scoperto che le guide si rallegrano e diventano più recettive quando le espressioni di gratitudine sono più elaborate.

Per esempio, ogni volta che le mie guide creano per me una situazione perfetta o mi assistono per risolvere un grave problema, anche se si tratta semplicemente di distrarmi dalle mie preoccupazioni o di ispirarmi con nuove idee, io mostro la mia riconoscenza accendendo un bastoncino di incenso in loro onore. Quando lo faccio, dico loro: "Questo incenso è per voi. Grazie per tutto quello che fate per me."

A volte offro anche un mazzo di fiori, un'idea che ho avuto quando sono andata in India per la prima volta vent'anni fa. All'ingresso di ogni tempio c'erano alcune donne che vendevano mazzetti di calendule da donare agli dei. Queste graziose ghirlande venivano deposte accanto alle statue per onorarle e, poiché l'intento è esclusivamente quello di rallegrare gli dei, l'offerta era ritenuta inaccettabile se i fiori venivano annusati da chi li regalava. Per me non era del tutto nuova l'idea di regalare fiori. Poiché sono cresciuta in una famiglia cattolica, ogni anno, il primo giorno di maggio, offrivamo un mazzo di fiori a Maria per manifestare la nostra riconoscenza per tutto il suo amore e il suo sostegno.

Ispirandomi a questi esempi di devozione, offro ogni giorno mazzi di fiori alle mie guide, soprattutto a quelle che mi aiutano quando tengo le letture. Poiché sono destinati alle mie guide e non a me, evito di annusarli direttamente, ma godo dell'aroma che emanano nel mio studio.

A volte accendo un candela profumata in loro onore; anche questa è una tradizione che ho ereditato dalla mia educazione cristiana. Ogni settimana conservavo una parte della mancia per accendere una candela a Santa Teresa, che ritenevo la mia guida speciale. Anche oggi continuo a bruciare sette o quattordici candele votive ogni giorno per rendere onore alle mie guide.

Un altro modo meraviglioso per ringraziarle è cantare una canzone o suonare un brano musicale. Il canto e gli strumenti, infatti, creano una vibrazione estremamente armonica che le guide apprezzano molto.

Oppure si può allestire un altare sul quale disporre le immagini e le icone di tutte le guide che ami. Io ho creato il mio primo altare ai piedi del letto quando avevo dodici anni e lì tenevo il rosario della mia prima comunione, una fotografia della mia famiglia scattata a Natale, una copia della mia pagella, un disegno della mia guida Rose, alcuni petali di lillà raccolti nel giardino, una candela votiva bianca in un bicchiere di vetro e una campanella che facevo tintinnare ogni volta che avevo bisogno delle mie guide.

Adesso ho un altare in ufficio che occupa quasi una parete intera. Vi conservo oggetti sacri che ho raccolto in tutto il mondo negli ultimi trentacinque anni. Non è più solo un semplice altare ma un vero e proprio santuario pieno di immagini sante e felici, opere d'arte e vari oggetti che mi ricordano quanto sono fortunata. Quando rimango davanti all'altare, non solo attiro le guide ma rendo più profondo il mio legame personale con Gesù, con Maria e con Dio.

Se vuoi creare un altare personale, non devi fare altro che prendere un tavolo, o un ripiano, e collocarlo in una stanza in cui trascorri molto tempo e dove nessuno ti disturba. Fanne l'altare dei tuoi spiriti e coprilo di simboli, immagini e oggetti che ispirino una sensazione di gioia, pace e amore. Prova a utilizzare oggetti diversi per trovare quelli che elevano le tue vibrazioni, aprono il cuore e creano in te una profonda gratitudine. Puoi usare fotografie sacre o personali, campanelle, fiori, candele e persino uno specchietto che rifletta la luce e la tua immagine.

Un altro modo per esprimere gratitudine è tenere la casa pulita e ordinata. Se questo per te è troppo, almeno cerca di organizzare la zona intorno all'altare. Così facendo dimostri rispetto per le guide e crei per loro un luogo pacifico e sereno dove possono riposarsi. È anche l'ambiente adatto per comunicare con loro. L'altare crea un punto di incontro tra te e gli spiriti guida, perciò più è calmo e pulito più sono liberi i canali attraverso i quali ti connetti con loro.

Se pensi che le tue guide ti siano state particolarmente vicine, ricompensale con un banchetto pieno di offerte: raccogli candele, fiori freschi, incensi, fotografie di momenti felici, campanelle e immagini sacre e appoggiali sul tuo altare insieme a una preghiera scritta. Fai sapere alle guide che questi doni sono per loro e che le inviti a goderne. Nasce così una vibrazione straordinariamente potente in casa, un dono che non smette mai di generare gioia. Le energie divine riceveranno i tuoi omaggi e li ricambieranno con amore e benedizioni.

Sai che...

...il mio maestro, il dottor Tully, una volta mi ha spiegato che la cosa migliore che puoi fare per gli altri, per te stesso e per il mondo è essere felice? È il modo migliore per apprezzare i doni che hai ricevuto e il sostegno delle tue guide.

Tocca a te

Uno dei modi migliori per onorare e ringraziare le tue guide e tutti gli aiutanti divini è impegnarsi a vivere con cuore felice e uno sguardo positivo sulla realtà, lasciandosi alle spalle tutte le paure. In questo modo non solo accetti la benedizione divina ma diventi tu stesso una guida e una benedizione per chi ti è vicino.

Che Dio ti benedica e i tuoi angeli ti proteggano.
Possano i tuoi apripista connettersi con te,
i tuoi aiutanti assisterti,
i tuoi guaritori sostenerti, i tuoi maestri illuminarti,
le tue guide della gioia dilettarti,
gli spiriti della natura donarti equilibrio,
i tuoi animali guida rinnovare la tua anima
e il tuo Sé Supremo condurti verso una vita di pace,
grazia, creatività e contribuire a riempire
di amore e risate il tuo personale viaggio
in questo mondo.

Con tutto il mio amore e il mio affetto,
Sonia

Ringraziamenti

Vorrei ringraziare mia madre, Sonia Choquette, per avermi fatto scoprire il mondo dello spirito e avermi fatto conoscere l'amore del cielo; mio padre per essere il punto di riferimento stabile nel mio mondo ricco di spiritualità; mio marito, Patrick, e le mie figlie Sonia e Sabrina, per il loro amore sconfinato, la pazienza e il desiderio di comprendere il lavoro a cui ho dedicato tutta la vita; Lu Ann Glatzmaier e Joan Smith che come me "credono" e sono state le mie sorelle dell'anima da quando ricordo; i miei maestri, il dottor Tully e Charlie Goodman, per aver condiviso con me il loro sapere e le tecniche per comunicare a livello profondo con le guide.

Ringrazio anche Reid Tracy, il mio nuovo angelo sulla Terra, e tutto lo staff di Hay House per la loro dedizione e l'instancabile impegno; il mio "guantone da baseball" e carissima amica, Julia Cameron, per avermi aiutata a scrivere questo libro; i miei editor, Bruce Clorfene e Linda Kahn per aver contribuito a dare forma alla mia opera trasformandola in un manoscritto presentabile, e tutti i miei clienti che hanno condiviso con me le loro storie. Soprattutto, vorrei ringraziare Dio e tutti gli esseri benedetti dell'universo che mi hanno guidata, amata e hanno lavorato duramente per me e che mi guidano in ogni momento sul mio cammino. Sono la vostra riconoscente e umile servitrice.

L'autrice

Sonia Choquette è scrittrice, autrice, guaritrice vibrazionale e maestra spirituale richiesta in tutto il mondo per i suoi consigli, la sua saggezza e la sua capacità di guarire le ferite dell'anima. Sonia ha studiato presso l'Università di Denver, la Sorbonne di Parigi e ha conseguito un dottorato in metafisica presso l'American Institute of Holistic Theology. Risiede con la sua famiglia a Chicago. Il suo sito internet è www.soniachoquette.com